看图学下象棋

（修订版）

葛超然 编著

人民邮电出版社

北京

图书在版编目（CIP）数据

看图学下象棋 / 葛超然编著. -- 2版（修订本）
. -- 北京 : 人民邮电出版社，2022.4
ISBN 978-7-115-57831-0

Ⅰ. ①看… Ⅱ. ①葛… Ⅲ. ①中国象棋－教材 Ⅳ.
①G891.2

中国版本图书馆CIP数据核字(2021)第227076号

内 容 提 要

本书作者葛超然，是一位象棋职业选手，拥有丰富的比赛经验。本书从象棋的基本构成要素入手，详细讲解了象棋的专业术语、对局记录、读谱方式以及比赛规则。书中不仅利用案例演示的方法全面解读了 11 种象棋杀法，还根据棋局形势的变化，循序渐进地分步骤详细介绍了象棋的开局原则和开局种类，中局的形势判断方法和战术技巧，以及 5 种著名的残局决胜方法。本书对象棋不同阶段的杀法、战术及布局等进行了细致的讲解，可以有效提高象棋爱好者的技术水平，是一本实用性很强的指导书。

◆ 编　　著　　葛超然
　　责任编辑　　李　璇
　　责任印制　　马振武

◆ 人民邮电出版社出版发行　　北京市丰台区成寿寺路 11 号
　　邮编　100164　　电子邮件　315@ptpress.com.cn
　　网址　https://www.ptpress.com.cn
　　廊坊市印艺阁数字科技有限公司印刷

◆ 开本：700×1000　1/16
　　印张：12.5　　　　　　　　2022 年 4 月第 2 版
　　字数：289 千字　　　　　　2025 年 11 月河北第 19 次印刷

定价：39.80 元

读者服务热线：(010)81055296　印装质量热线：(010)81055316
反盗版热线：(010)81055315

目录

第 1 章 初识象棋

1.1 象棋的基本构成 8
1.1.1 棋盘 8
- 河界 9
- 九宫 9

1.1.2 棋子 10
- 将（帅） 11
- 士（仕） 12
- 象（相） 13
- 马 15
- 车 17
- 炮 18
- 卒（兵） 20

1.2 象棋的记录和读谱 21
1.2.1 象棋的记录 21
1.2.2 象棋的读谱 24
- 具体解析 24
- 案例演示 25

1.3 象棋术语解释 26
1.3.1 局面术语 26
- 开局 26
- 中局 26
- 残局 26
- 入局 26
- 起着 26
- 妙着 26
- 正着 26
- 劣着 26

- 先手 26
- 后手 26

1.3.2 棋盘术语 27
- 中线 27
- 肋道 27
- 边线 27
- 河界线 27
- 宫顶线 27
- 卒林线（兵行线） 27
- 底线 27
- 巡河 27
- 骑河 27

1.3.3 行动术语 28
- 将 28
- 双将 28
- 应将 28
- 将死 28
- 困毙 29
- 其他行动术语 29

1.3.4 棋子术语 30
- 将（帅）的专用术语 30
- 士（仕）的专用术语 30
- 象（相）的专用术语 30
- 马的专用术语 31
- 车的专用术语 32
- 炮的专用术语 36
- 卒（兵）的专用术语 39

1.4 象棋的比赛种类 41

1.4.1 锦标赛 41

1.4.2 联赛 41

1.4.3 等级赛 41

1.4.4 挑战赛 42

1.4.5 邀请赛 42

1.4.6 对抗赛 42

1.4.7 擂台赛 42

1.4.8 快棋赛 42

1.5 象棋的比赛方法 43

1.5.1 大循环制 43

1.5.2 分组循环制 43

1.5.3 积分编排制 43

1.5.4 淘汰制 43

1.5.5 积分晋圈淘汰制 43

1.5.6 积分末位淘汰制 43

1.6 现行规则对胜负和的规定 44

1.6.1 现行规则对胜负的规定 44

1.6.2 现行规则对和的规定 44

1.7 比赛中触摸棋子的规定 44

1.8 棋规中的着法 45

1.8.1 禁止着法 45

● 长将 45

● 长杀 46

● 长捉 47

● 一将一杀 48

1.8.2 允许着法 49

● 长跟 49

● 长拦 50

● 长兑 51

● 长献 52

第 2 章 象棋杀法

2.1 双车挫 54

● 案例演示 54

2.2 钓鱼马 56

● 案例演示 56

2.3 重炮杀法 60

● 案例演示 60

2.4 马后炮 65

● 案例演示 65

2.5 拔簧马杀 67

● 案例演示 67

2.6 闷杀 71

● 案例演示 71

2.7 铁门闩杀 74

● 案例演示 74

2.8 二鬼拍门 77

● 案例演示 77

2.9 大胆穿心杀 82

● 案例演示 82

2.10 夹车炮 85

● 案例演示 85

2.11 送佛归殿 ·········· 88

● 案例演示 ·········· 88

第 3 章 象棋开局

3.1 开局的原则 ·········· 95

3.1.1 出动子力 抢占要点 ·········· 96

3.1.2 两翼呼应 子路通畅 ·········· 98

3.1.3 戒贪戒躁 阵形协调 ·········· 101

3.1.4 灵活多变 勇于创新 ·········· 104

3.1.5 尽快出子 ·········· 108

3.2 开局种类 ·········· 117

3.2.1 先手布局 ·········· 117

● 过宫炮 ·········· 117

● 飞相局 ·········· 119

3.2.2 后手布局 ·········· 123

● 顺手炮 ·········· 123

● 卒底炮 ·········· 127

第 4 章 象棋中局

4.1 中局形势判断 ·········· 136

4.1.1 双方子力价值的对比 ·········· 136

4.1.2 子与势关系的认识 ·········· 137

4.1.3 子力的位置 ·········· 141

4.1.4 分析局面弱点 ·········· 145

4.2 中局技巧 ·········· 148

4.2.1 弃子战术 ·········· 148

4.2.2 运子战术 ·········· 151

4.2.3 兑子战术 ·········· 154

4.2.4 阵形变换 ·········· 157

4.2.5 顿挫 ·········· 161

第 5 章 象棋残局

5.1 七星聚会 ·········· 168

5.2 蚯蚓降龙 ·········· 176

5.3 野马操田 ·········· 182

5.4 千里独行 ·········· 189

5.5 鸿门夜宴 ·········· 195

使用说明

本书采用文字与图片结合的方式，进行各案例的演示。使用本书之前，需要先了解一下本书的使用方法。

标题文字 → **2·3** 重炮杀法

叙述文字 → 进攻方双炮在同一条直线上重叠，一炮在前边充当炮架，一炮在后将军，而将死对方的杀法为重炮杀法。

● 案例演示

步骤1

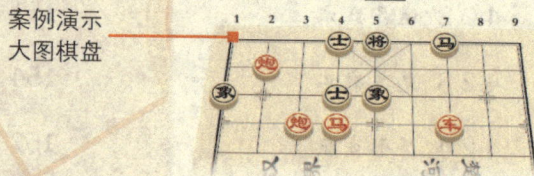

说明文字 → 某一阶段棋盘布局图。

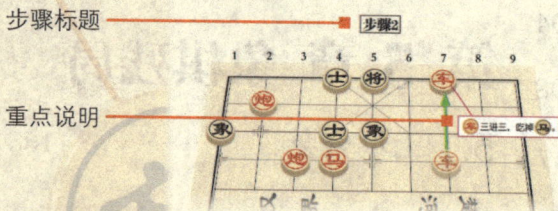

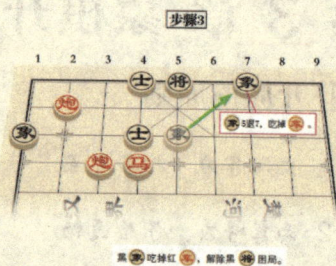

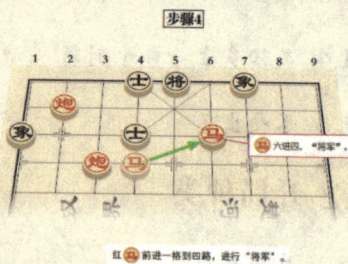

步骤标题 → **步骤2**

重点说明 → 三进三，吃神黑

步骤说明 → 红 吃掉黑 马，进行"将军"。

60

步骤3

炮5进7，吃掉

黑 吃掉红 ，解除黑 困局。

步骤4

六进四，"将军"

红 前进一格到四路，进行"将军"。

61

标题文字 → **3.1.5** 尽快出子

叙述文字 → 此原则具体内容如下。

一局棋战之前，就阵形的特点来看，小兵在前、车、马和炮在后。为了部署一个有力的阵形，必须尽快地把强子开动出来，因此开局要讲究出子的速度。

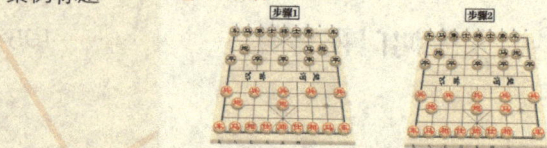

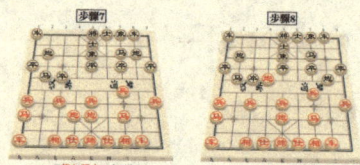

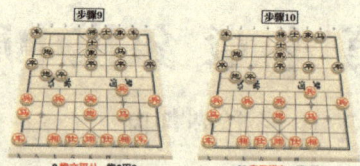

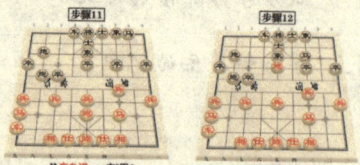

案例标题 → **例1** 尽快出车

1.车二平五 马8进7

2.马二进三 车9平8

步骤标题 → **步骤3**

3.车一平二 马2进3

4.炮三进一 卒3进1

详细案例 小图演示 →

步骤5

5.炮八平九 象3进5

步骤6

棋谱文字 → 6.炮八平七 车3进2

108

步骤7

7.炮七平六 士4进5

步骤8

8.炮六退三 炮8进2

步骤9

9.炮六平八 炮8平2

步骤10

10.车二进九 马7退8

步骤11

11.车九进一 车1平4

步骤12

12.炮五进四 马8进7

109

6

第 1 章
初识象棋

　　象棋在中国有着悠久的历史，早在先秦时期就有记载。象棋属于二人对抗游戏，趣味性强，现在已成为非常流行的棋艺活动。

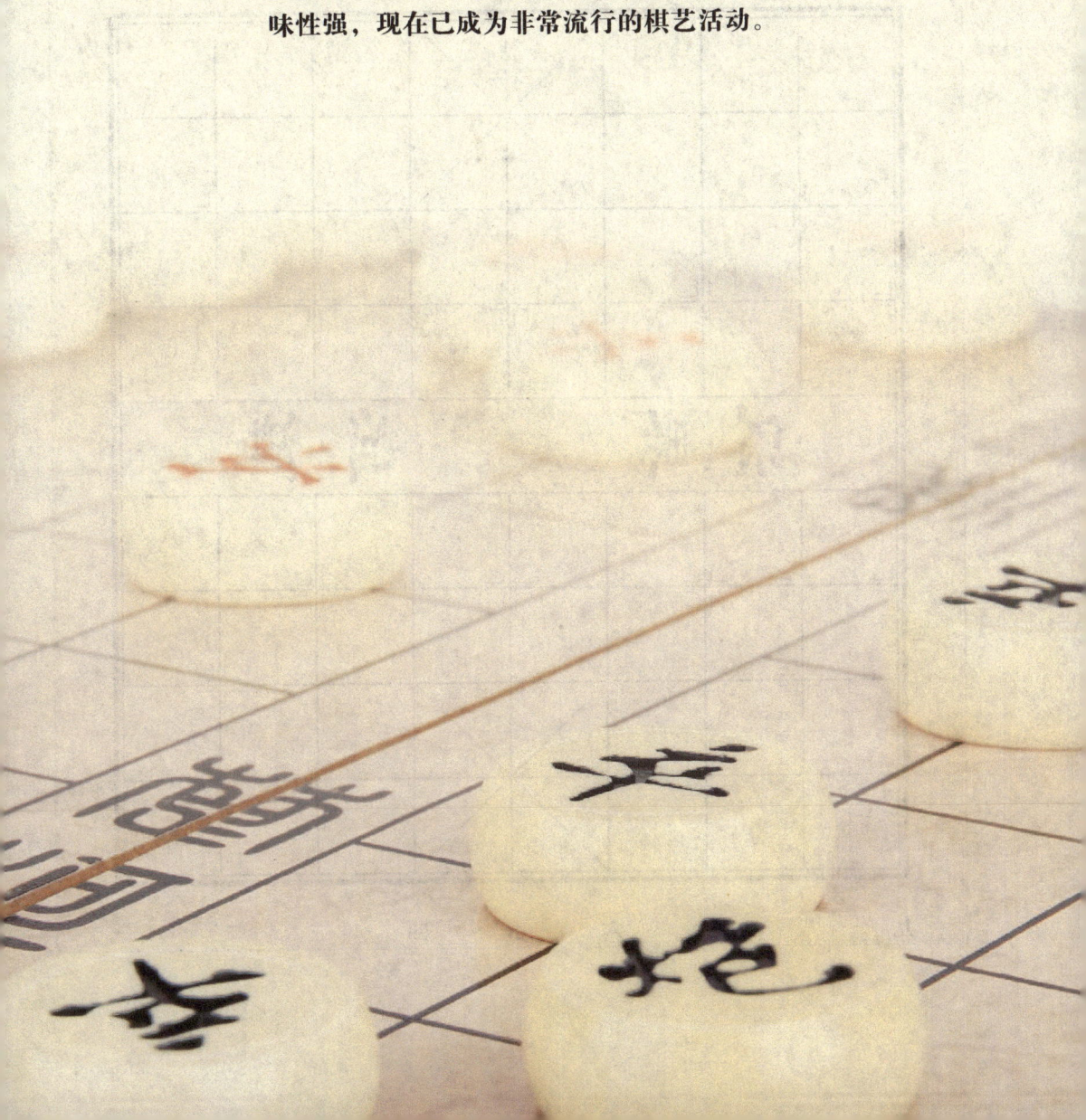

1.1 象棋的基本构成

1.1.1 棋盘

　　中国象棋的棋盘由九条平行的竖线和十条平行的横线相交而成，共有九十个交叉点，这些交叉点上可摆放棋子。中间部分（棋盘的第五、第六两条横线之间未画竖线的空白地带）称为"河界"。上下两端的中间（第四条到第六条竖线之间的正方形部位）以斜交叉线构成中文"米"字形方格，其上恰好有九个交叉点，因而被称为"九宫"。

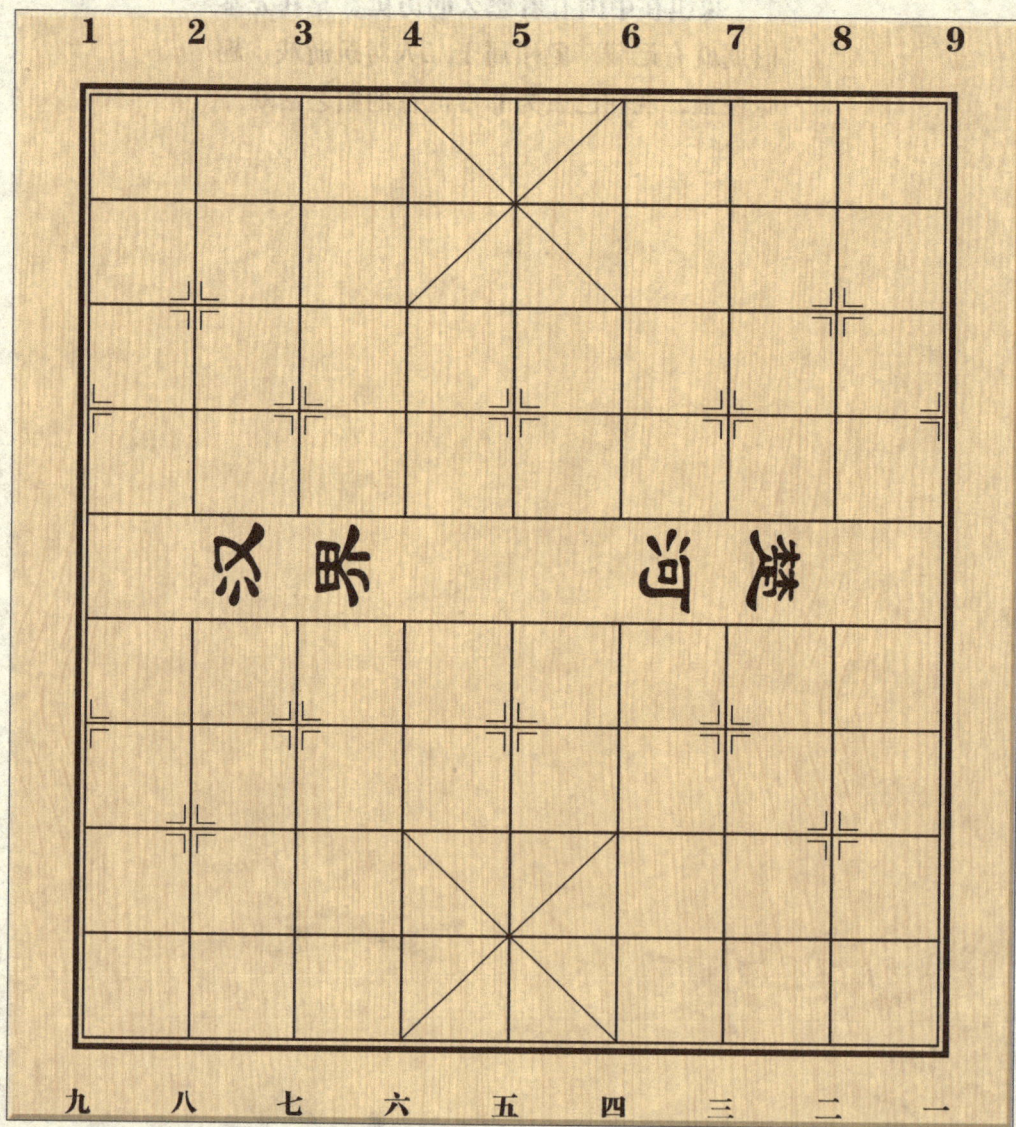

● 河界

　　对垒双方的中间有一条河界，通常称其为"楚河汉界"。象棋某些棋子的攻杀、行走规则与河界有关，而在国际象棋中是没有这个设定的，这是一个和国际象棋不同的地方。中国象棋的这项规则来源于中国古战场的一些场景，并且逐渐演变成行棋基本规则。

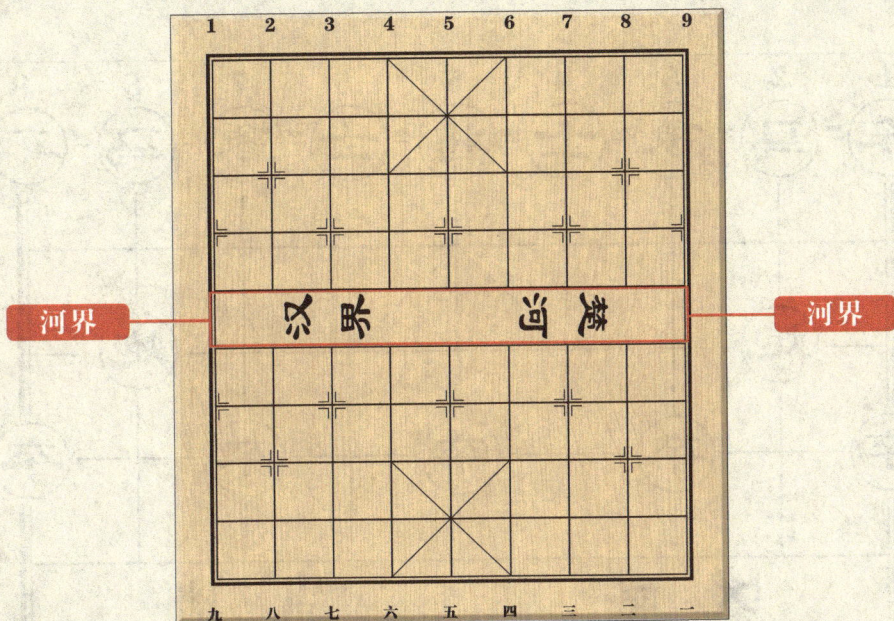

● 九宫

　　双方的底线中心处，即纵向中心线分别向两边外移一条线，也就是第四条到第六条竖线之间的正方形部位，以斜交叉线构成"米"字方格的地方，称为"九宫"。了解这个区域可更好地理解一些走棋规则。

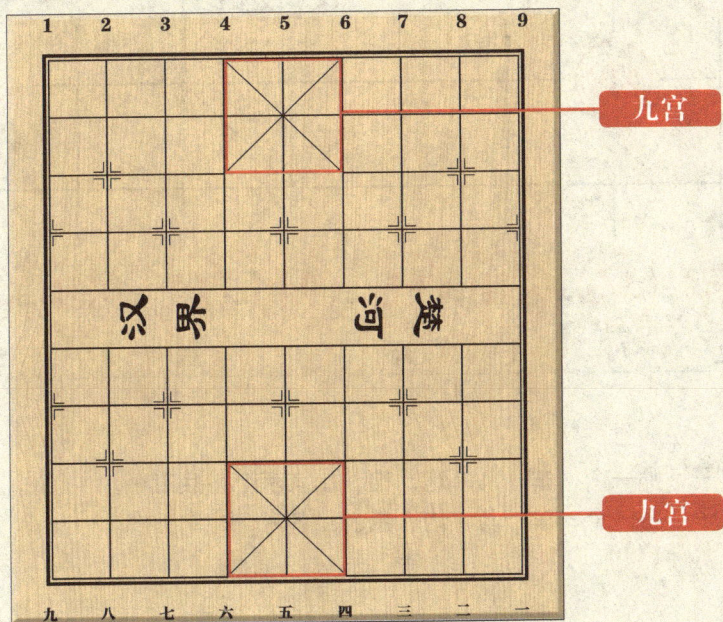

1.1.2 棋子

象棋共有三十二个棋子，棋子分为红、黑两组（分别代表对垒的一方），每组共有十六个棋子。各方棋子又分为七种棋子，其名称和数目如下。

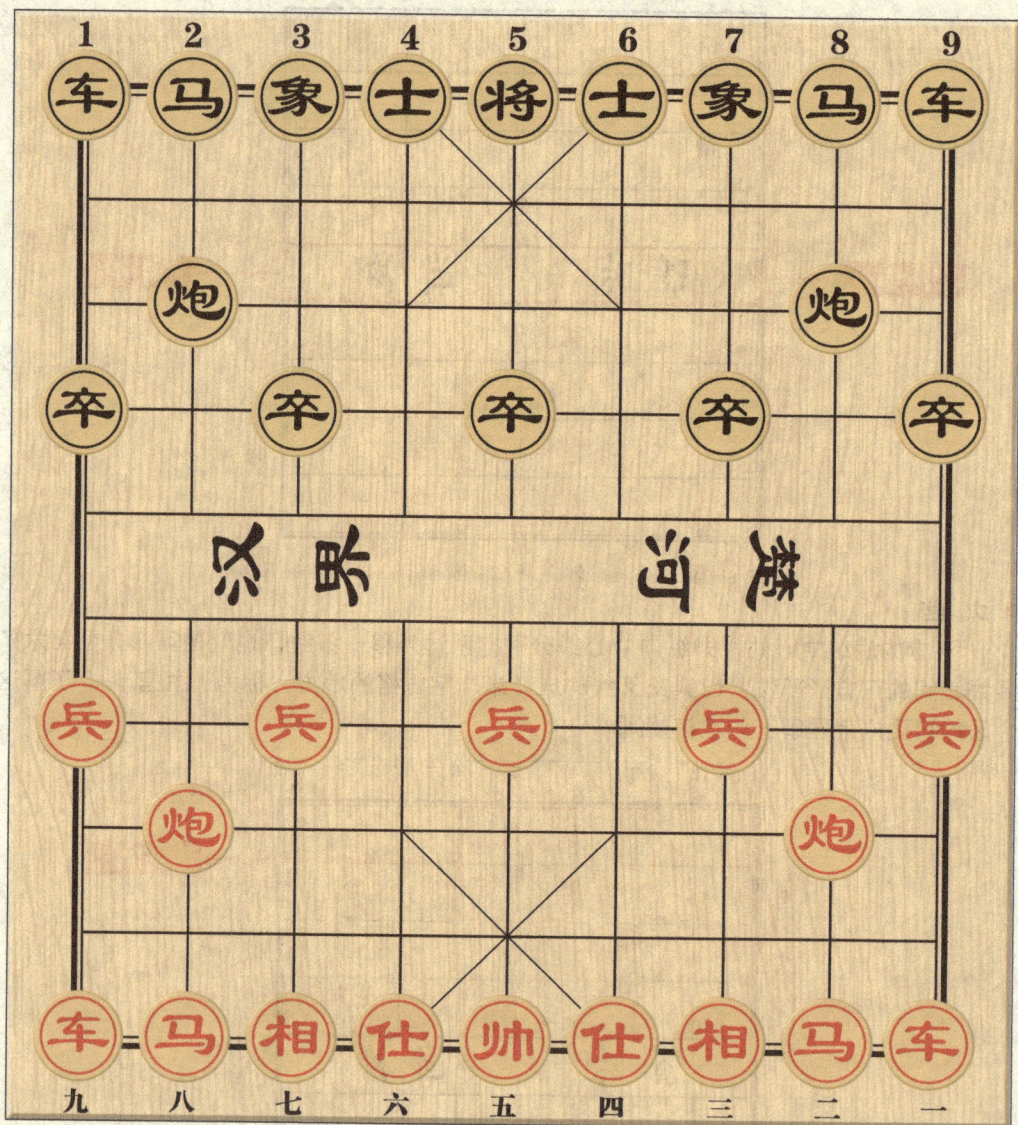

红棋子：帅一个，车、马、炮、相、仕各两个，兵五个。
黑棋子：将一个，车、马、炮、象、士各两个，卒五个。

● 将（帅）

虽然名称不同，但它们都是对垒双方的最高统帅。对垒的目的就是运用各自的棋子，想方设法将死对方的首领，最终获得胜利。

走棋方式

这两个棋子作为各方的最高统帅，只能在九宫内行走。行走的步法为：左、右横走以及上、下竖走，而每次只能行走一格。

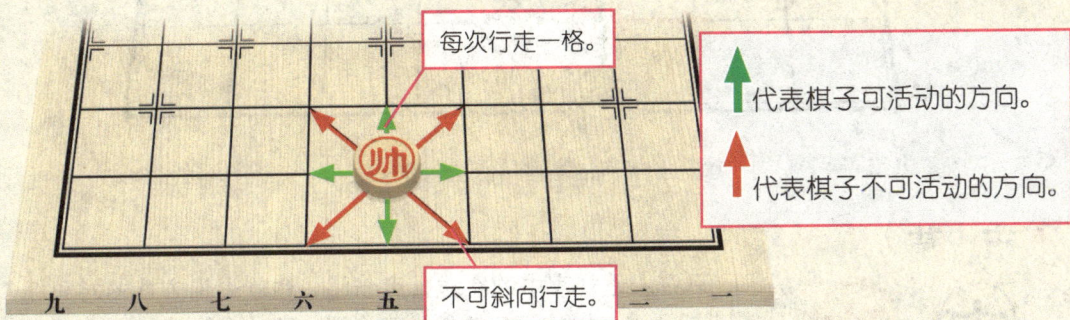

每次行走一格。

代表棋子可活动的方向。

代表棋子不可活动的方向。

不可斜向行走。

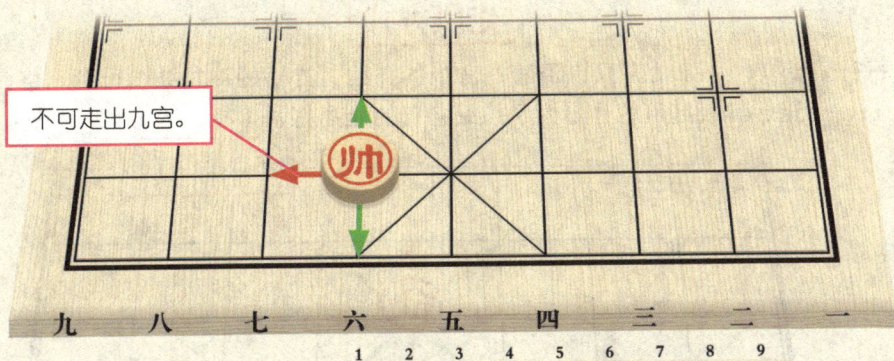

不可走出九宫。

将和帅不可在同一直线上直接对面（中间无棋子），如一方已先占据位置，则另一方必须回避，否则就算输棋。

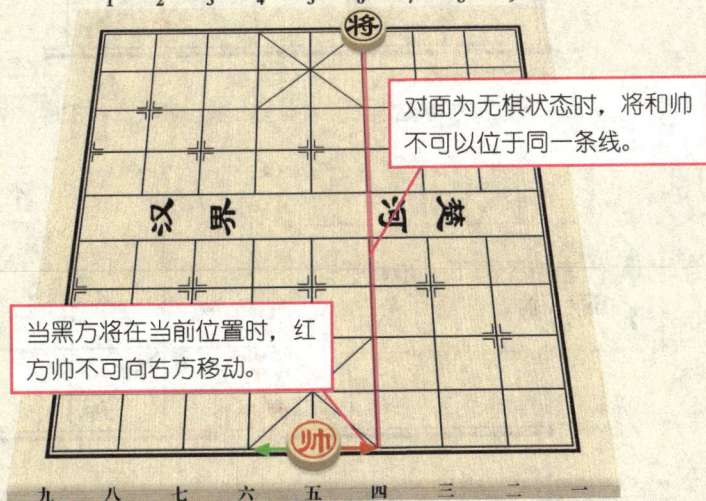

对面为无棋状态时，将和帅不可以位于同一条线。

当黑方将在当前位置时，红方帅不可向右方移动。

11

吃棋方式

将和帅只能在九宫内吃棋。行走的步法为：左、右横走以及上、下竖走，每次只能行走一格。

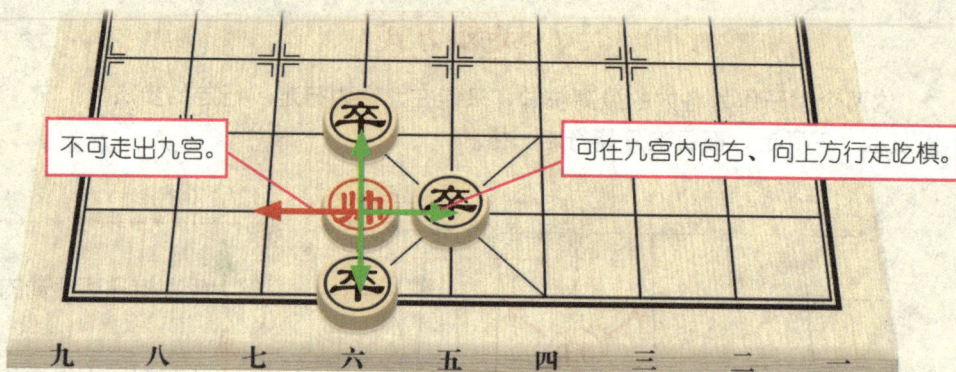

不可走出九宫。

可在九宫内向右、向上方行走吃棋。

● 士（仕）

只许沿着九宫中的斜线行走一格，也就是沿方格的对角线前进或后退，以护卫各自的最高将领，即帅或将。

走棋方式

每行一步棋，士（仕）只许沿着九宫中的斜线（方格的对角线）行走一格，行走方位可进、可退，其最终目的也是为了护卫各自的最高将领（将、帅）。

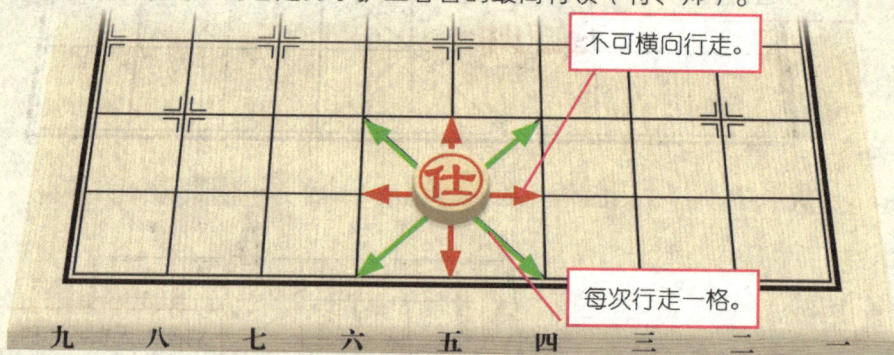

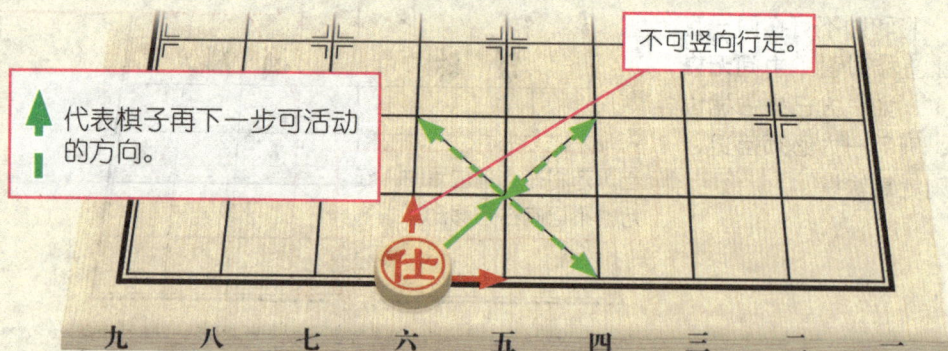

不可横向行走。

每次行走一格。

不可竖向行走。

代表棋子再下一步可活动的方向。

12

吃棋方式

士（仕）吃棋时只许沿着九宫中的斜线行走一格，也就是沿方格的对角线前进或后退，并可沿行进位置吃掉对方棋子。

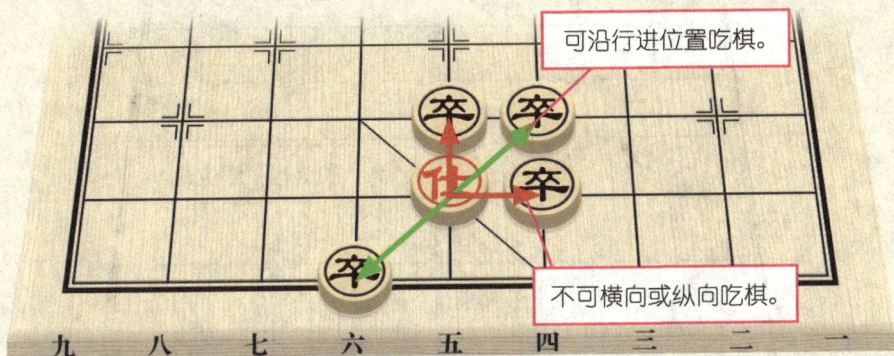

可沿行进位置吃棋。

不可横向或纵向吃棋。

九　八　七　六　五　四　三　二　一

● 象（相）

象（相）不能越过"河界"走进对方领地。其行走的步法为：斜走两格，可使用汉字中的"田"字形象地表述为"田"字格的对角线，即俗称"象（相）走田"。

走棋方式

象（相）行走可进、可退，但当其行走的路线中或"田"字中心有棋子时，并且不论是己方或对方的棋子，则不允许越过行走，一般称为"塞象（相）眼"。

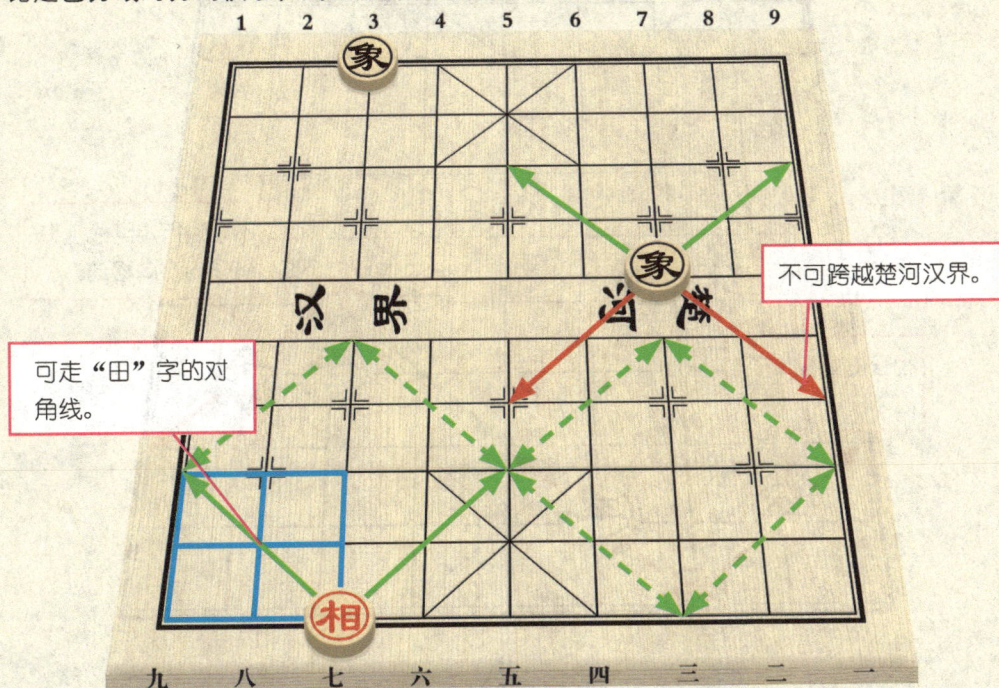

1　2　3　4　5　6　7　8　9

汉　界　　楚　河

不可跨越楚河汉界。

可走"田"字的对角线。

九　八　七　六　五　四　三　二　一

13

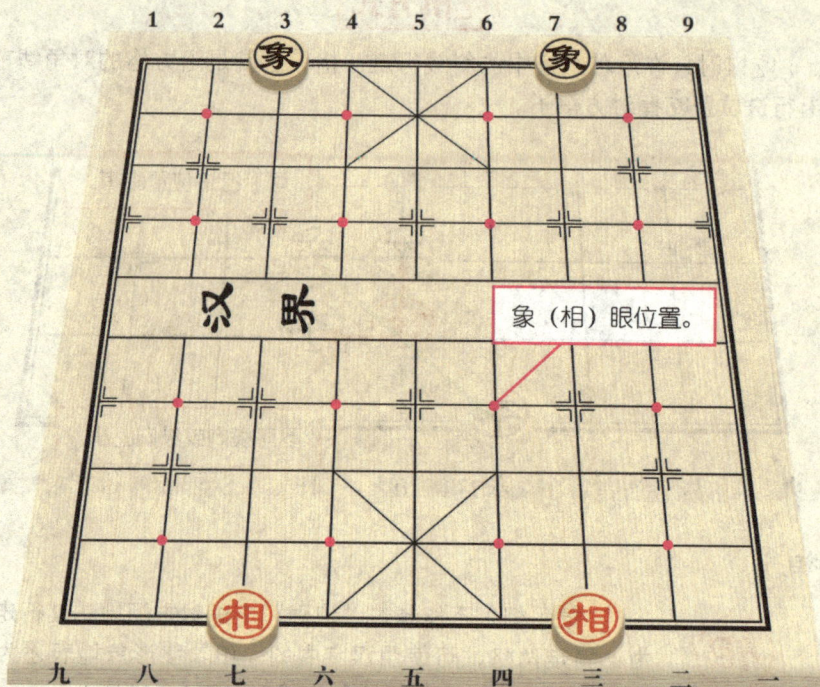

象（相）眼位置。

汉 界

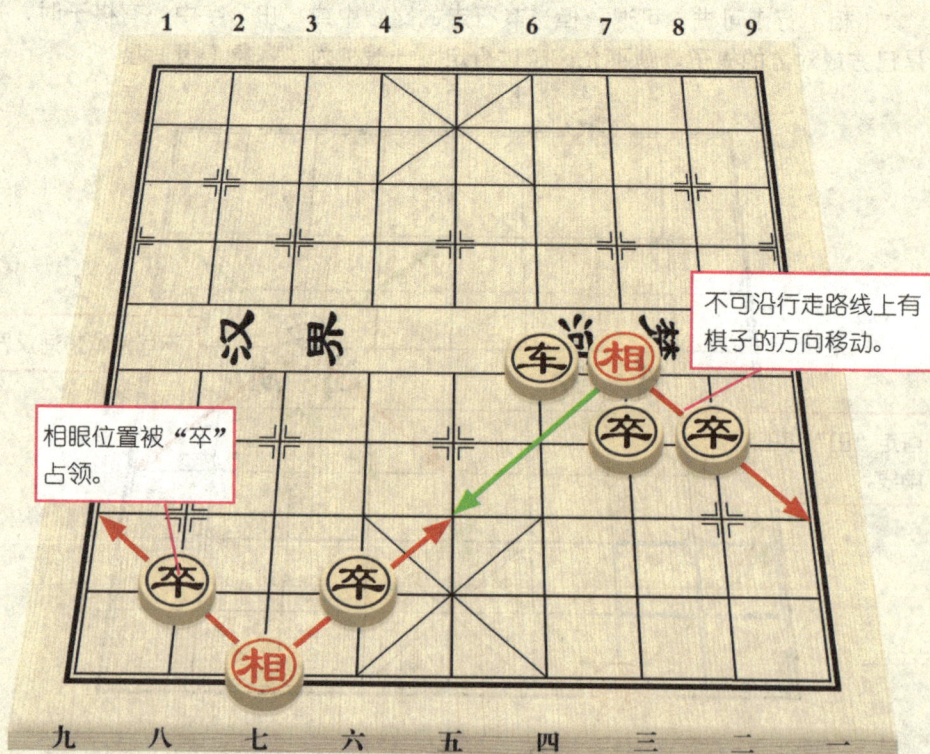

不可沿行走路线上有棋子的方向移动。

相眼位置被"卒"占领。

汉 界

吃棋方式

　　象（相）吃棋时可沿其行走的路线吃掉对方棋子。但当"田"字中心有棋子时，不论是己方或对方的棋子，都不可越过吃棋。

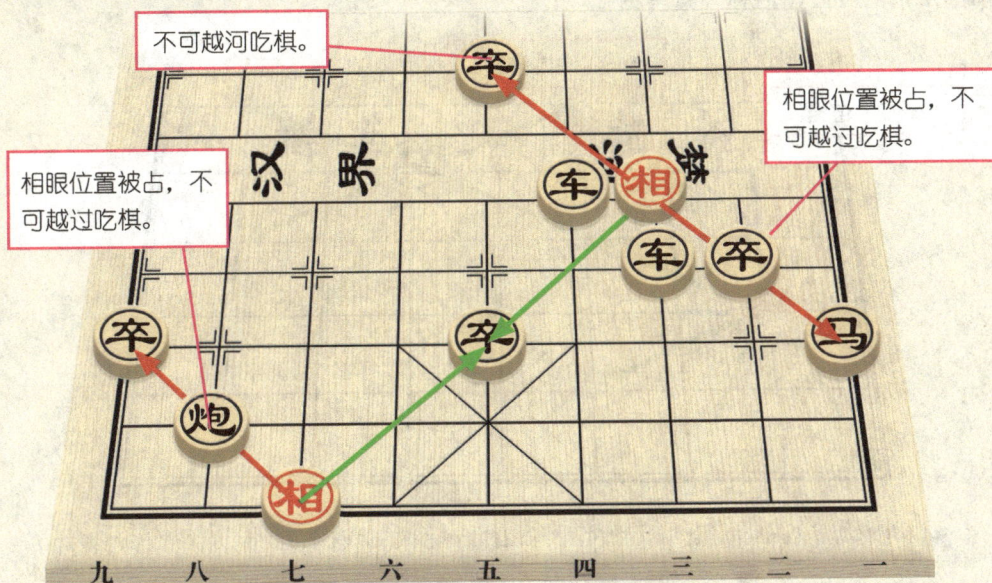

不可越河吃棋。

相眼位置被占，不可越过吃棋。

相眼位置被占，不可越过吃棋。

九　八　七　六　五　四　三　二　一

● 马

　　马可越过河界行走。行走步法是一直一斜，也就是先横着或直着走一格，再斜着走一个对角线，也就是一个"日"字，一般称为"马走日"。

走棋方式

　　马的走棋方式如下图所示。

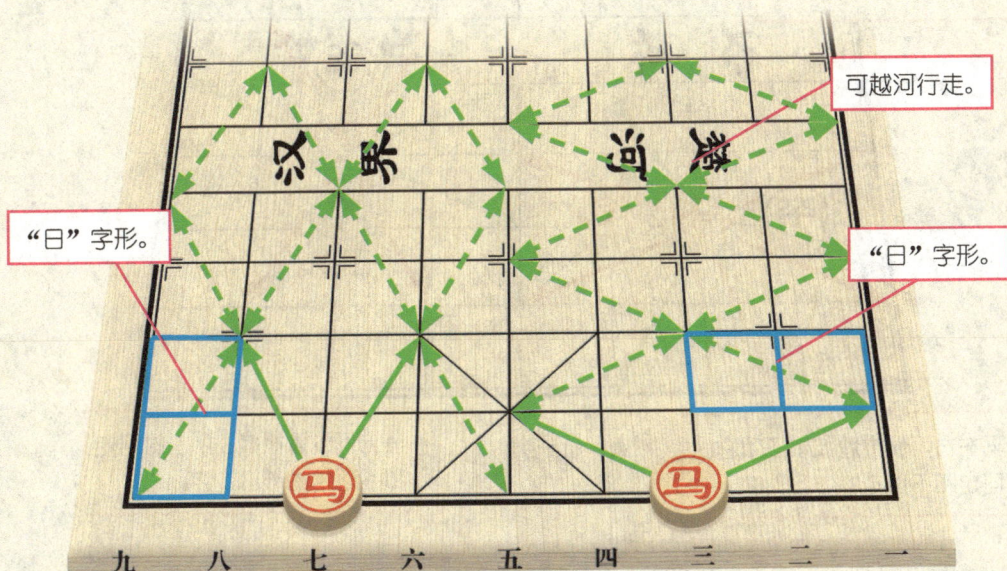

可越河行走。

"日"字形。

"日"字形。

九　八　七　六　五　四　三　二　一

15

马的走法还可以概括为"一步一尖冲"，即若下图第二个棋盘中的左侧红马要走到绿色箭头所指的位置，它就要先往上（下）走一格，即"一步"，再斜着走一格，即"一尖冲"。而它要往右走，刚好有一个红炮拦住了去路，所以该红马走不到红色箭头所指的位置，俗称"蹩马腿"。

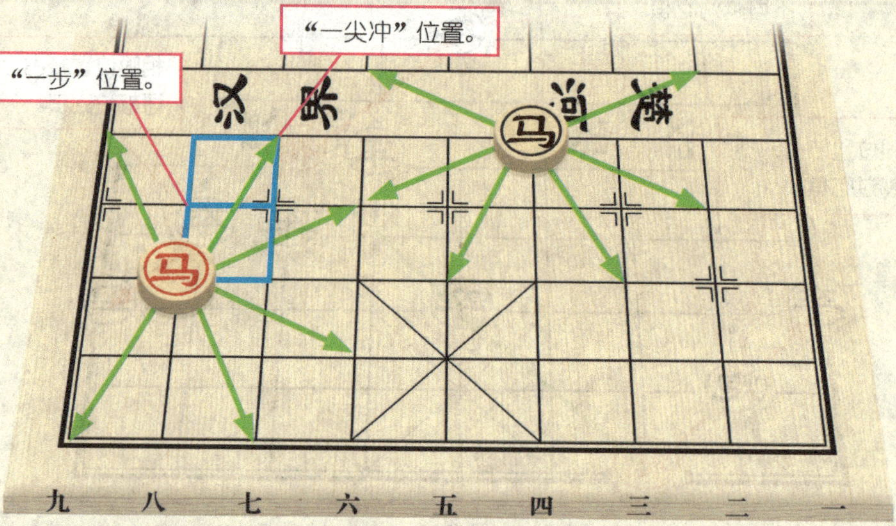

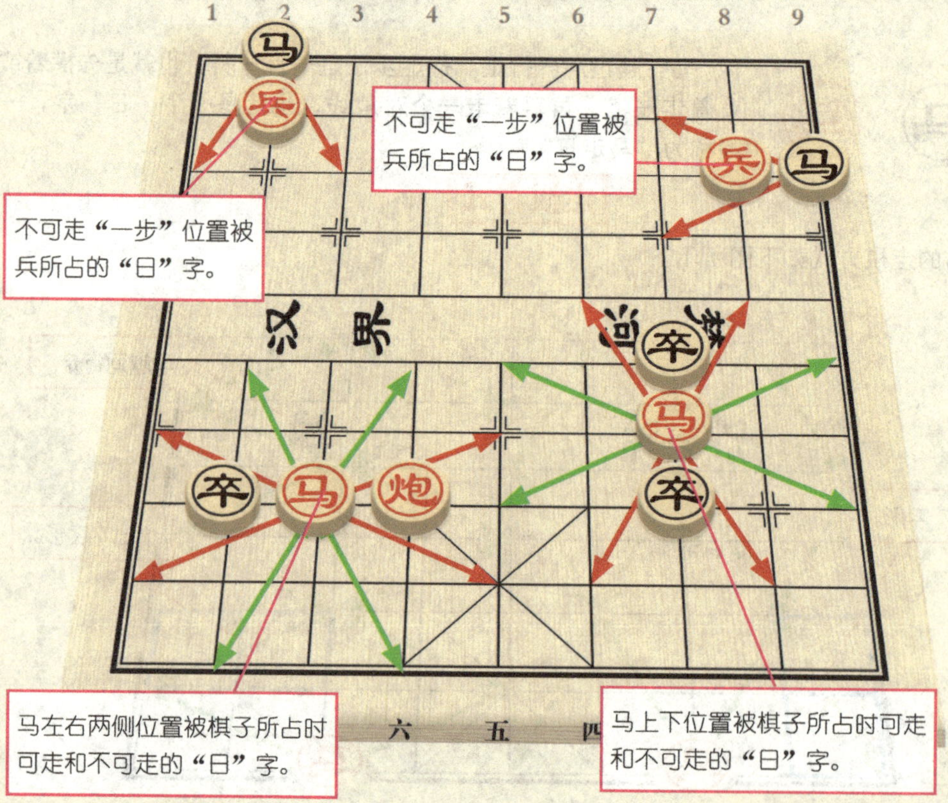

"一尖冲"位置。

"一步"位置。

九　　八　　七　　六　　五　　四　　三　　二　　一

1　　2　　3　　4　　5　　6　　7　　8　　9

不可走"一步"位置被兵所占的"日"字。

不可走"一步"位置被兵所占的"日"字。

马左右两侧位置被棋子所占时可走和不可走的"日"字。

马上下位置被棋子所占时可走和不可走的"日"字。

六　　　五　　　四

16

吃棋方式

其吃棋方式与走棋方式类似，当前后或左右侧有棋子时，则不可越过走"日"字吃棋。

黑卒遮挡住了红马的前进方向，因此红马无法吃掉对方卒。

红马的后退方向没有阻挡，因此红马可吃掉对方车。

九　八　七　六　五　四　三　二　一

● 车

车是象棋中威力最大的棋子，可走横线和竖线，只要无子阻拦，步数也不受限制。一车可控制十七个点，故有"一车十子寒"的俗语。

走棋方式

1　2　3　4　5　6　7　8　9

可到达横线与竖线上的任何位置。

不可跨越其他棋子前进。

九　八　七　六　五　四　三　二　一

吃棋方式

车的吃棋方式类似于走棋，可走横线和竖线，只要无子阻拦，可走任意步数吃棋，但一步最多只能吃掉一子。

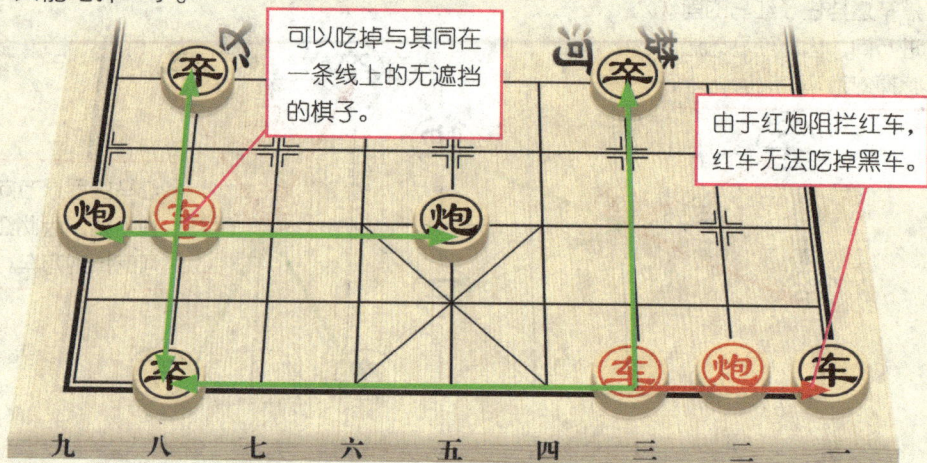

可以吃掉与其同在一条线上的无遮挡的棋子。

由于红炮阻拦红车，红车无法吃掉黑车。

九　八　七　六　五　四　三　二　一

● 炮

炮是象棋中的一种特殊棋子，其走棋方式和吃棋方式不同。

走棋方式

炮的走法和车一样走横线和竖线，只要无子阻拦，也可走任意步数。

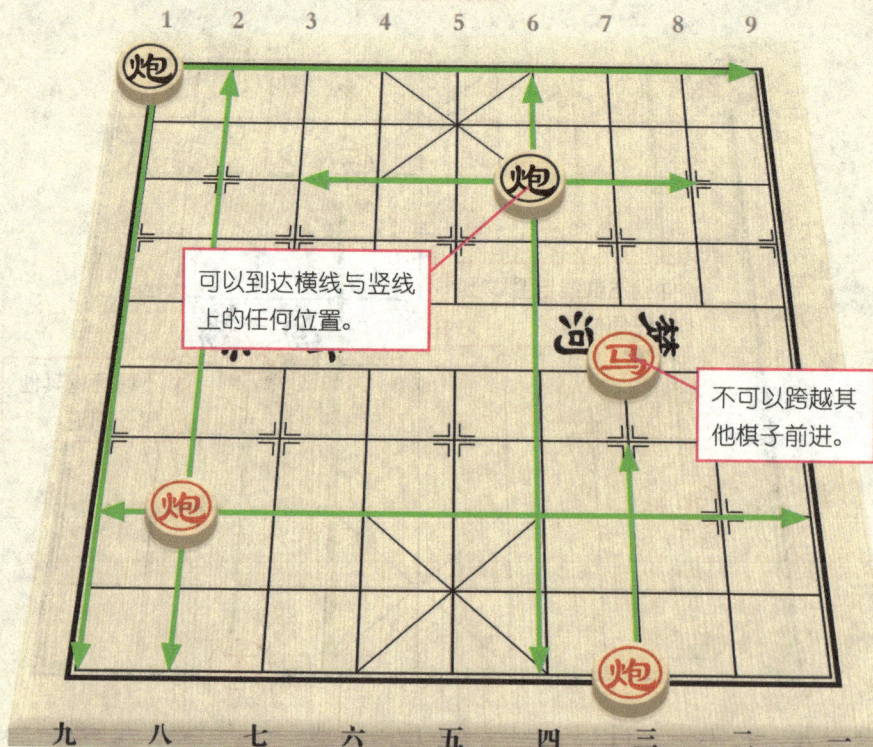

1　2　3　4　5　6　7　8　9

可以到达横线与竖线上的任何位置。

不可以跨越其他棋子前进。

九　八　七　六　五　四　三　二　一

18

吃棋方式

炮的吃棋方式比较特殊，必须隔子吃子，即必须有自己的或对方的棋子作为炮架。炮只能隔一个棋子吃棋。由此看来，炮的移动速度比马快，但必须有炮架才能攻击或防守。

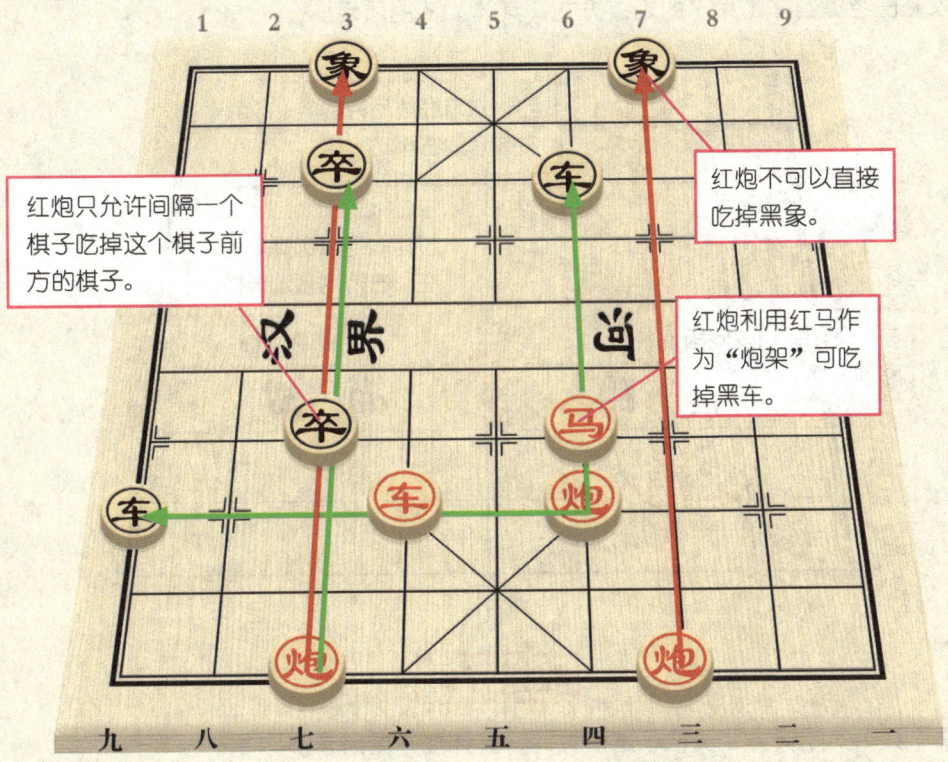

红炮只允许间隔一个棋子吃掉这个棋子前方的棋子。

红炮不可以直接吃掉黑象。

红炮利用红马作为"炮架"可吃掉黑车。

错误

正确

错误

错误

● 卒（兵）

卒（兵）在过河前只能向前走，过河后也可向左或向右走，其威力就有所增加。但它每次只能走一格，并且不能向后退。

走棋方式

以上已经提到卒（兵）的走棋方式，具体如下图所示。

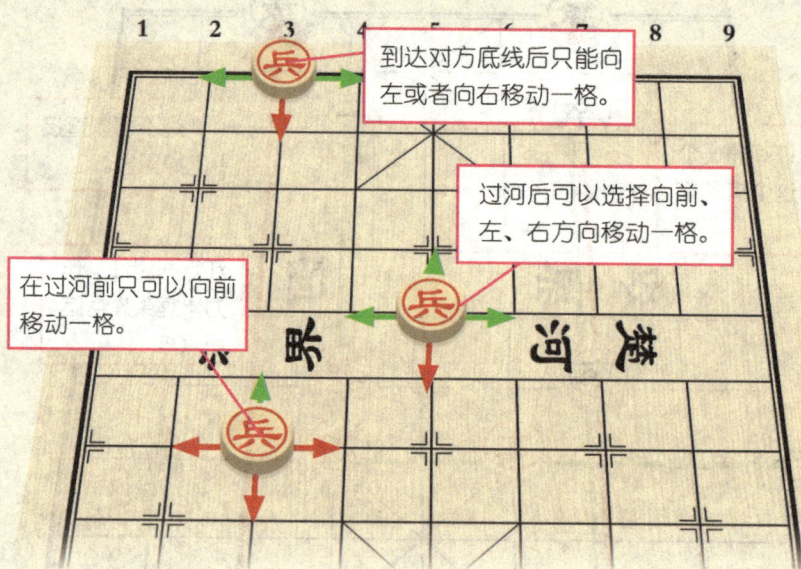

到达对方底线后只能向左或者向右移动一格。

过河后可以选择向前、左、右方向移动一格。

在过河前只可以向前移动一格。

吃棋方式

卒（兵）的吃棋方式类似于走棋方式，具体如下图所示。

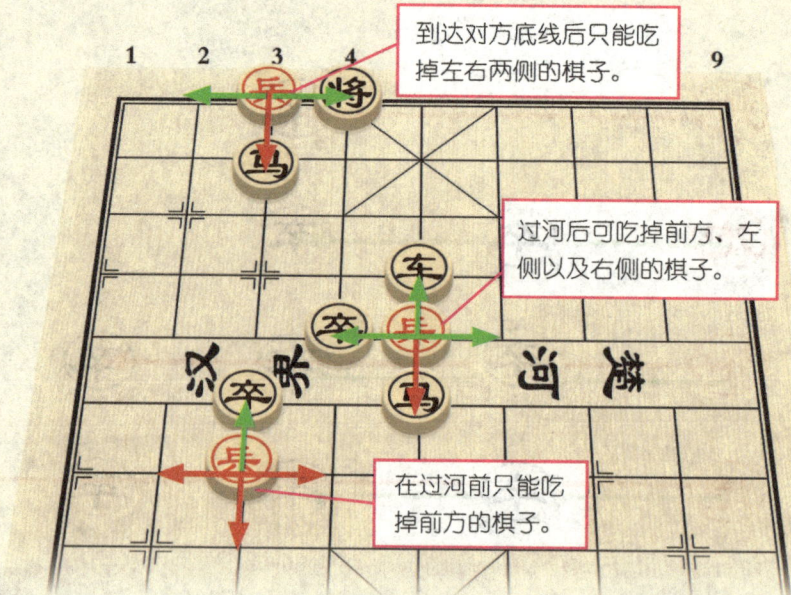

到达对方底线后只能吃掉左右两侧的棋子。

过河后可吃掉前方、左侧以及右侧的棋子。

在过河前只能吃掉前方的棋子。

1.2 象棋的记录和读谱

象棋在中国历史悠久，并形成了深厚的象棋文化，深受人们的喜爱。目前，国内外都流行这个游戏。以下具体介绍象棋的记录和读谱。

1.2.1 象棋的记录

记录就是将对局双方走过的每一步棋，用一定的文字完整表述并书写下来。正规和重大比赛规定，每一个参赛棋手在对局时必须做记录，而一般下棋基本不用记录。

想要提高象棋水平，需要大量的实战磨炼，需要名师高手的指点，也需要从棋谱中汲取营养。只有学习记录方法，才能看懂象棋书籍，才能尽情浏览各类象棋书刊，以此提高自身的棋力。所以学习记录不仅能帮助棋手保存资料，还可以为以后的研究工作及比赛积累经验。

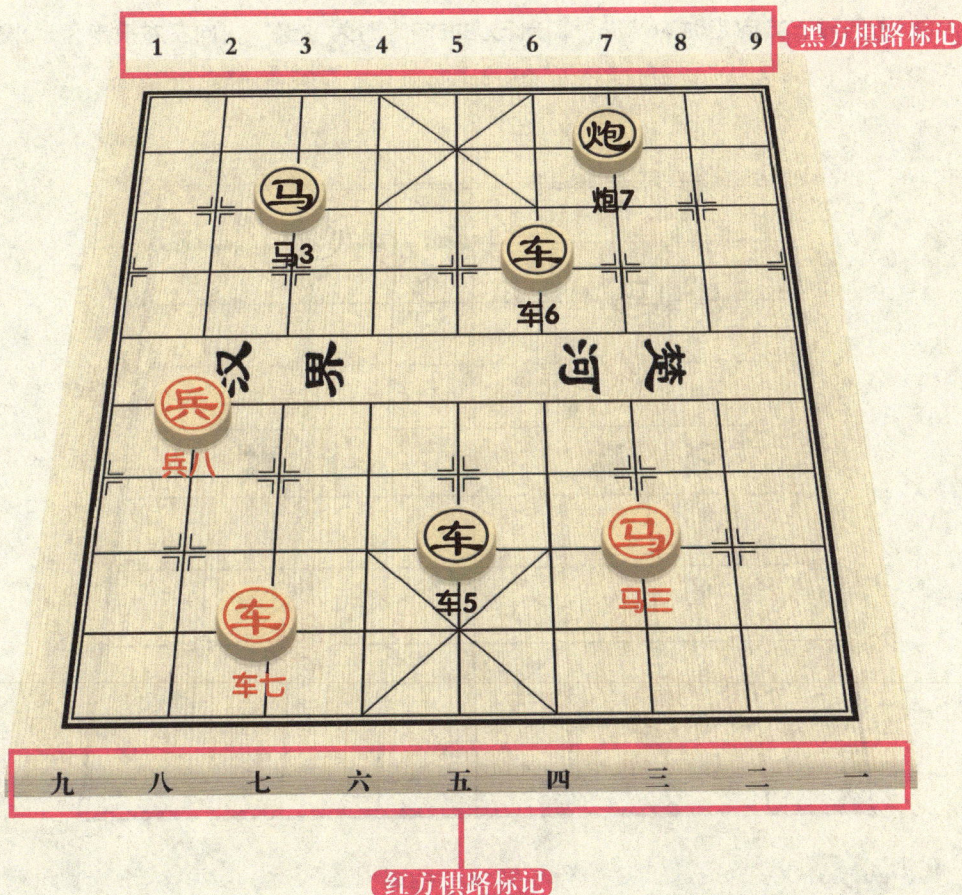

黑方棋路标记

红方棋路标记

一般一条竖线上只有一个本方的棋子，但有时也会出现本方多个棋子在一条直线上的情况，此时就需用前后来表示，如下图所示。

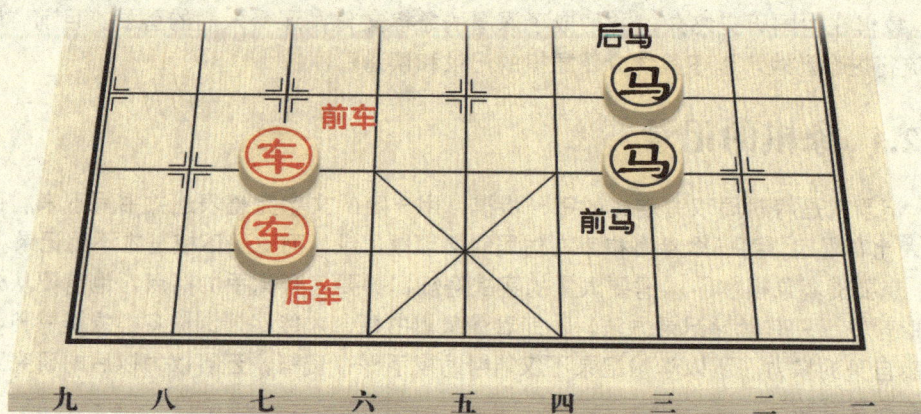

当棋子向对方方向走时为"进"，向己方方向走时为"退"，向左右横走为"平"。

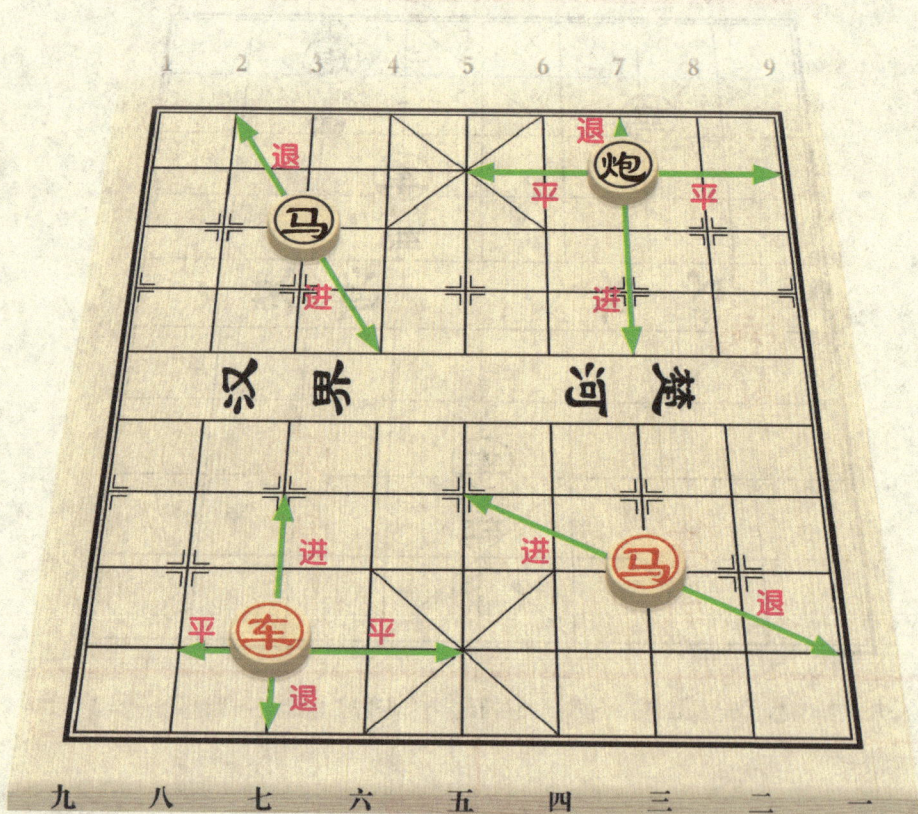

"车"和"炮"的前进和后退，用前进或者后退的格数计算。

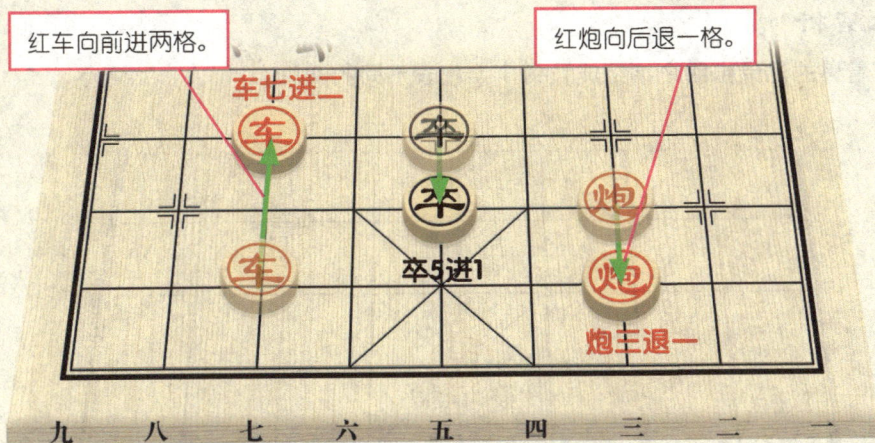

红车向前进两格。

红炮向后退一格。

车七进二

卒5进1

炮三退一

九 八 七 六 五 四 三 二 一

"车""炮""卒（兵）"横走时用竖线标记号作为横移的标志。

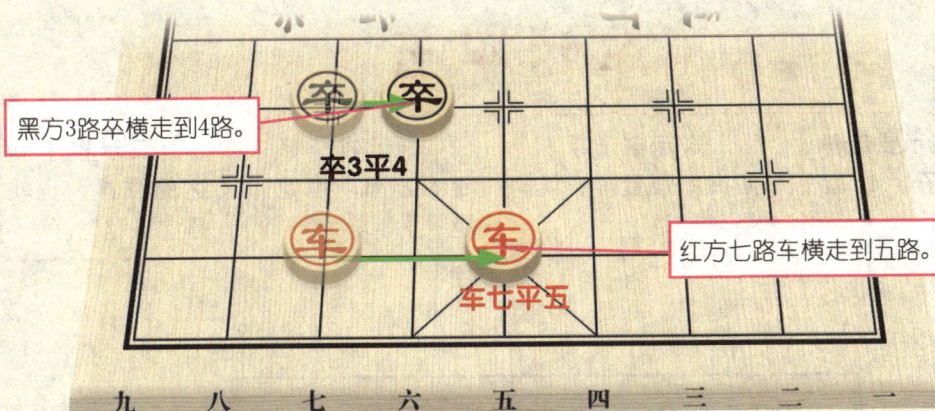

黑方3路卒横走到4路。

卒3平4

车七平五

红方七路车横走到五路。

九 八 七 六 五 四 三 二 一

"马""仕（士）""相（象）"的进退也用竖线标记号作为起止标记。

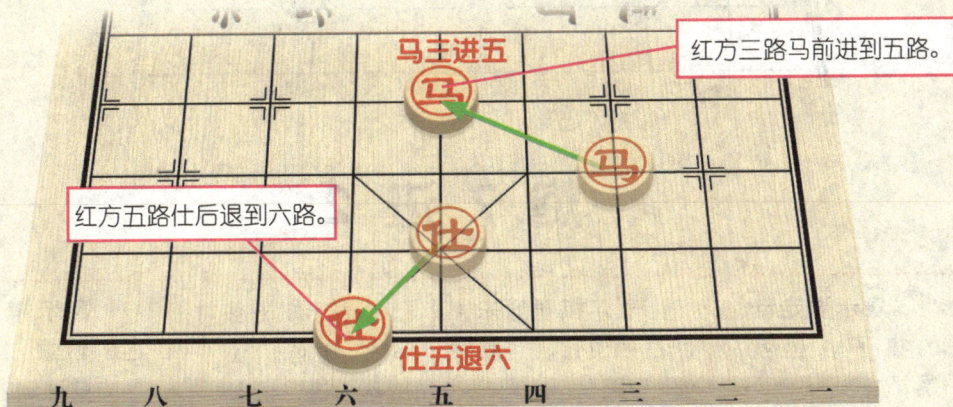

马三进五

红方三路马前进到五路。

红方五路仕后退到六路。

仕五退六

九 八 七 六 五 四 三 二 一

1.2.2 象棋的读谱

● 具体解析

每一着棋的记录由四个字组成，每个字代表不同的意思。

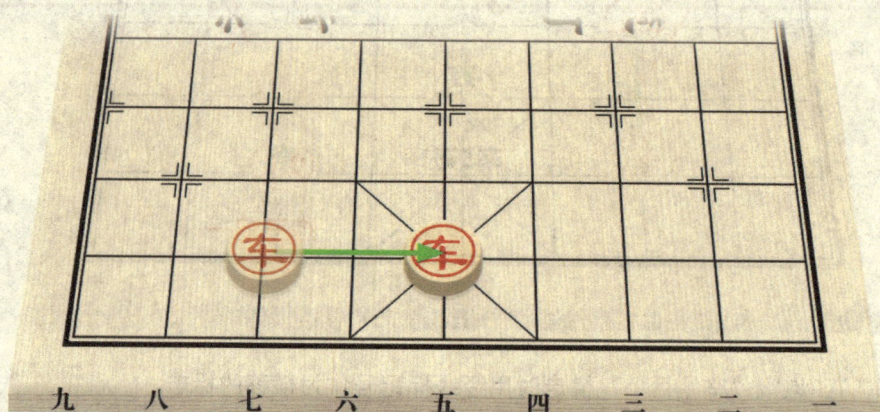

九　八　七　六　五　四　三　二　一

车 七 平 五

表示要走动的棋子，也就是"车"。	表示棋子原来所在的位置，也就是"七路"。	表示棋子移动的方向，也就是"平"。	表示棋子到达的位置，也就是"五路"。

1　2　3　4　5　6　7　8　9

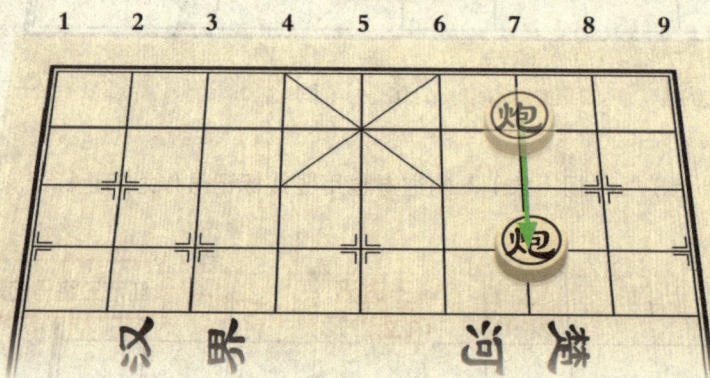

炮 7 进 2

表示要走动的棋子，也就是"炮"。	表示棋子原来所在的位置，也就是"7路"。	表示棋子移动的方向，也就是"进"。	表示棋子到达的位置，也就是向前移动2格。

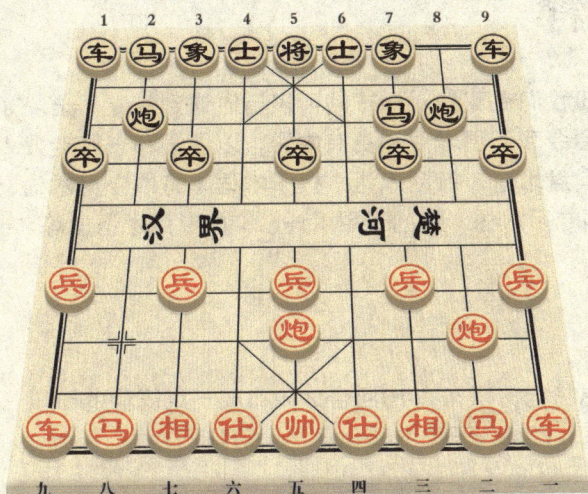

步骤1

炮八平五 **马8进7**

  红方八路炮横走到五路，
黑方8路马前进到7路。

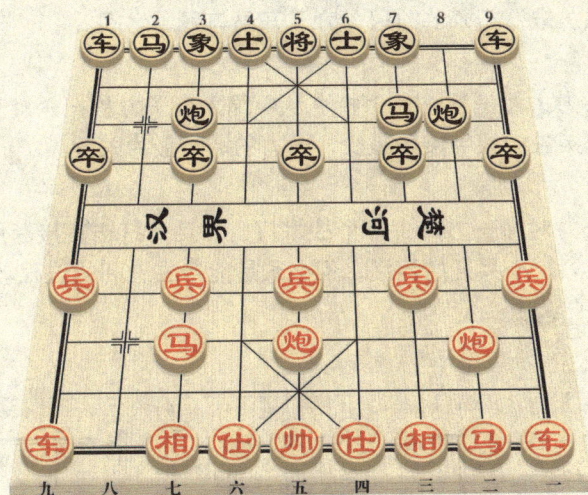

步骤2

马八进七 **炮2平3**

  红方八路马前进到七路，
黑方2路炮横走到3路。

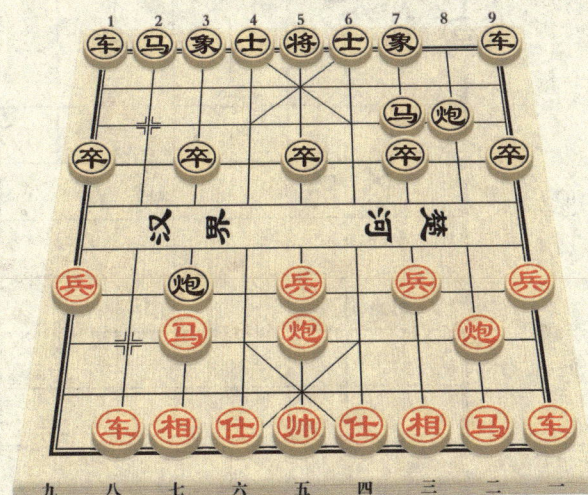

步骤3

车九平八 **炮3进4**

  红方九路车横走到八路，
黑方3路炮前进4格。

25

1.3 象棋术语解释

象棋术语，又称"弈语"，即我们在实战对局或阅读棋谱时遇到的专用语。了解并正确地使用象棋中的基本术语会令我们更专业和更有内涵，以便于和一些专业人士交流。象棋术语分为局面术语、棋盘术语、行动术语、棋子术语（将的专用术语、士的专用术语、马的专用术语、车的专用术语、炮的专用术语、卒的专用术语）等。

1.3.1 局面术语

● **开局**

是指双方依据各自的战略思想将己方棋子在10回合之内布成一定阵势的阶段。由于当前棋手们对开局的研究比较深入，某些开局的变化已达到前15回合。

● **中局**

是指阵势布列后双方棋子接触、进行扭杀的阶段，介于开局与残局之间。

● **残局**

是指尾声阶段，主要特点是兵力大量消耗，盘上特点从中局大量子力的扭杀转变为少量子力间的互动。残局阶段直接性的战斗接触减少，子力的调运最为关键。

● **入局**

在双方纠缠阶段，一方组织子力对另一方产生一个战术打击并且此打击直接获胜的过程。入局可能是连杀，也可能只是小兵开始渡河，但必须是能产生胜利的过程。

● **起着**

开局的第一着。

● **妙着**

对局中，一方走出意外的棋着，在战术上取得成功或获得棋局的主动权。

● **正着**

当时棋局下必走的一着或几着，指正确的着法或官着。

● **劣着**

一方走出的棋着忽视全局，或进攻不当，或防守不力，导致局势失利。

● **先手**

从走子次序来说，开局时先走的一方为先手；从棋局形势来说，主动者为先手。

● **后手**

与以上所述先手正好相反。

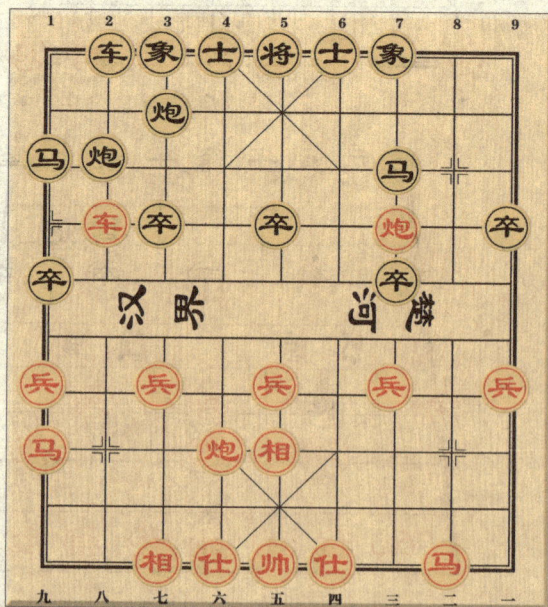

飞相开局

26

1.3.2 棋盘术语

● **中线** 棋盘中第五条竖线，五（5）路代表中路。

● **肋道** 中线左右两侧的四、六（4、6）路，是攻防要道。

● **边线** 棋盘中第一、九（1、9）路竖线。

● **河界线** 双方从下向上数的第五条横线。

● **宫顶线** 双方从下向上数的第三条横线，即九宫的最高位置。

● **卒林线（兵行线）** 双方从下向上数的第四条横线，即卒（兵）的初始位置所在横线。

● **底线** 双方最低的一条横线。

● **巡河** 一方棋子，例如车、炮，在己方河界上。

● **骑河** 一方棋子在对方河界上。

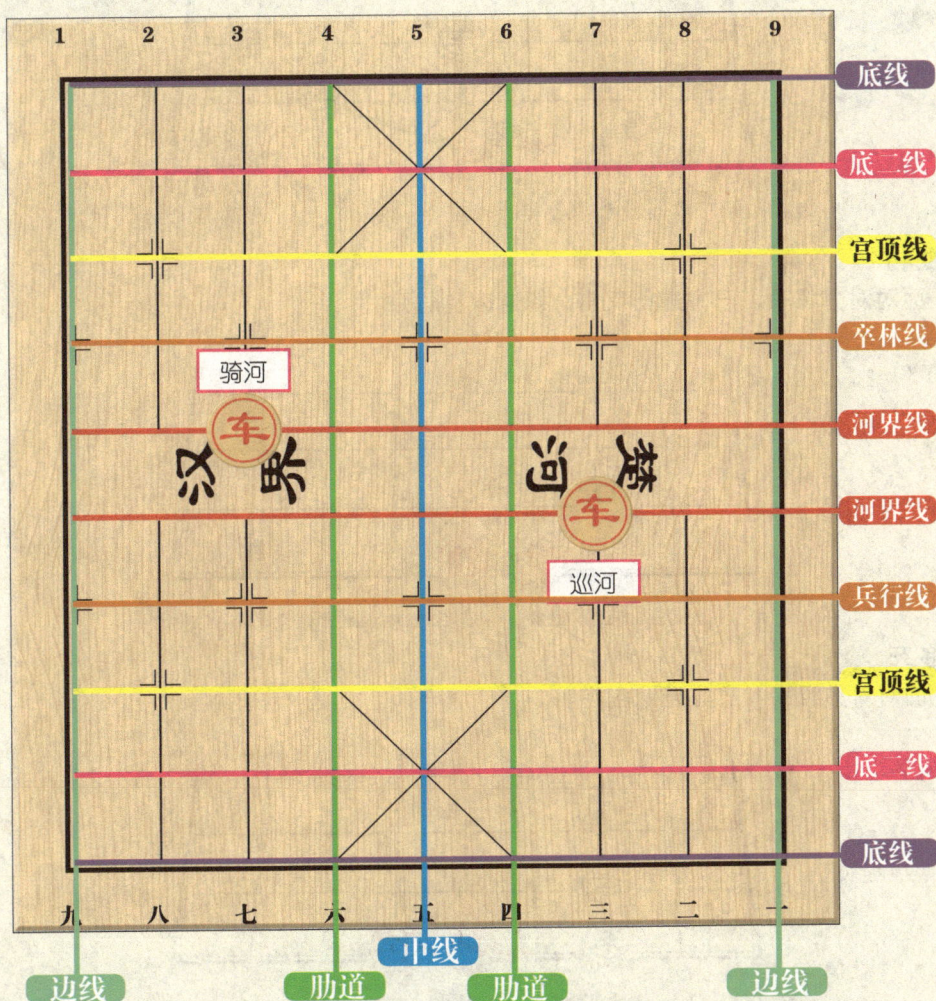

27

1.3.3 行动术语

● **将**

也称将军、照将等，具体意思为攻击敌方帅（将）。

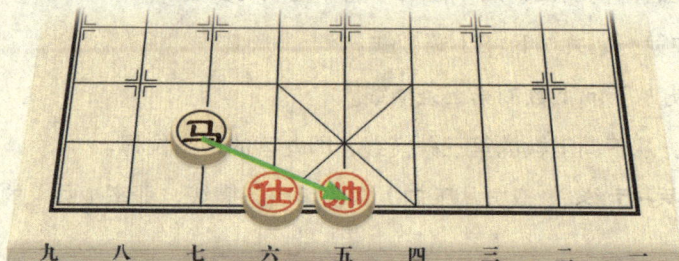

● **双将**

也称双照将，对方走动棋子后，己方两个子力同时攻击对方帅（将）。三照将同理。

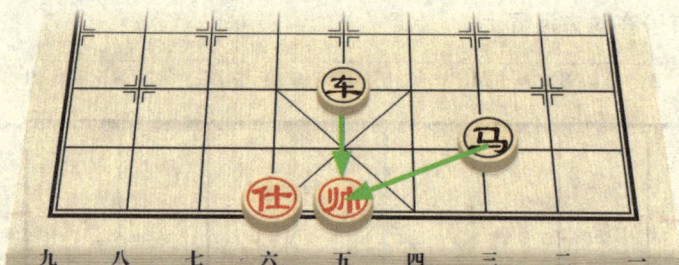

● **应将**

面对对方将军，己方进行反击、躲避以及防卫。

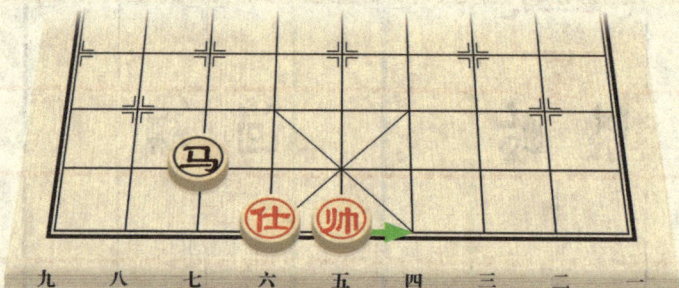

● **将死**

面对对方照将，己方无法应将。

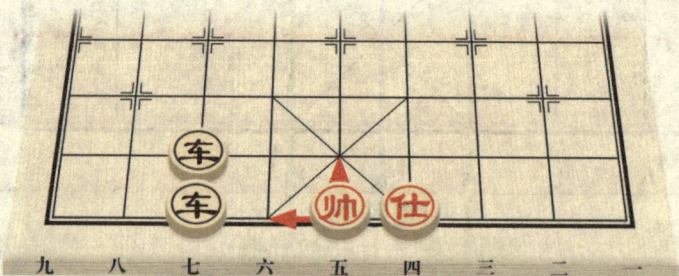

● 困毙

走棋一方无棋可走。

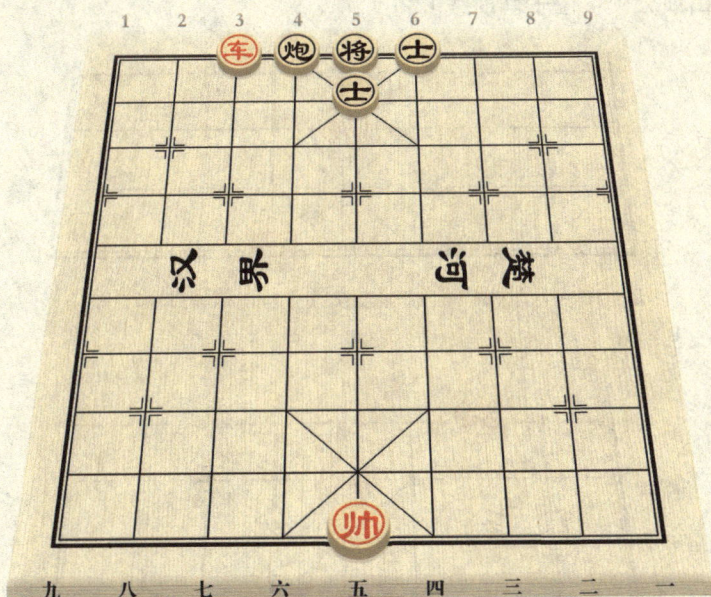

● 其他行动术语

杀：走子方企图下一步将军，以将死对方。

捉：走子后，形成下一步吃掉对方某个无根子的情况。

打：类似于将、杀、捉的攻击手段。

兑：走子与同等子互换吃，其他子力交换的着法。

闲：不属于打的棋。

献：走子送吃者。

拦：走子拦阻对方子力的左右进退移动。

解杀：走子直接化解了对方的杀着。如果"解杀"同时还击对方杀着，则称为"解杀还杀"。

有根：被捉子如有其他子保护，可以被反吃为"有根"；反之，为"无根"。

29

1.3.4 棋子术语

● **将（帅）的专用术语**

山顶帅（山顶公）：位于宫顶线的将（帅）。

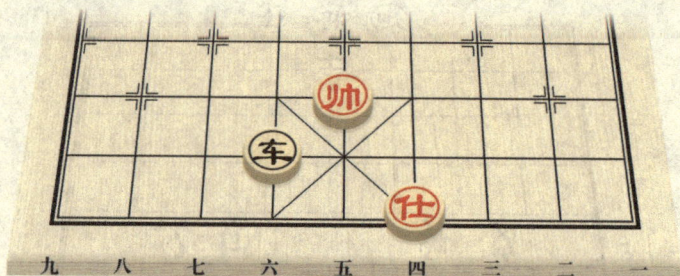

光帅：无守备的将（帅）。

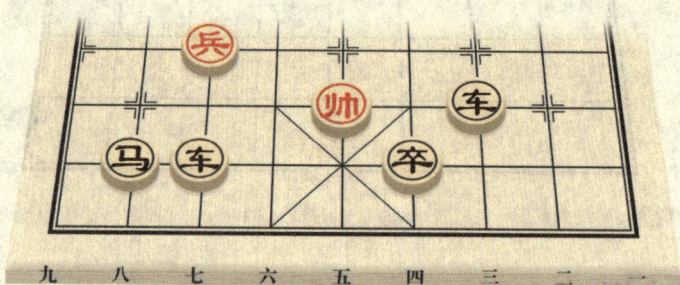

剥光猪：一方棋子被吃光，只剩下将（帅）而没有其他棋子。

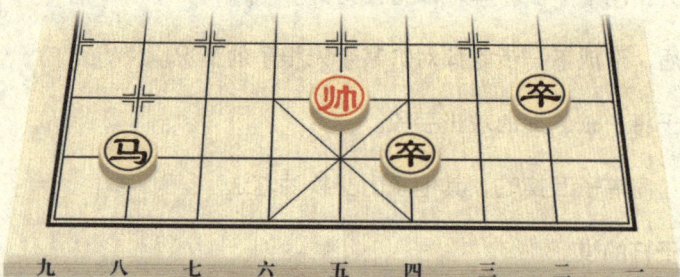

● **士（仕）的专用术语**

羊角士（仕）：二士（仕）俱支在九宫上角。

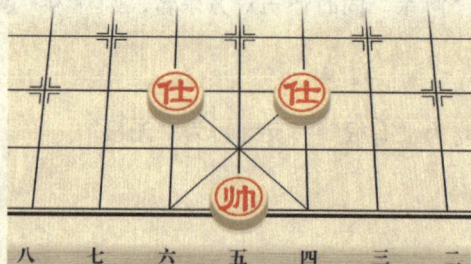

● **象（相）的专用术语**

边象（相）：处于1、9（一、九）路的象（相）。

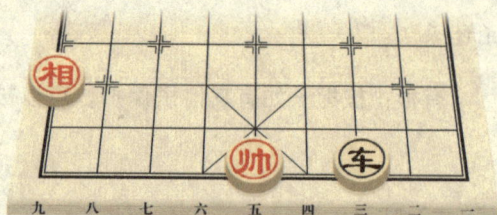

● 马的专用术语

屏风马：指双马位于原位时，走马二（2）进三（3）及马八（8）进七（7）。

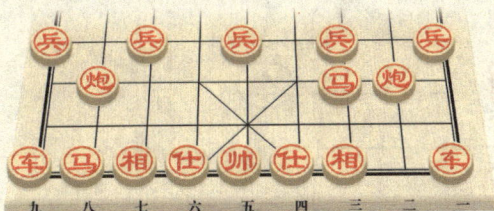

高钓马（侧面虎）：位于三（3）路或七（7）路对方卒林线（兵行线）上的马。

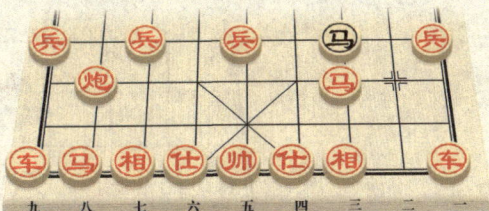

盘河马：开局时指位于三（3）路或七（7）路己方河界线上的马。

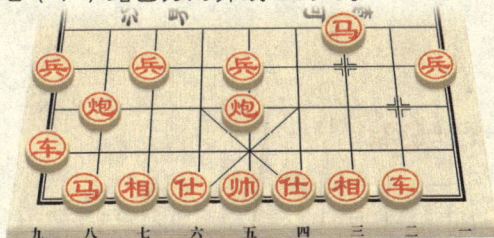

窝心马/归心马：位于九宫中心的马。

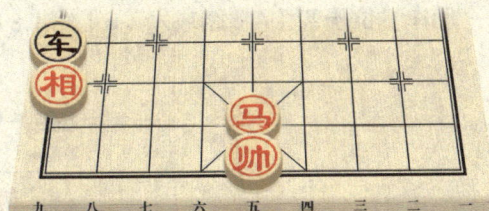

穿宫马：马从九宫的一边跳到九宫的另一边；开局泛指飞象后马由底线穿过九宫中路到士角位。

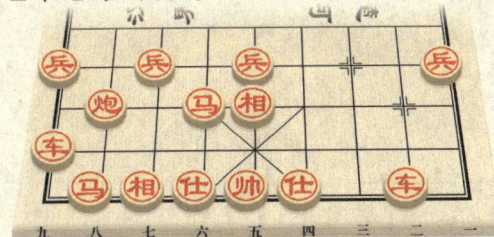

反宫马：一方双马正起、士角有一炮相隔的开局阵势。

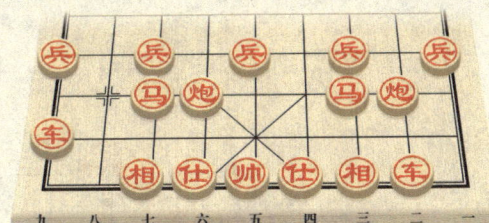

士角马/挂角马：一方的马在对方九宫的两个士上角中的任意一个、对还没有移动位置的将（帅）形成叫将的局面。

连环马：两马互为根，互相保护。

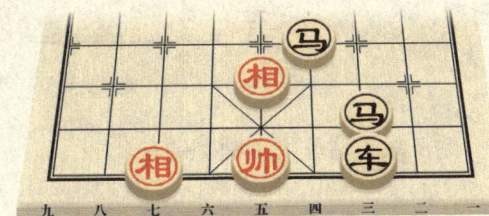

绊脚马：去路被阻的马。

边马：位于一（1）路或九（9）路的马。

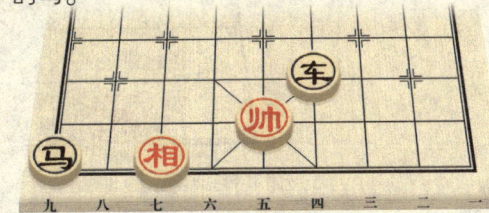

● **车的专用术语**

边车：位于一（1）路或九（9）路上的车。

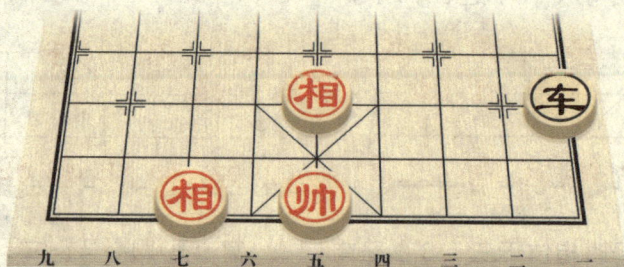

肋车：位于四（4）路或六（6）路上的车。

沉底车：移动到对方底线的车。

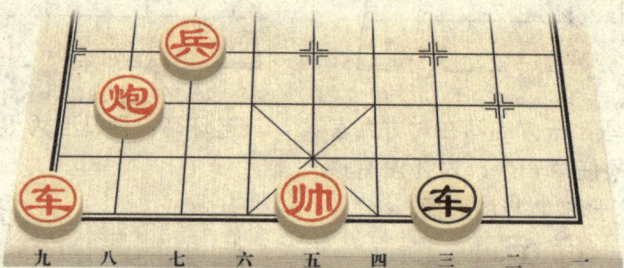

贴身车：贴着将（帅）的车。

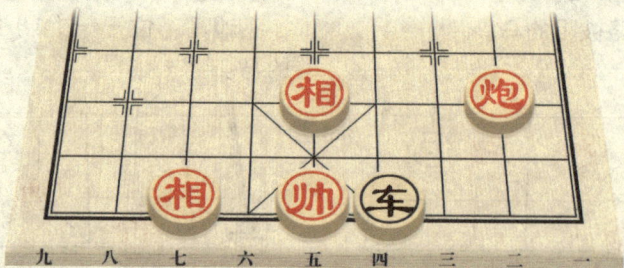

高头车：位置高而出路开扬的车。

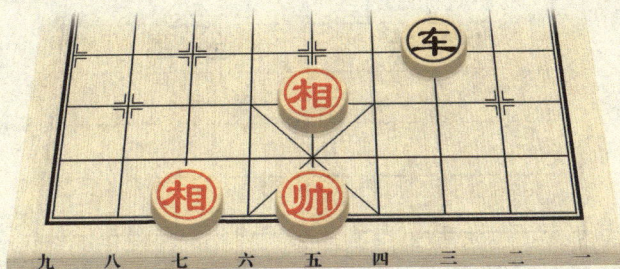

低头车：也叫"暗车"，泛指位置不佳，至少要走一步或多步之后才能投入战斗的车。

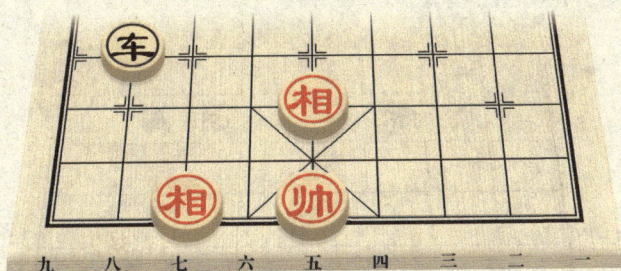

重线车/同线车：横排无阻隔的两只车。

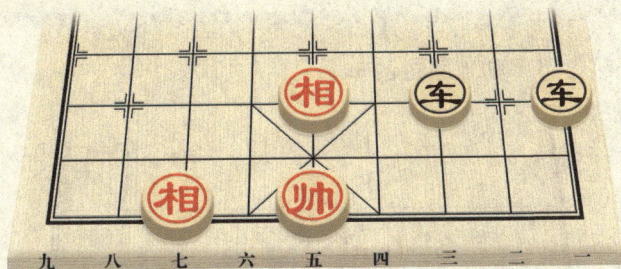

守丧车：被牵制而动弹不得的车。

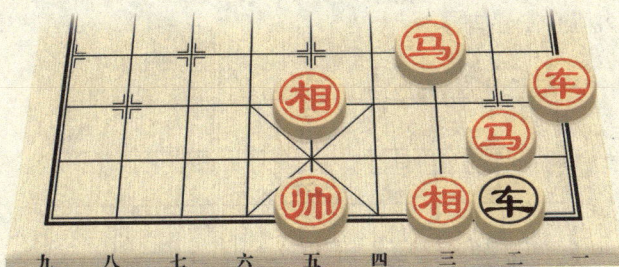

巡河车：位于己方河界线的车。

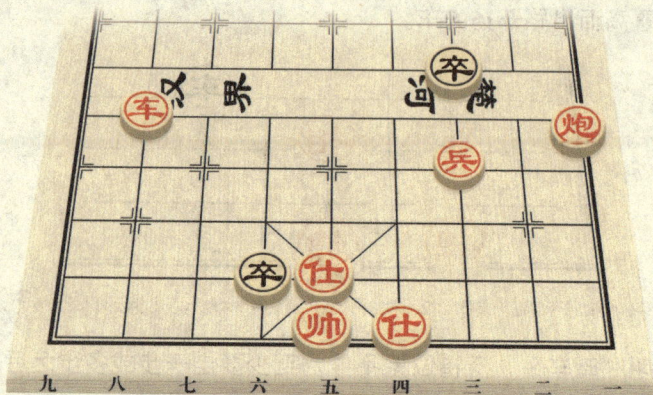

骑河车：位于对方河界线的车。

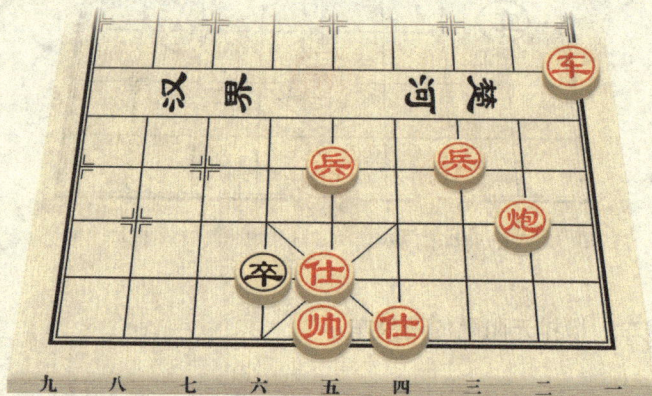

篡位车：置于敌方将（帅）原位的车。

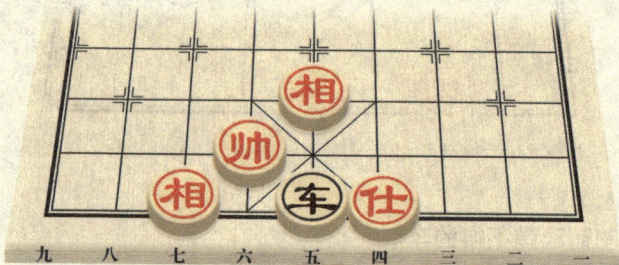

花心车：位于九宫中心的车。

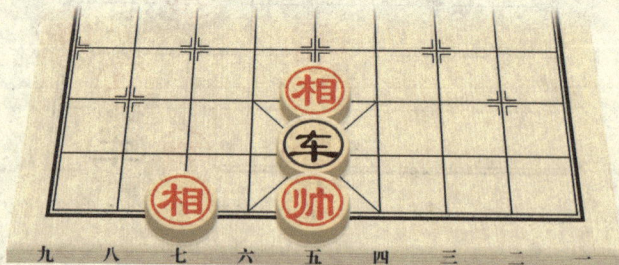

双车挫：由一只车控制九宫的纵向或横向中路，另一只车再通过控制纵向或横向边路将死对方。

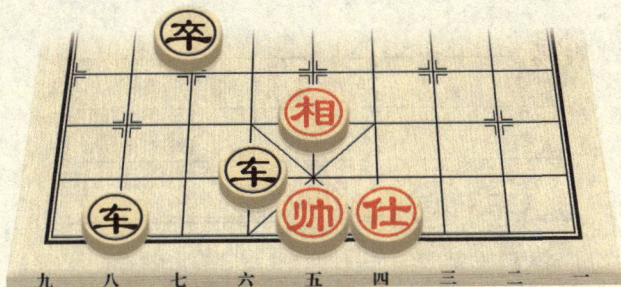

　　二鬼拍门：双车逼近对方九宫的一种战术。

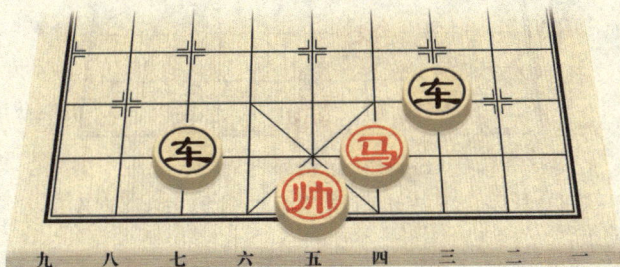

　　大刀剜心/大胆穿心：以车闯入宫心的一种弃子入局着法。实际上"小刀剜心"只是在大刀剜心的局势下把"车"换成了"兵（卒）"。

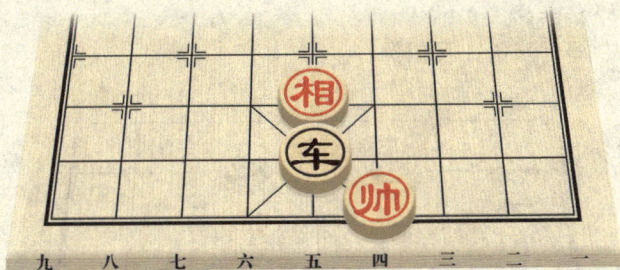

边炮：位于一（1）路或九（9）路的炮。

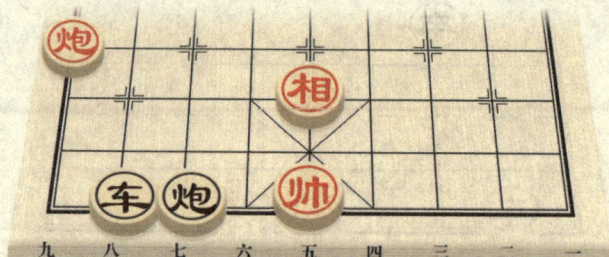

巡河炮：位于己方河界线的炮。

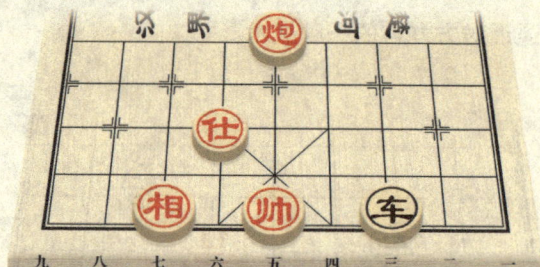

叠炮：炮二进一守住中兵，下一步再炮八平二封黑方8路直车。

担子炮：两炮中间有一子，互相保护。

空头炮/空心炮：炮和对方将（帅）之间没有任何棋子。

窝心炮：位于九宫中心的炮。

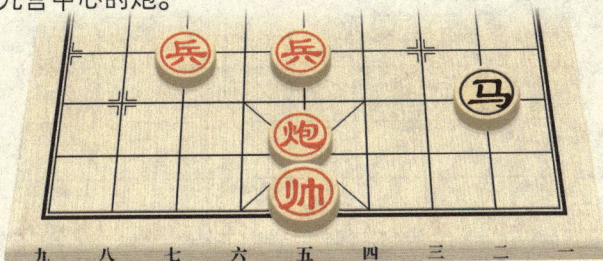

沉底炮：炮移动到对方底线。

冷巷炮：位置隐蔽的炮。

当头炮/立中炮：运炮平中线直指对方阵营。

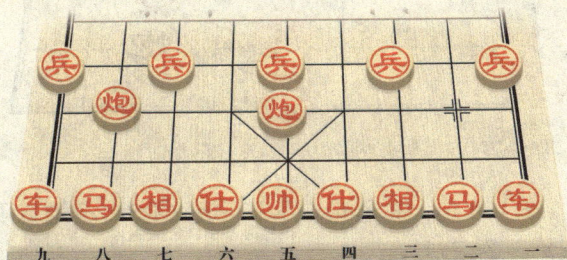

仕角炮：首着炮二平四或炮八平六的布局手法。

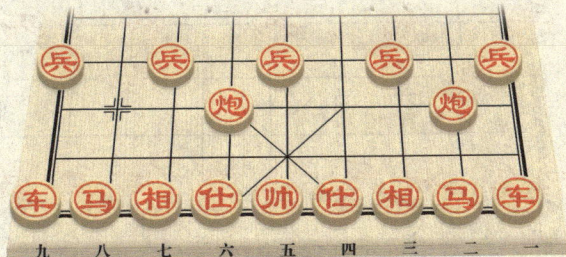

过宫炮：一种开局着法。走炮二平六（炮2平6）或炮八平四（炮8平4）；因经过将（帅）的中宫而得名。

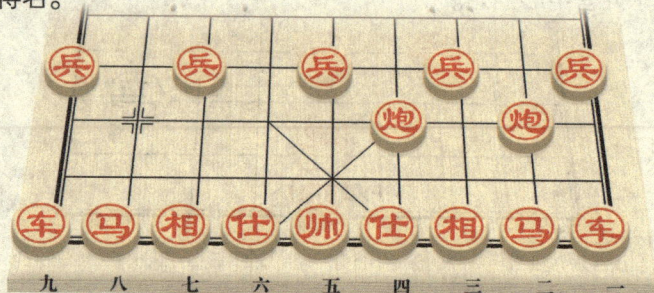

雷公炮：双炮均处于5路，成双中炮之态。当头炮开局固然厉害，而两门炮在中路进攻更加强劲，称为雷公炮局，这种布局在民间棋摊特别流行，应对不慎很容易速败。

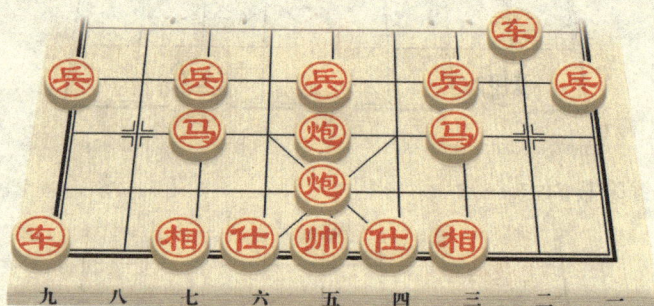

辘轳炮：和担子炮相似，都是两炮中间有一子；不过，担子炮是在同一横线上，辘轳炮是在同一竖线上。

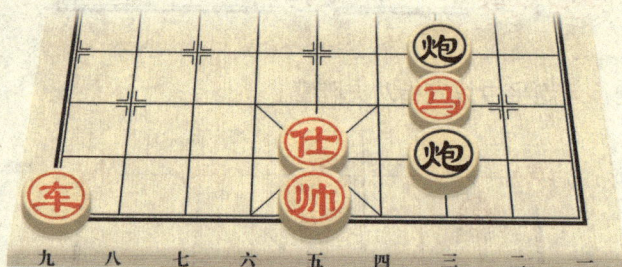

敛炮/一声雷/兵（卒）底炮：首着炮二平三（炮2平3）或炮八平七（炮8平7），通常是对方走"仙人指路"的应对方法。

● 卒（兵）的专用术语

两头蛇：把三路兵和七路兵挺起的阵势。

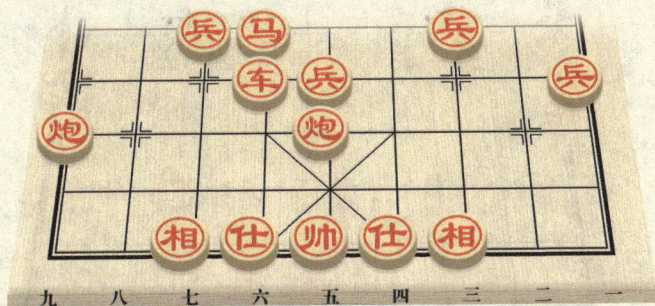

高兵：泛指不低于对方卒林线（兵行线）的兵（卒）。

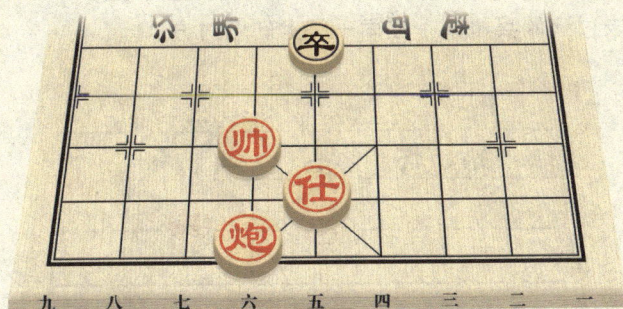

低兵：泛指低于对方卒林线（兵行线）的兵（卒）。

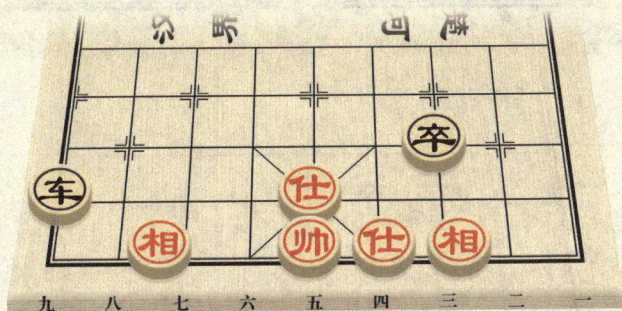

底兵/老兵：位于对方底线的兵（卒）。

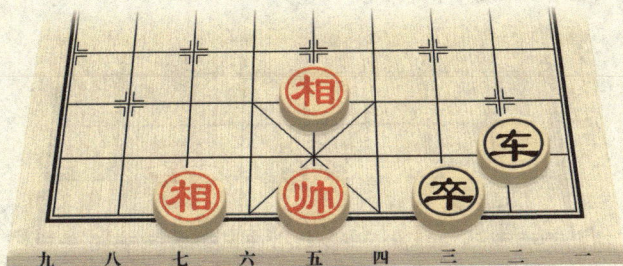

39

过河兵：越过河界的兵（卒）。

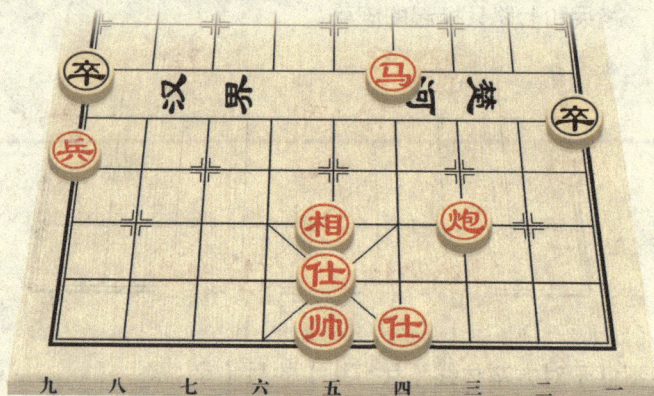

对头兵：双方未过河的兵（卒）在同一路上向着对方。

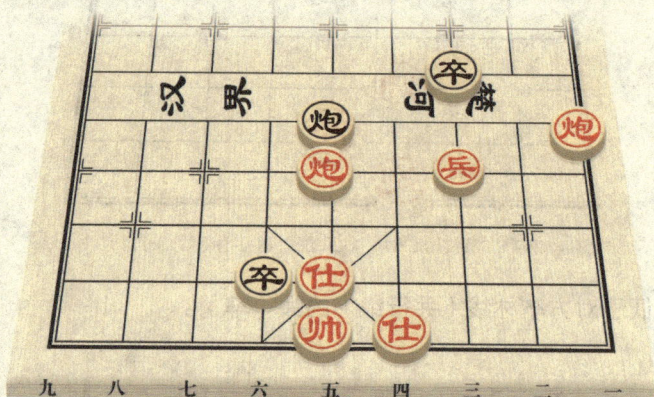

兄弟兵：双兵（卒）连在一起。

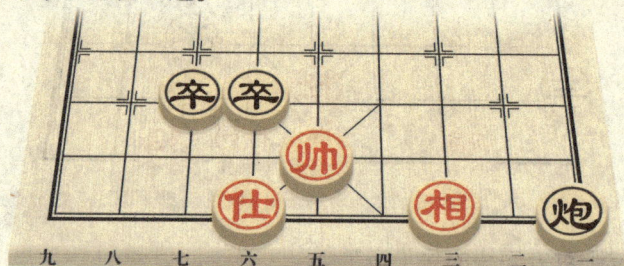

花心兵：位于九宫中心的兵（卒）。

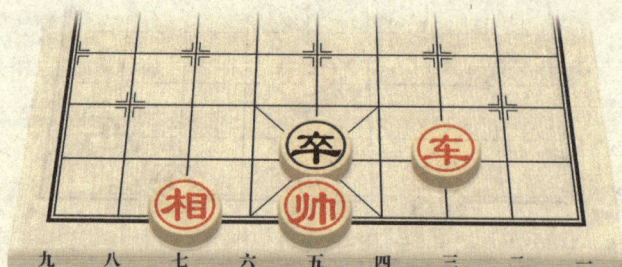

40

1.4 象棋的比赛种类

随着象棋的不断发展，比赛种类更加丰富，根据不同的比赛分类原则，形成不同的分类方法。从性别来说，可以分为男子赛和女子赛；从年龄来说，可以分为成年赛、少年赛、儿童赛等；从级别分，可以分为全国赛、省级赛、市级赛、县级赛等；从形式来说，可以分为团体赛和个人赛；从性质来说，可以分为锦标赛、等级赛、挑战赛、邀请赛等。

1.4.1 锦标赛

锦标赛是按规定的报名资格标准组织的比赛，分为个人赛和团体赛。个人赛只计算个人成绩，团体赛则以队为单位计算成绩，但要求所有参赛队的人数必须相同。个人赛现今多采用一局制，另外也有两局制或多局制，每局棋胜记1分、负者为0、和局则各记0.5分。团体赛的赛制有分台定人制、分台换人制、临时定台制、全队循环制和队员总分制。在一局制团体比赛中，个人局分总和多者为胜，场分记2；少者为负，场分记0；如双方打平则场分各记1分。现全国团体赛即采用分台定人制，每队四人，每台对弈一局。象棋队员总分制比赛不分台次，是按照各队棋手在个人比赛中所取得的成绩（个人名次）总和多少来排列名次，少者列前。这种赛制的好处是个人与团体成绩可以同时产生，既鼓励了个人奋进，也避免了全队对抗时的互相"分心"，省、地（市）、县级比赛或团体邀请赛较多采用这种方法。

关于全队循环制的比赛办法请见"对抗赛"。

1.4.2 联赛

联赛是仅限于同一级别的按年度进行的团体或个人赛。这种比赛须根据上年成绩分甲、乙组，实行升降组制度——以赛后成绩重新调整队或个人的组别。近几年我国举办的年度锦标赛（团体和个人）为了激励棋手奋力拼搏、提高对局质量、促进象棋事业的发展，也实行了联赛制度。获得男子或女子甲组个人赛前列名次的棋手，还可分别获得特级大师、国家大师与棋协大师称号。

1.4.3 等级赛

为使众多的专业和业余棋手有更多的比赛交流的机会，提高水平并促进发展，中国象棋协会于1998年重新颁布了象棋棋手技术等级标准，并定期举办全国象棋大师冠军赛和全国象棋等级赛。

全国象棋大师冠军赛的参赛资格必须是象棋国家大师，比赛一般采用9轮积分编排制，凡获冠军并胜弈达到77%的棋手或先后两次达到上述条件之一者，均可获得晋升特级大师的资格。

全国象棋等级赛即全国象棋个人锦标赛预选赛，虽参赛资格无其他限制，但大多为各省、市和行业体协的象棋好手，比赛也很紧张激烈。每次比赛均在200人左右，一般采用13轮积分编排制，获得男子或女子冠军，同时胜率达到或超过76%的棋手，将被授予象棋大师称号。男子前12名和女子前8名还将分别获得参加全国个人赛男子乙组和女子组的资格。

1.4.4　挑战赛

挑战赛是源于擂台赛的一种比赛形式，往往采用多局制，故又类似于对抗赛。近些年来挑战赛多用作较高级别和知名度的重要比赛，因涉及某种重要头衔的争夺，所以该种比赛的竞争较为激烈。

1.4.5　邀请赛

邀请赛是由个人或团体作为东道主发起，邀请外队棋手参加在主办单位所在地进行的比赛，邀请赛的目的在于互相交流学习，促进推广与提高。举办单位一般要承担主要的竞赛经费，并冠以各式各样的"杯"名，被邀请的对象也比较广泛，邀请赛的举办形式也相对比较灵活。

1.4.6　对抗赛

对抗赛是水平相当的棋手或队与队之间进行的比赛，这虽是为了检验训练水平、促进提高，但对弈双方的竞争性较强。单个棋手之间的对抗赛往往要进行多局对抗，赛前商定比赛局数，逐轮换先。队与队之间的对抗，可以分台对抗，也可以全队循环。分台对抗一般采用分先两局制，全队循环则多采用国际通用的舍文宁根制，例如著名的沪粤对抗赛就是采用的全队循环制。

1.4.7　擂台赛

擂台赛是民间传统的独特交流形式，采取胜者坐庄、败则下台的办法。早期擂台赛是各地高手之间互相交流的重要形式，例如20世纪50年代的上海棋坛就格外盛行，一年中连续举办数月，吸引了众多好手，比赛火爆异常，观者也十分踊跃，在当时影响颇大。

现今擂台赛多采用以下形式：一是主办单位组织若干当地高手担任擂主，少则直接挂牌任由报名攻擂者选择对手，多则分设几关由攻擂者依次攻打；二是由人数相等的两队各设擂主，双方由先锋开始对阵，直至一方战胜另方擂主为止。

1.4.8　快棋赛

快棋赛相对用时较短，对弈过程往往一波三折、扣人心弦，既能锻炼培养棋手的迅速反应能力，又对观众具有很强的吸引力。快棋赛不仅可以单独举行，也可以作为慢棋比赛的补充手段。近年来，中央电视台和地方电视台频频举办电视快棋赛，对宣传推广象棋运动的影响颇大。

快棋赛的用时制度比较灵活，一般采用每方若干分钟包干使用，不计着数，先超时者判负。较高水平的快棋赛，亦可以采用在规定的时限内走满一定的着数的办法，直至结束。

除了上述比赛种类外，还有表演性质的车轮赛与蒙目赛。车轮赛是由一名水平较高的棋手让先与数名或更多的爱好者同时对弈的比赛。蒙目赛亦称盲棋或闭目赛，较多见的是由高手蒙目与一般棋手对弈，少则一二人，多则数十人。一对一的盲棋可以用来锻炼棋手的记忆想象力，作为表演则对观众具有很大的吸引力，影响也很大。

1.5 象棋的比赛方法

象棋的比赛方法有很多种，如下图所示。

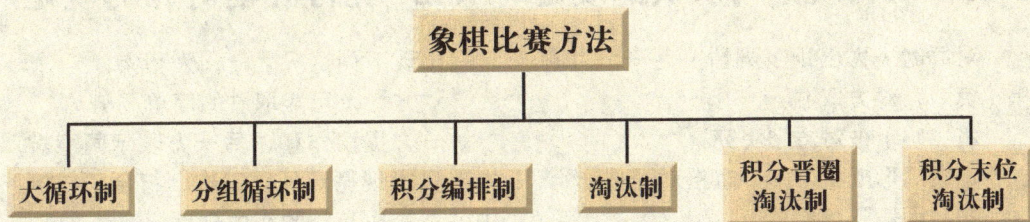

```
                          象棋比赛方法
   ┌──────┬──────────┬──────────┬────────┬──────────┬──────────┐
 大循环制   分组循环制    积分编排制    淘汰制    积分晋圈      积分末位
                                               淘汰制        淘汰制
```

1.5.1 大循环制

大循环制为又称伯格制或贝格尔制。在个人或者团队不多，同时时间允许的情况下，一般采用这一制度；在人或队比较少的情况下，也可以采用两局制。

1.5.2 分组循环制

在个人或团队较多，不方便采用大循环制时，可依据个人或队的最新等级分或比赛成绩排列，决定"种子"，分成几组实施循环初赛，再从各组选出优秀个人或团队进入决赛。

1.5.3 积分编排制

积分编排制也称为瑞士制。在个人或团队比较多，同时赛程比较短，并且不易安排"种子"时，可采用积分编排制。

1.5.4 淘汰制

在较多的个人或团队参加比赛时，因为时间紧张，可以依据实际情况采用单淘汰制、双淘汰制等方式，并且酌情设置预选赛或附加赛。

1.5.5 积分晋圈淘汰制

这种赛制结合了积分编排制和淘汰制。具体来说，前一阶段采用积分编排制，几轮后选出相应人数；后一阶段进行单淘汰赛。

1.5.6 积分末位淘汰制

这种赛制结合了积分编排制和淘汰制。具体来说，在快进行到一半赛程时，淘汰每一轮中几名积分最低的棋手，直到保留规定棋手数，然后参加最后一轮比赛。

1.6 现行规则对胜负和的规定

1.6.1 现行规则对胜负的规定

对局时一方出现下列情况之一，为输棋（负），对方取胜：

将（帅）被对方"将死"；

走棋后形成将（帅）直接对面；

被"困毙"；

在规定的时限内未走满规定的着数；

超过了比赛规定的迟到判负时限；

走棋违反行棋规定；

走棋违反禁例，应变着而不变；

在同一棋局中，三次"犯规"；

自己宣布认输；

在对局中拒绝遵守本规则或严重违反纪律。

1.6.2 现行规则对和的规定

出现下列情况之一，为和棋：

双方均无可能取胜的简单局势。

一方提议作和，另一方表示同意。双方走棋出现循环反复三次，符合"棋例"中"不变作和"的有关规定。

符合自然限着的回合规定，即在连续60个回合中（也可根据比赛等级酌减），双方都没有吃过一个棋子。

1.7 比赛中触摸棋子的规定

当触摸己方棋子时，触摸哪个棋子，就必须走哪个棋子，只有当被触摸的那个棋子依照行棋规定不能走时，才能走其他棋子。

当触摸对方棋子时，触摸哪个棋子就必须吃掉哪个棋子，只有当己方的任何棋子都不能吃掉该棋子时，才能走其他棋子。

当先触摸己方棋子，后又触摸对方棋子时，己方棋子必须吃掉对方棋子；无法吃掉时，必须走己方棋子；己方棋子无法走时，必须用己方其他棋子吃掉对方棋子；己方其他棋子也无法吃掉对方棋子时，才能走其他棋子。

当先触摸对方棋子，后触摸己方棋子时，己方棋子必须吃掉对方棋子；无法吃掉时，必须用己方其他棋子吃掉对方棋子；己方棋子均无法吃掉对方棋子时，必须走己方摸过的棋子；己方摸过的棋子也无法走时，才能走其他棋子。

摆正棋子必须提前获得对方同意，并只能在自己走棋的时间内进行，如若不然，算为摸子。如果是明显误碰了某个棋子，就不能算作摸子。

走完一着棋后（以手离开棋子为准）不得更改。

1.8 棋规中的着法

1.8.1 禁止着法

棋规中规定的"禁止着法"。长将、长要杀、长捉吃或将、要杀、捉吃组合在一起等，规则统称为"打"。

● **长将**

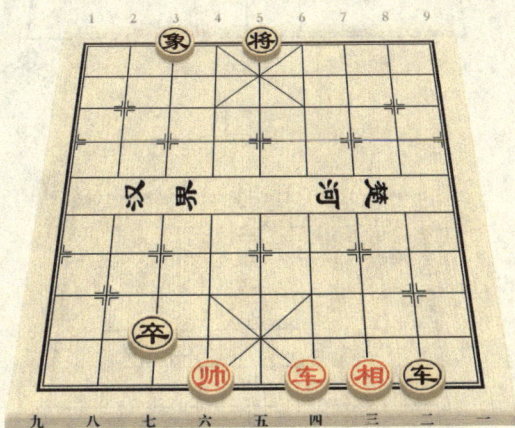

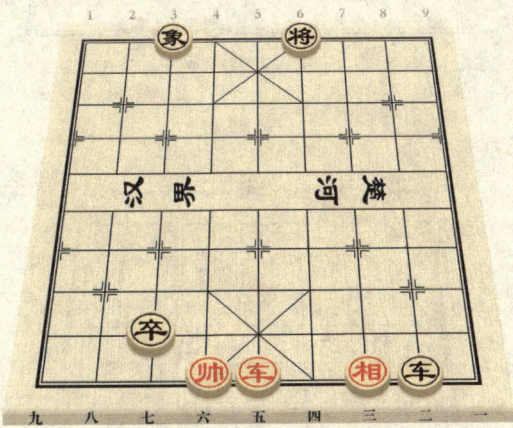

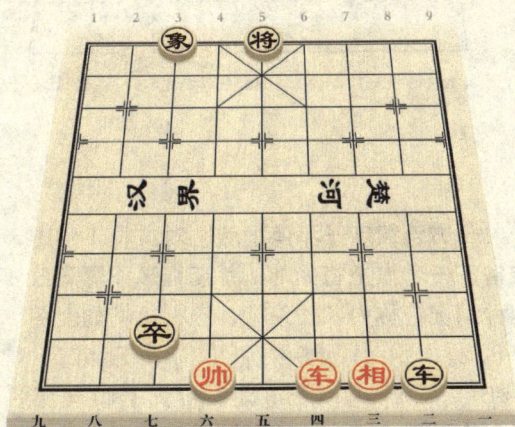

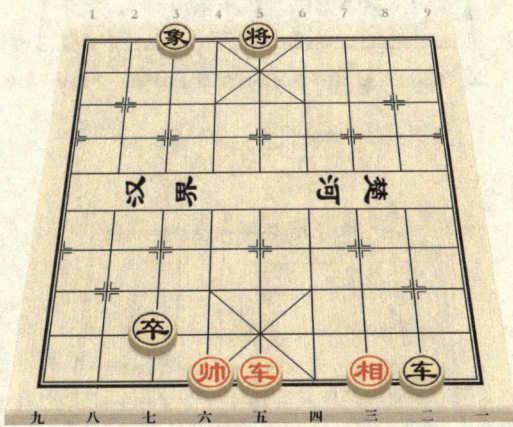

一方连续走子不停地"将军"，直接攻击对方将（帅），又不愿意改变这种情况，称为"长将"，应判负。象棋规则明确规定，任何棋子在任何情况下均不允许单方面"长将"。如上图：（1）车四平五，将5平6；（2）车五平四，将6平5；（3）车四平五，将5平6；（4）车五平四，将6平5。此图红方除了"长将"之外没有其他棋子可走，属"长将"，判负。

● 长杀

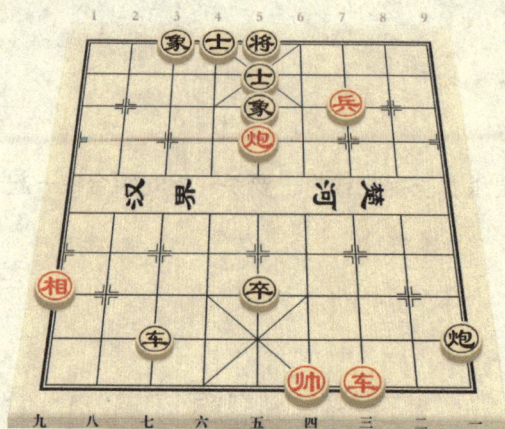

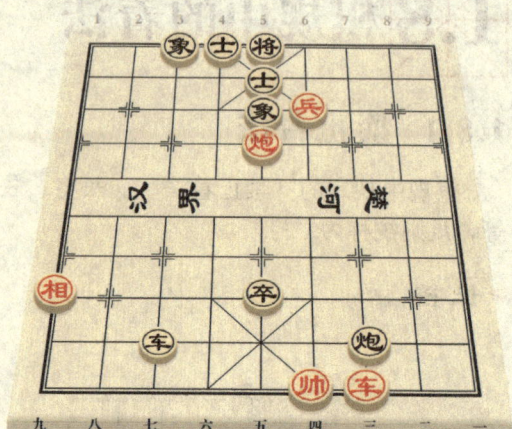

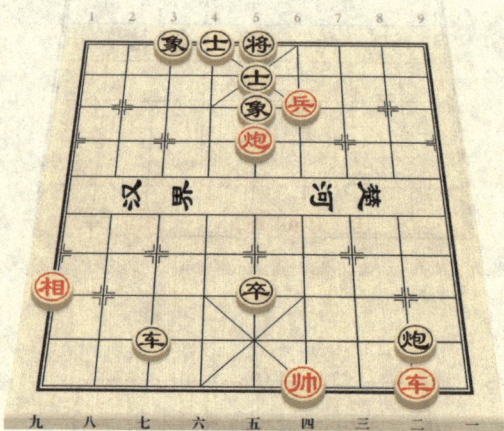

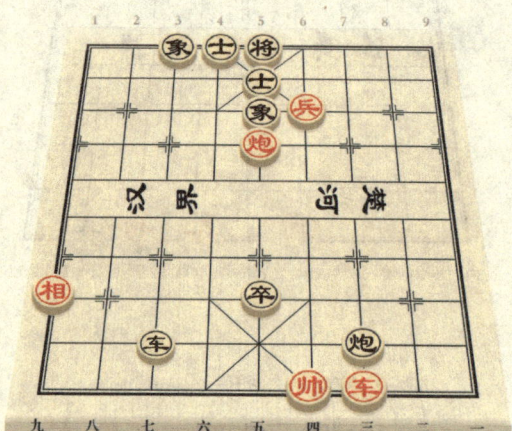

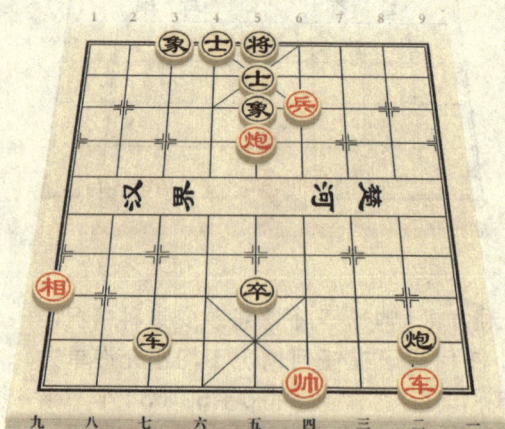

一方连续走子不停地威胁对方将（帅），准备下一着棋把将（帅）杀死，又不愿意改变这种情况，称为"长杀"，应判负。如上图：（1）兵三平四，炮9平7；（2）车三平二，炮7平8；（3）车二平三，炮8平7；（4）车三平二，炮7平8。红车步步威胁黑将，所走的着法就是"长杀"，如坚持不变，判红负。

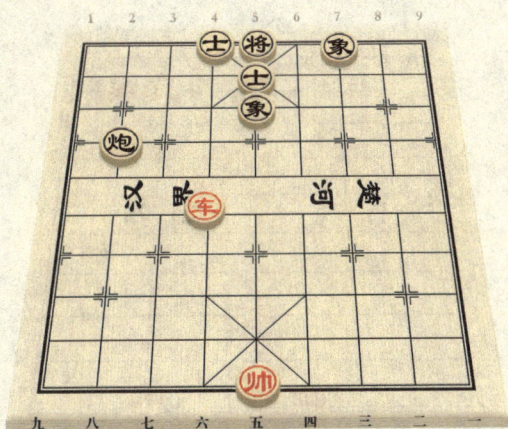

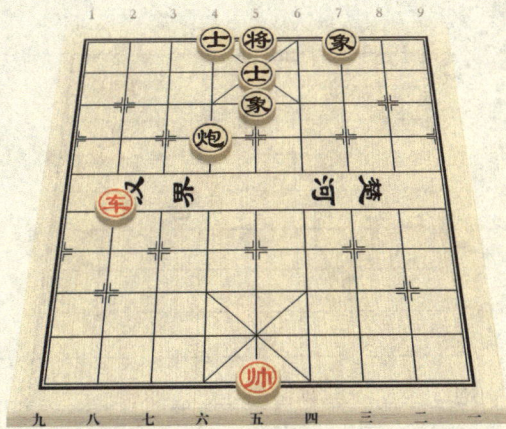

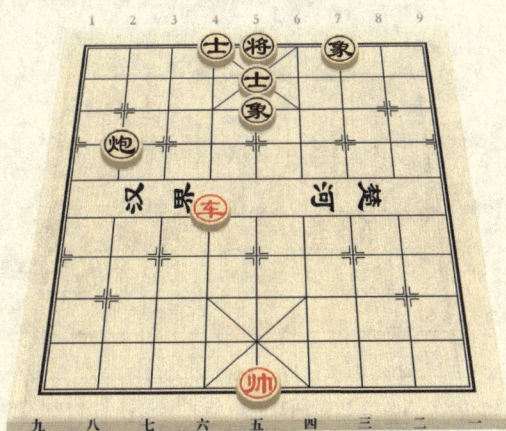

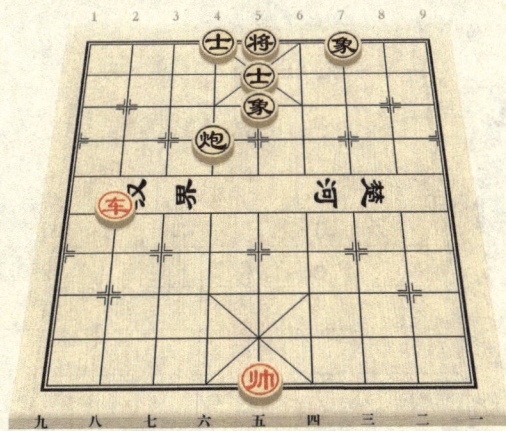

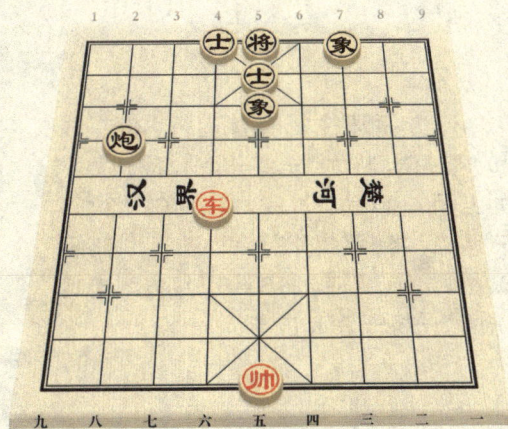

　　一方连续走子不停地捉对方的无根子（没有其他子力的保护），又不愿意改变这种情况，称为"长捉"，应判负。但要注意的是，未过河的兵（卒），不算捉子之列，允许"长捉"；而过河兵（卒）算子，如果长捉过河兵（卒），则判负。着法如下：（1）车六平八，炮2平4；（2）车八平六，炮4平2；（3）车六平八，炮2平4；（4）车八平六，炮4平2。红车长捉黑炮无根子，如坚持不变，应判负。

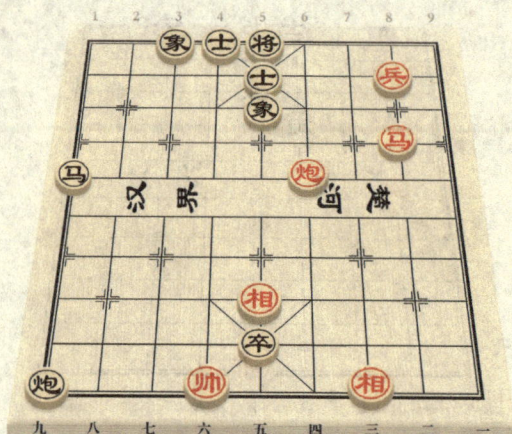

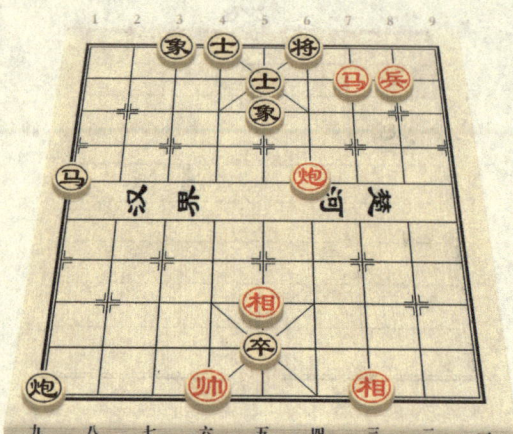

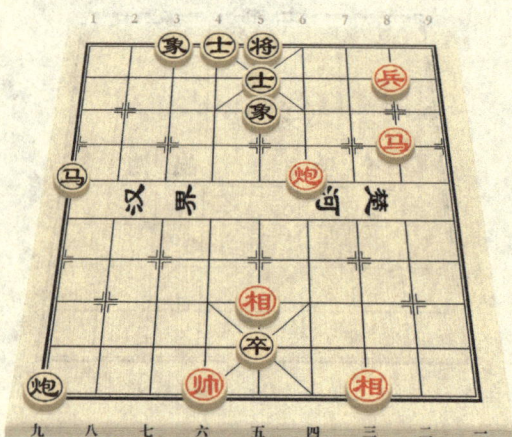

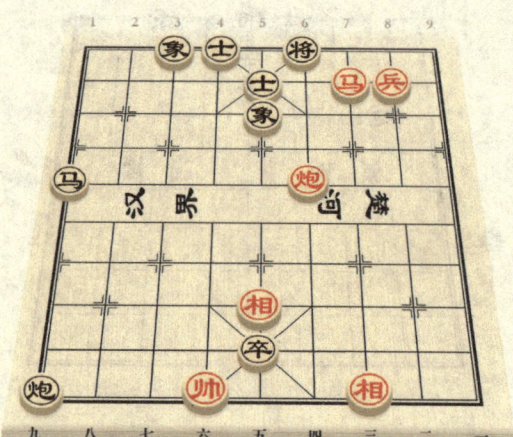

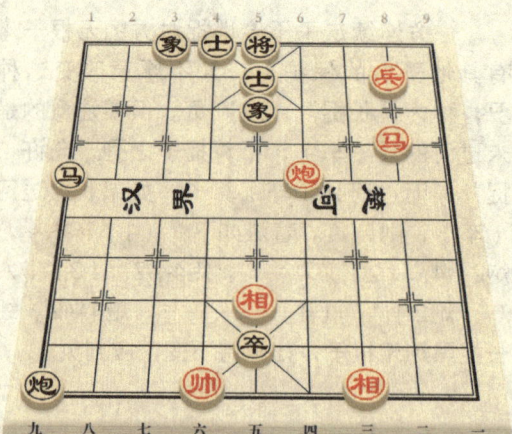

　　一方循环往复交替进行"将军"和"要杀"，称为"一将一杀"，应判负。如上图：（1）马二进三，将5平6；（2）马三退二，将6平5；（3）马二进三，将5平6；（4）马三退二，将6平5。红方所走着法属"一将一杀"，应判负。

1.8.2 允许着法

　　棋规中的"允许着法"。长跟、长挡、长兑、长献、兵（卒）帅（将）长捉吃等，规则统称为"闲"。

● 长跟

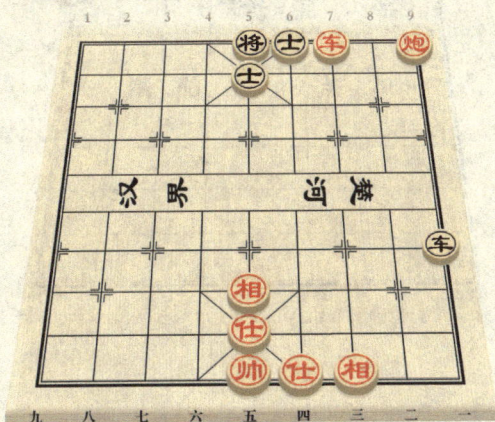

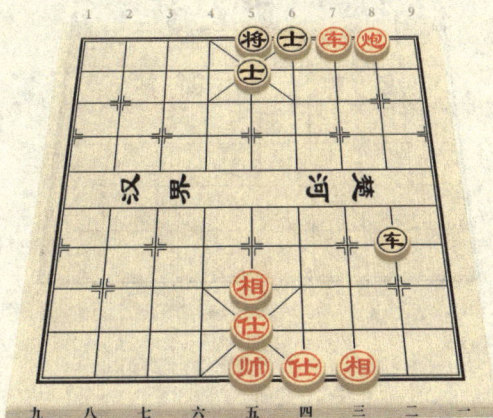

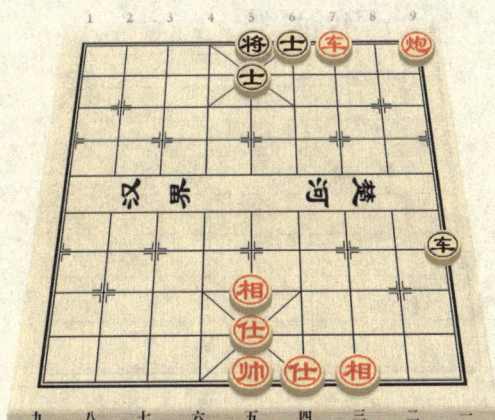

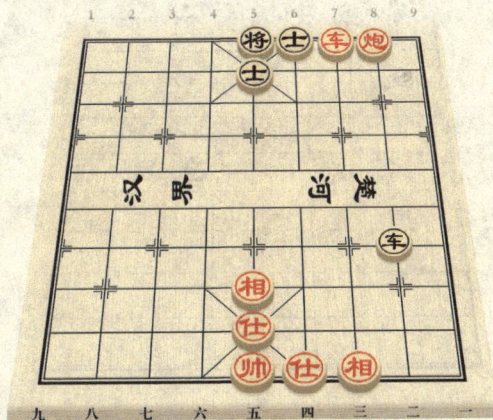

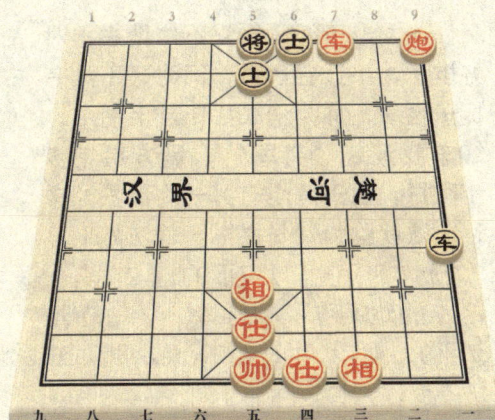

　　一方走子循环往复不停地盯住对方"有根子"，限制它的活动自由，同时又不具有捉子性质，称为"长跟"。上图中，红炮想沉底造成威胁，黑车步步盯住红炮，不让红炮脱身，这种走法就称为"长跟"。着法如下：（1）炮一平二，车9平8；（2）炮二平一，车8平9；（3）炮一平二，车9平8；（4）炮二平一，车8平9。双方不变，判和。

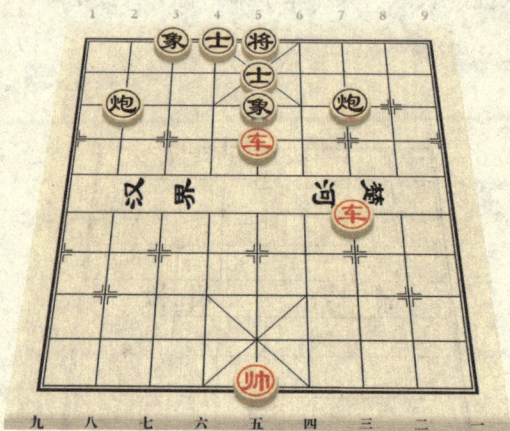

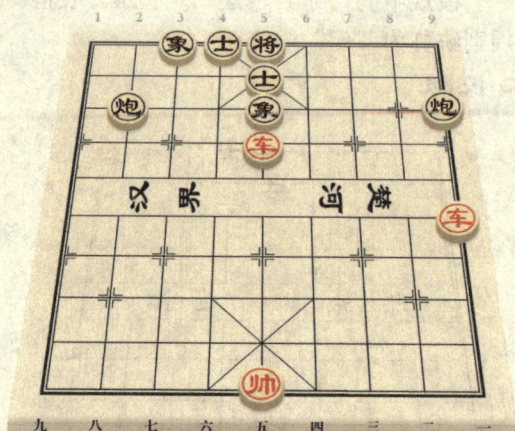

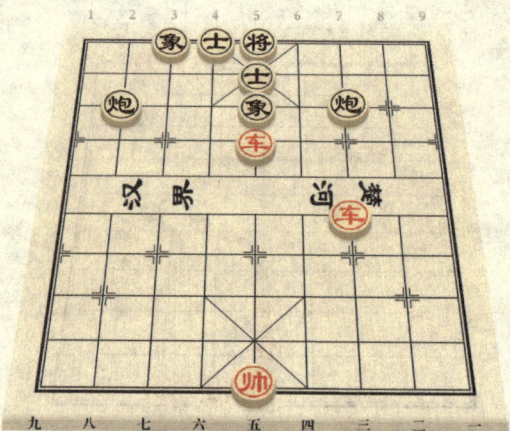

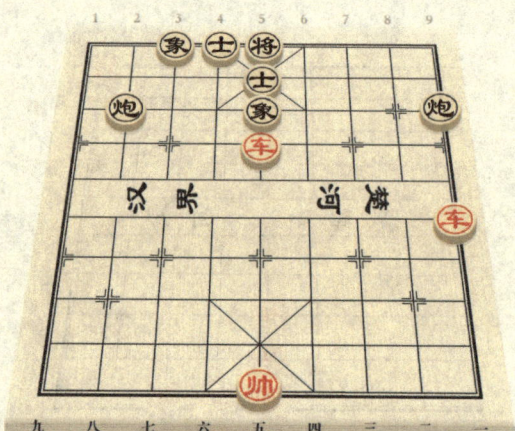

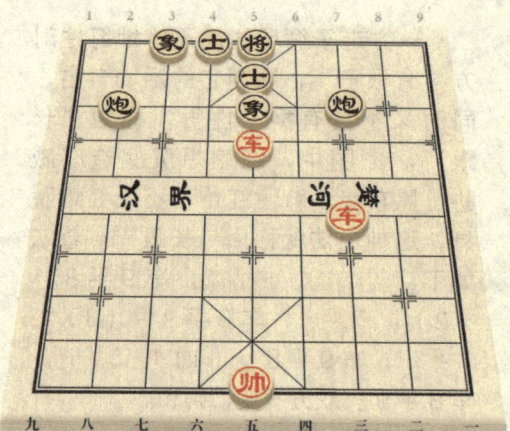

一方走子循环往复不停地拦挡对方棋子，不让它通过，同时又不具有捉子性质，称为"长拦"。上图中，红车要沉底"将军"，黑方用炮步步阻拦，由于黑炮有另一炮保护，这种走法就称为"长拦"。着法如下：
（1）车三平一，炮7平9；（2）车一平三，炮9平7；（3）车三平一，炮7平9；（4）车一平三，炮9平7。双方不变，判和。

50

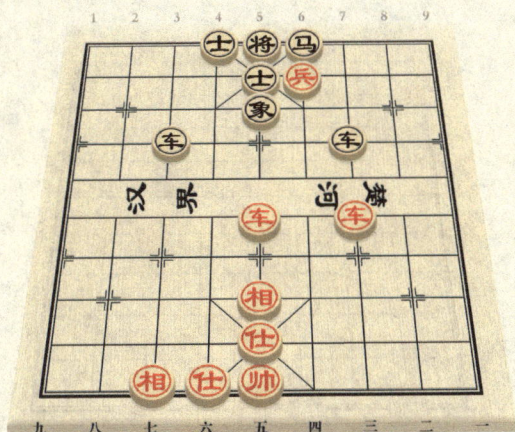

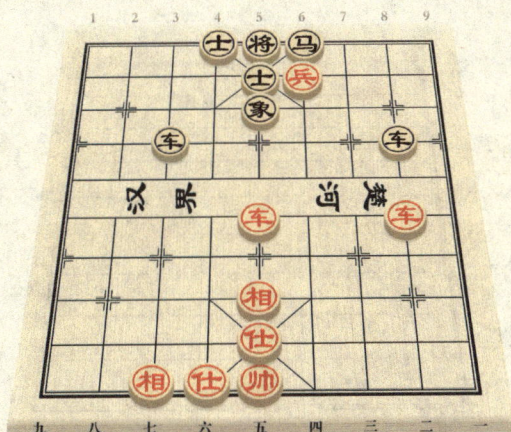

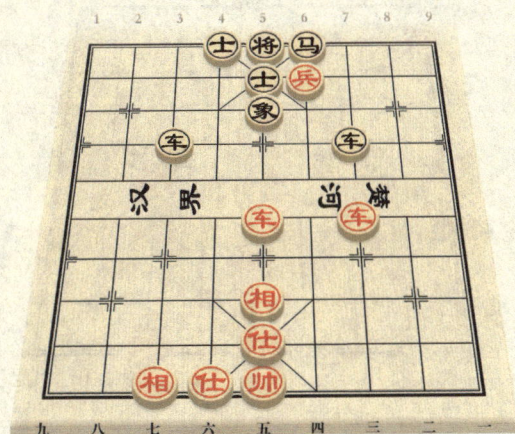

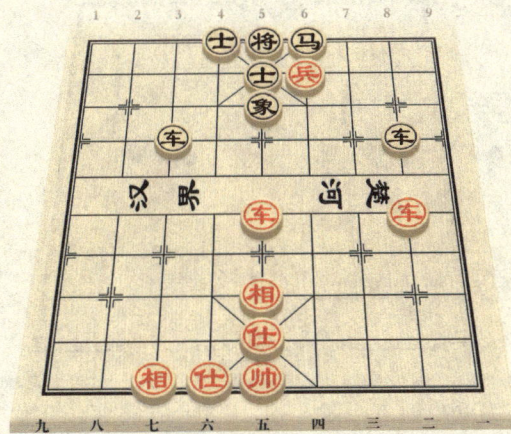

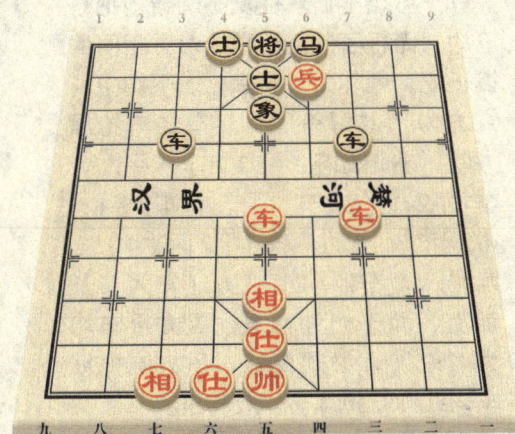

　　一方走子循环往复不间断地和对方相同棋子或价值相当棋子进行邀兑，称为"长兑"。左图中，红车要沉底对黑将构成威胁，黑车步步邀兑红车，这种走法就称为"长兑"。着法如下：（1）车三平二，车7平8；（2）车二平三，车8平7；（3）车三平二，车7平8；（4）车二平三，车8平7。双方不变，判和。

● 长献

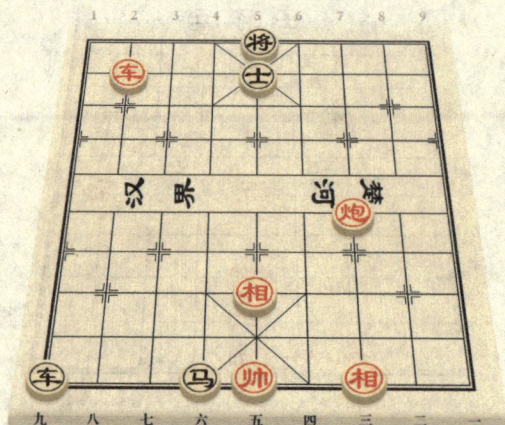

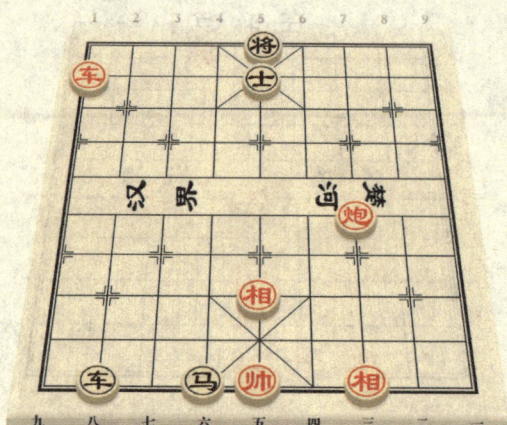

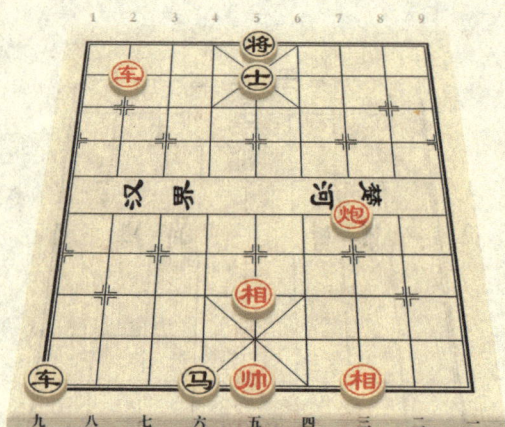

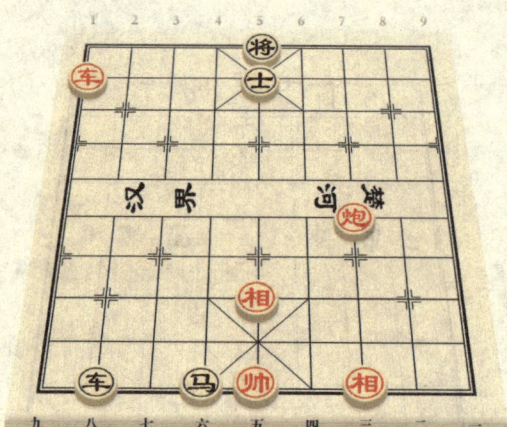

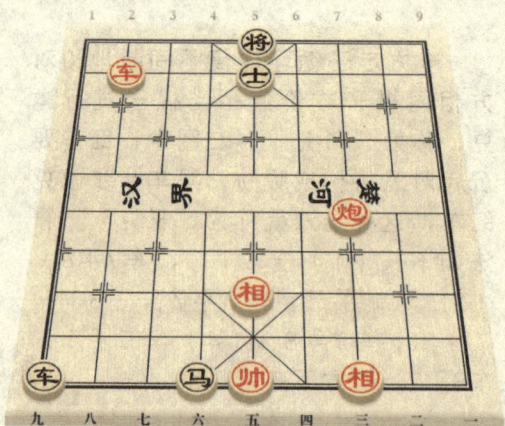

一方走子循环往复不间断地把自己的"无根子"主动送给对方相同的棋子吃，就称为"长献"。下图中，红方为了"解杀"，只有送车给黑方吃，着法如下：（1）车八平九，车1平2；（2）车九平八，车2平1；（3）车八平九，车1平2；（4）车九平八，车2平1。红方送车为"长献"，属于允许着法，黑方平车均为"杀"，必须变着，黑方吃掉红车，红帅吃掉黑马，成和棋。

52

第 2 章
象棋杀法

　　在下象棋时，擒住对方将帅是获胜的基本标志。而在对局中，每盘棋具体杀死将帅的方法多种多样，但仍有一定规律可循，这些典型和常见的杀死将帅的方法就是"基本杀法"。

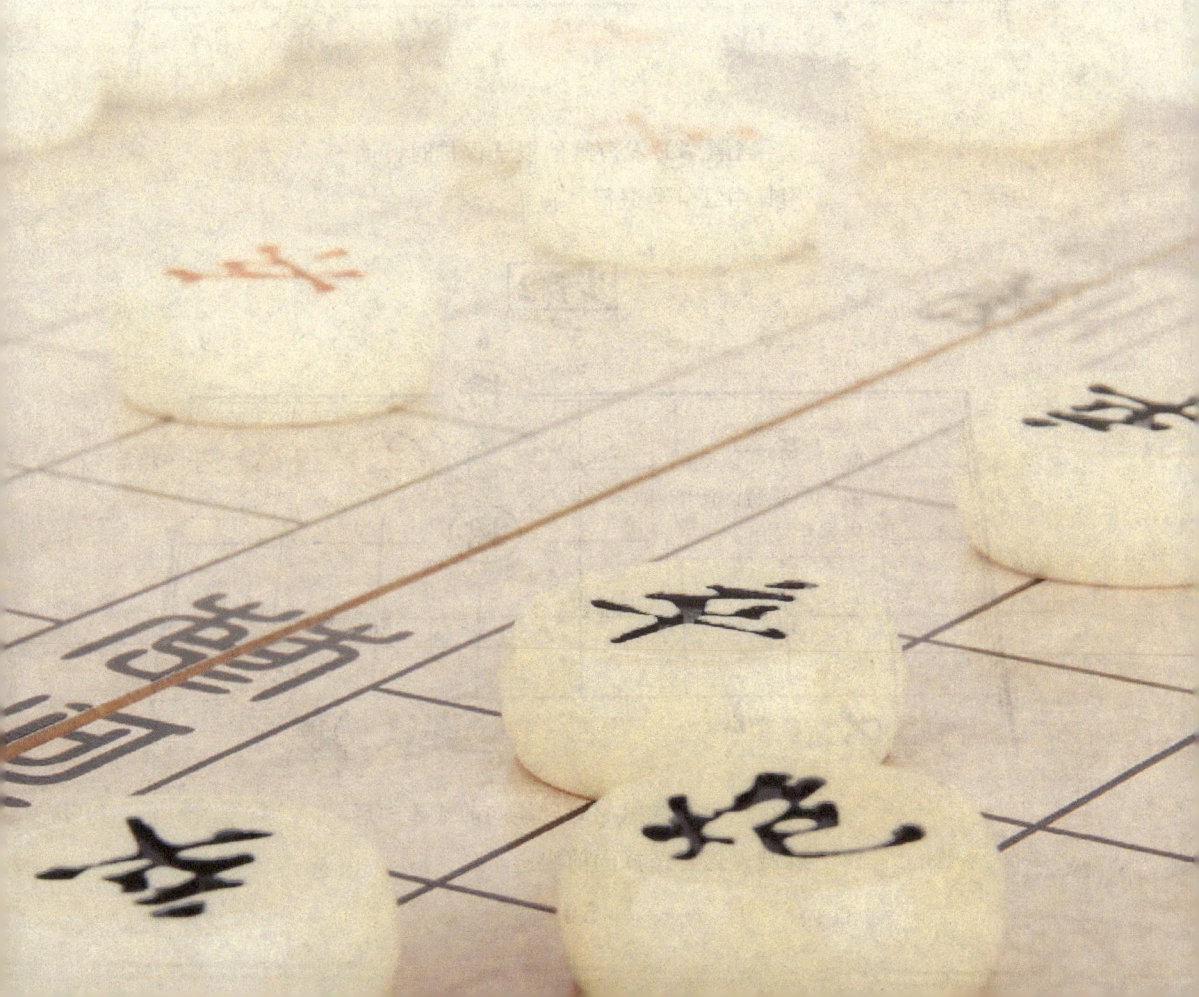

2.1 双车挫

以双车交替"将军"将对方将死的杀法为双车挫杀法。当对方将帅没有其他棋子或士象的保护时使用此法，异常迅猛。

● 案例演示

步骤1

将 没有其他棋子可以提供保护。

车 前进两格进行"将军"。

当黑 将 没有其他棋子保护时，使用其中红 车 进行"将军"。

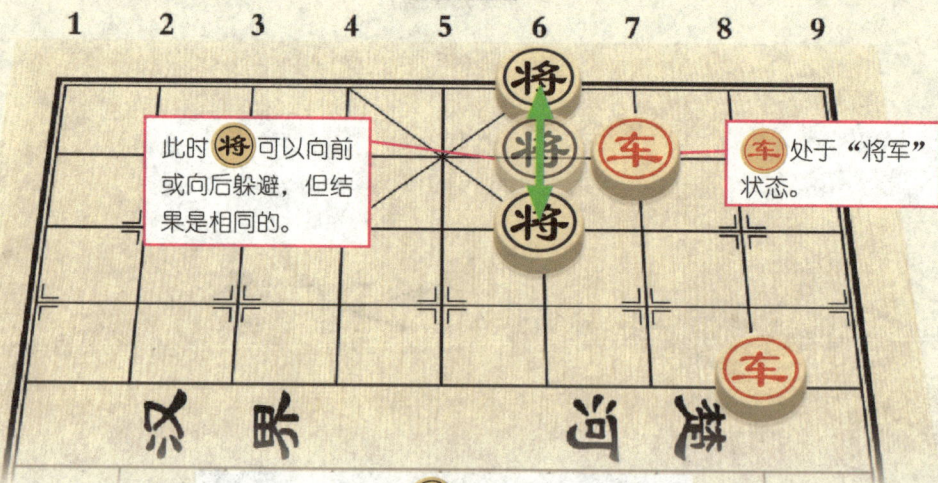

步骤2

此时 将 可以向前或向后躲避，但结果是相同的。

车 处于"将军"状态。

这个时候黑 将 只能向前或者向后躲避，这里选择向前躲避。

车 前进两格进行"将军"。

这时候使用另外红 车 继续"将军"。

车 占领 将 后退的路线使其不能后退。

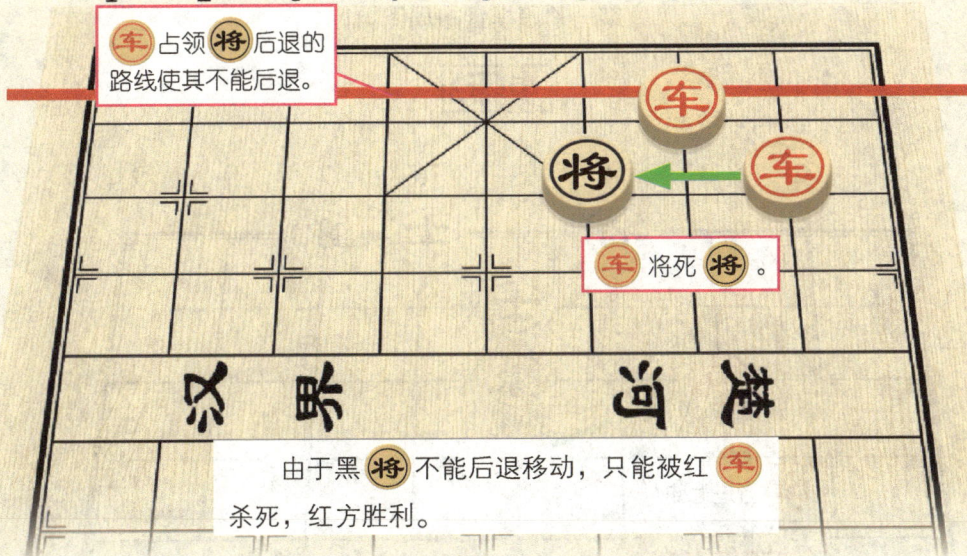

车 将死 将 。

由于黑 将 不能后退移动，只能被红 车 杀死，红方胜利。

棋谱记录：

车三进二　将6进1
车二进二　红方胜

55

2.2 钓鱼马

用马的两个落脚点控制对方将帅的马叫钓鱼马。马在棋盘三·八（3·8）或七·八（7·8）位置上封锁对方将门，与对方的将帅之间的相对位置形状如"双象连环"，然后用车或其他棋子配合将军取胜的杀法就称为"钓鱼马"杀法。

● 案例演示

步骤1

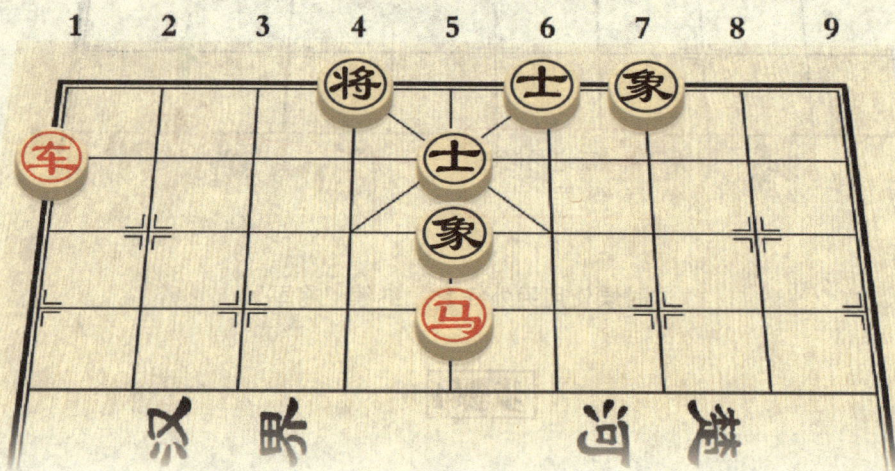

某一阶段棋盘布局图。

步骤2

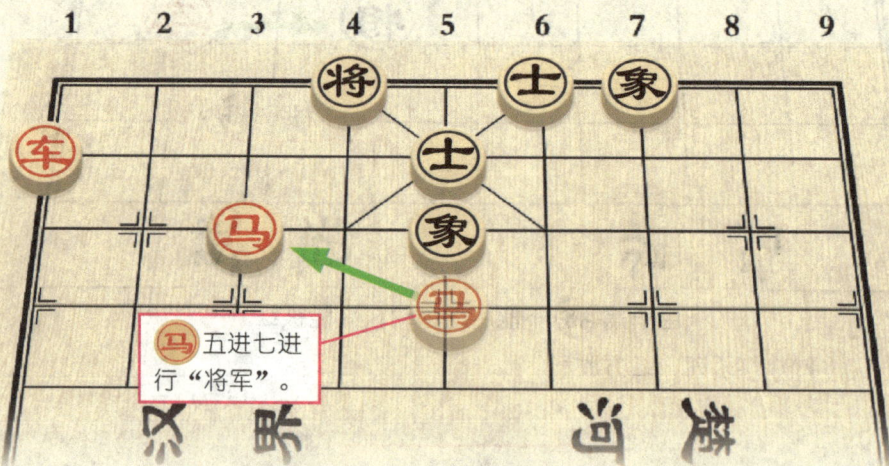

马 五进七进行"将军"。

红 马 五进七，控制对方的 将 。

| 1 | 2 | 3 | 4 | 5 | 6 | 7 | 8 | 9 |

将 只能走将4平5。

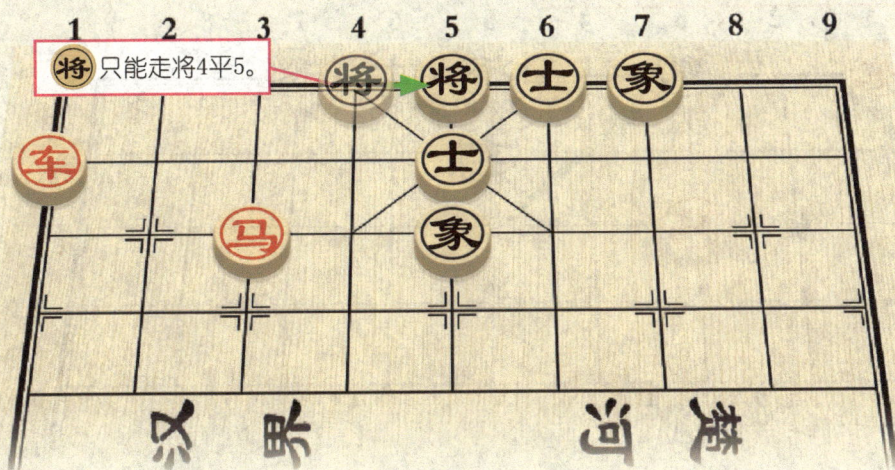

黑 将 向右移动一格，躲避红 马 控制。

| 1 | 2 | 3 | 4 | 5 | 6 | 7 | 8 | 9 |

车 九进一进行"将军"。

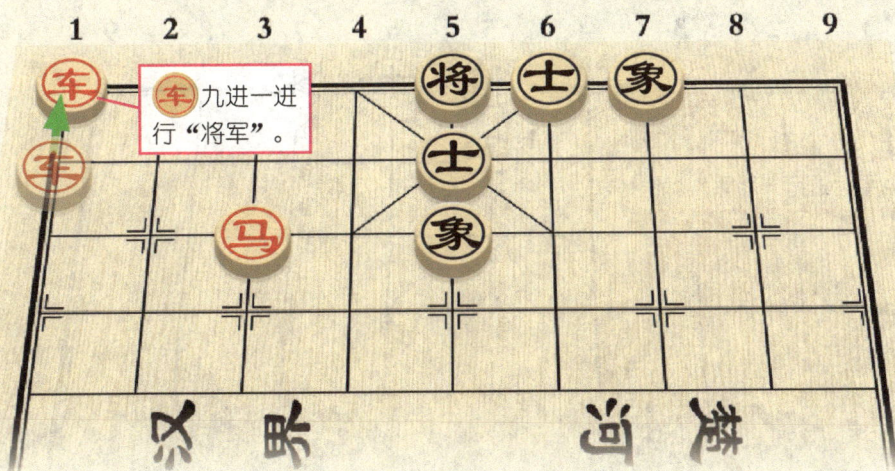

红 车 前进一格，进行"将军"。

步骤5

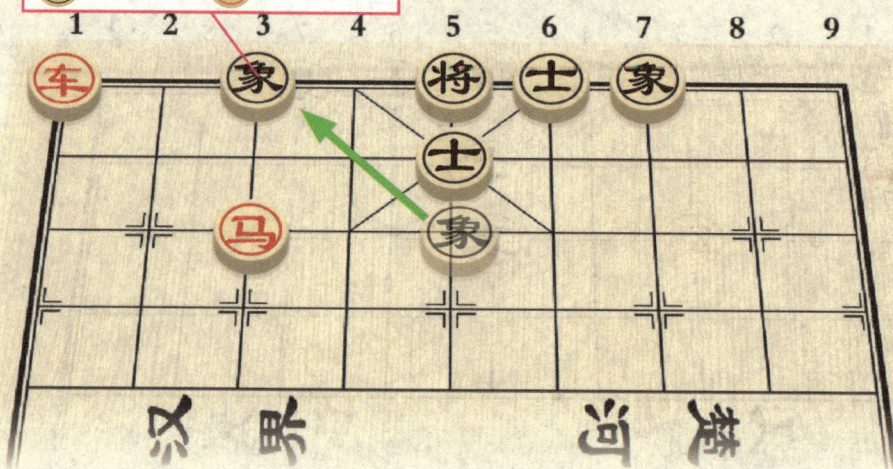

象5退3，阻挡 车 的"将军"。

1 2 3 4 5 6 7 8 9

黑 象 后退两格到3路，阻挡红 车 的"将军"。

步骤6

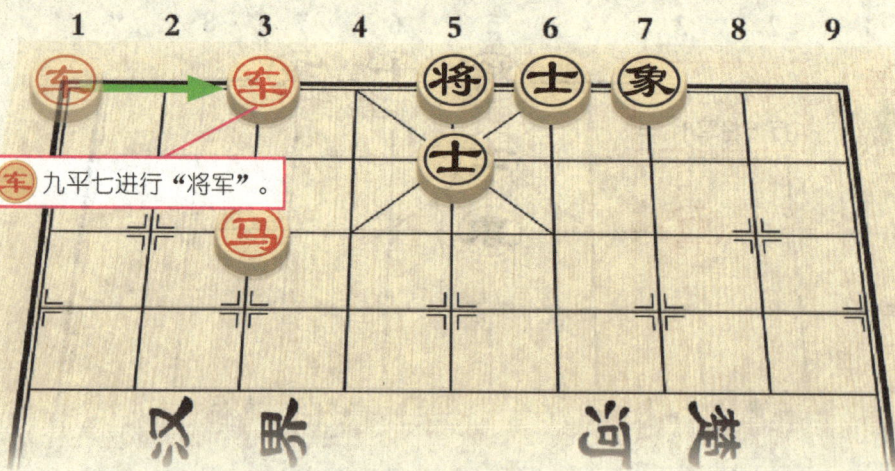

1 2 3 4 5 6 7 8 9

车 九平七进行"将军"。

红 车 向右移动到七路，吃掉黑方 象 继续"将军"。

| 1 | 2 | 3 | 4 | 5 | 6 | 7 | 8 | 9 |

车—士—将—士—象

士

马

士 5退4，保护 将 。

黑 士 后退一格到4路，阻挡红 车 "将军"。

| 1 | 2 | 3 | 4 | 5 | 6 | 7 | 8 | 9 |

车—车—将—士—象

马

车 七平六吃掉黑 士 ，将死黑方。

红 车 吃掉黑 士 ，与红 马 配合将死黑方。

棋谱记录：	
马五进七	将4平5
车九进一	象5退3
车九平七	士5退4
车七平六	红方胜

2.3 重炮杀法

进攻方双炮在同一条直线上重叠，一炮在前边充当炮架，一炮在后将军，而将死对方的杀法为重炮杀法。

● 案例演示

步骤1

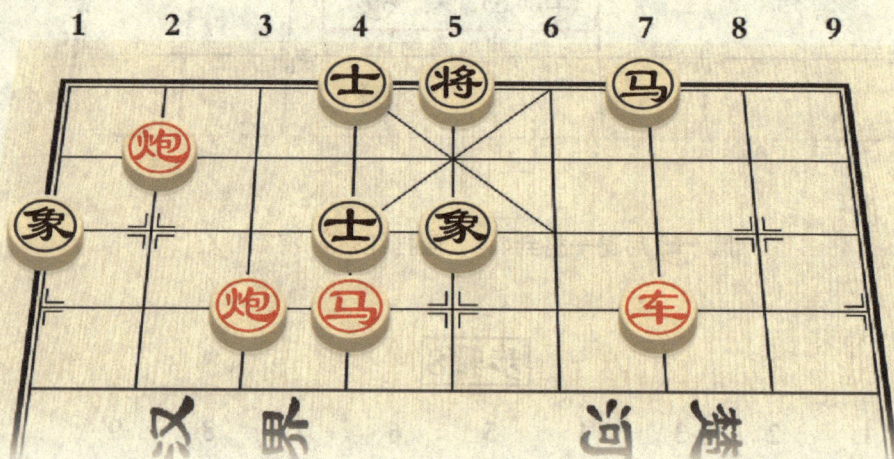

某一阶段棋盘布局图。

步骤2

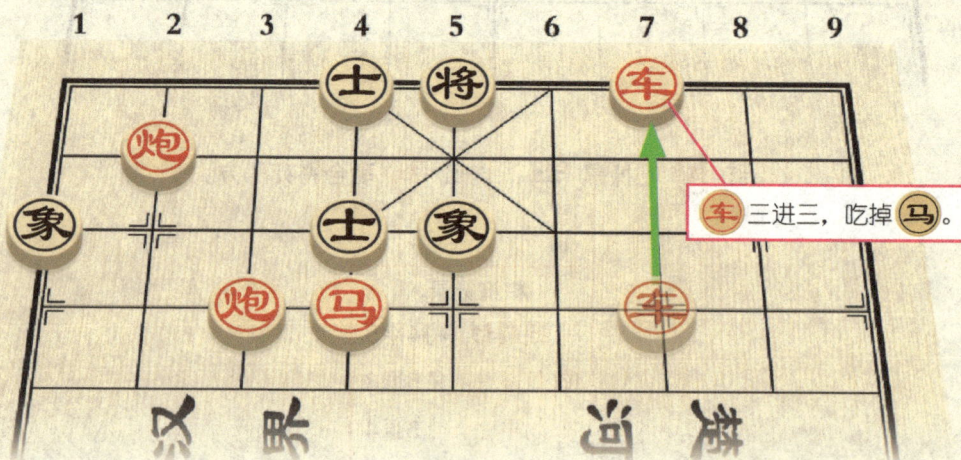

车三进三，吃掉马。

红车吃掉黑马，进行"将军"。

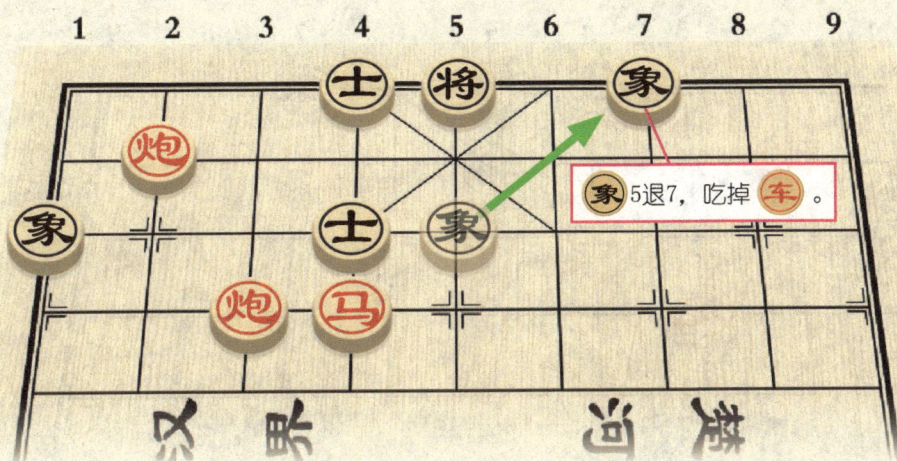

象5退7，吃掉车。

黑象吃掉红车，解除黑将困局。

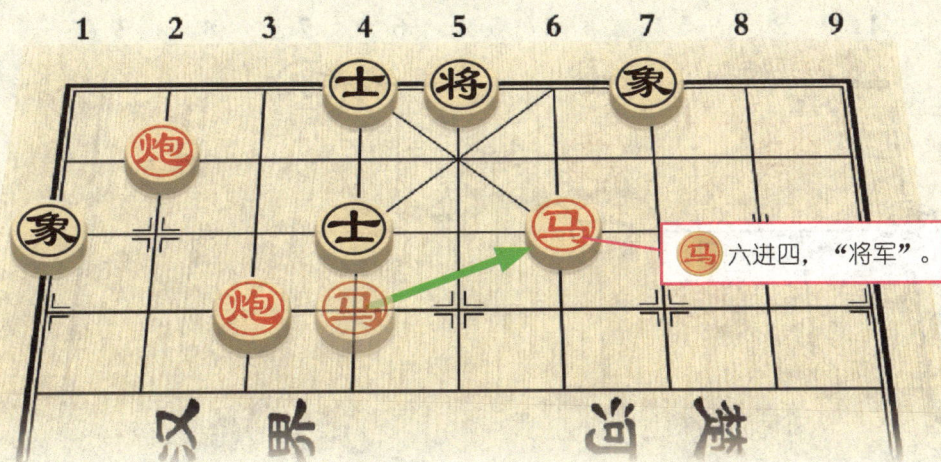

马六进四，"将军"。

红马前进一格到四路，进行"将军"。

61

1 2 3 4 5 6 7 8 9

将5进1。

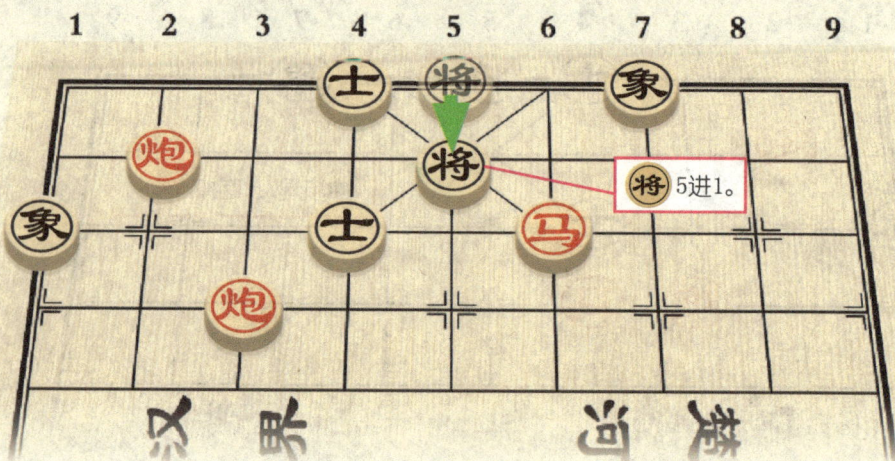

黑 将 前进一格，躲避红 马 的"将军"。

1 2 3 4 5 6 7 8 9

马 四进六，
将军。

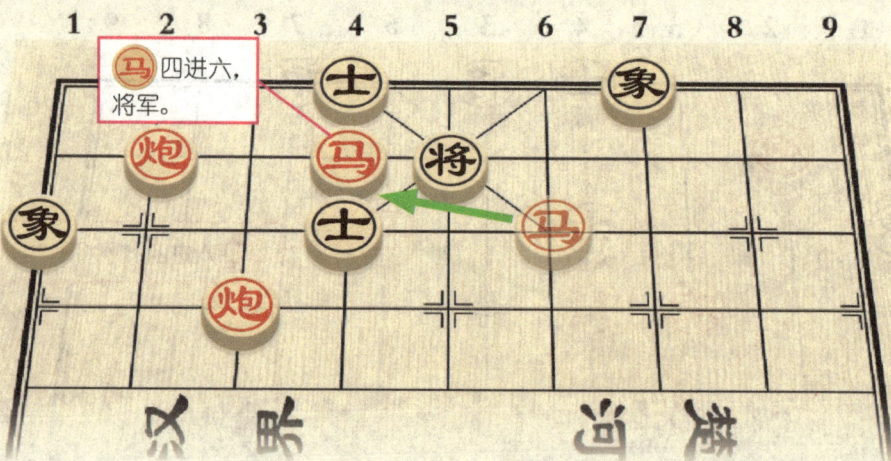

红 马 前进一格到六路，充当八路
炮 的炮架，进行"将军"。

1　2　3　4　5　6　7　8　9

士　将　　　象

炮　马　将　　将 5退1。

象　　士

炮

汉 界　　 河 楚

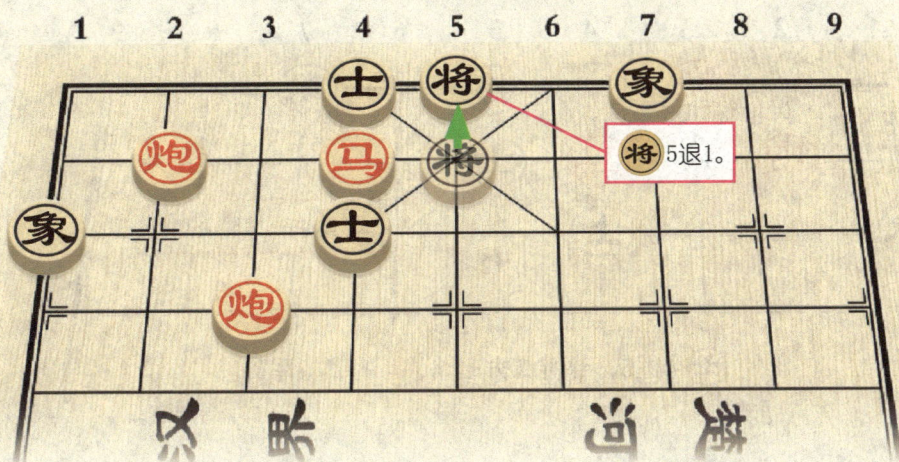

黑将后退一格，躲避红
方八路炮的"将军"。

炮七进三，将军。

3　4　5　6　7　8　9

炮　士　将　　　象

炮　马

象　　士

炮

汉 界　　 河 楚

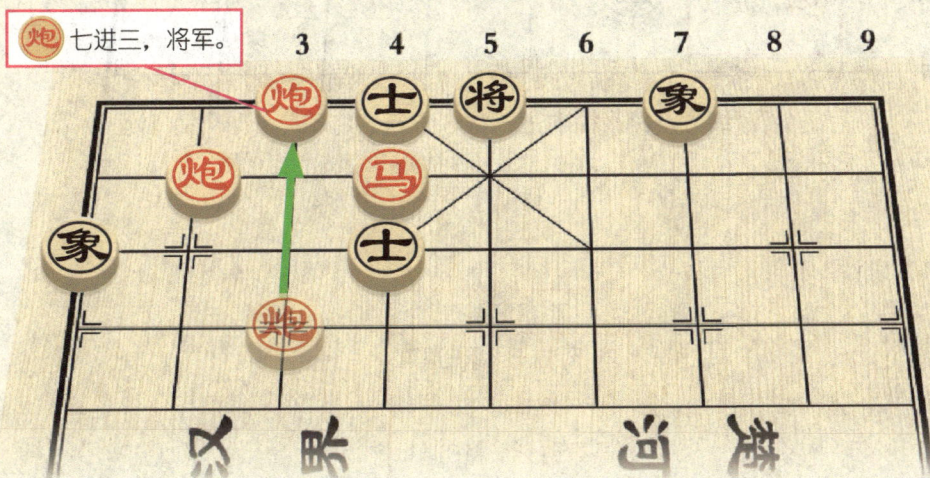

红方七路炮前进三格，
进行"将军"。

63

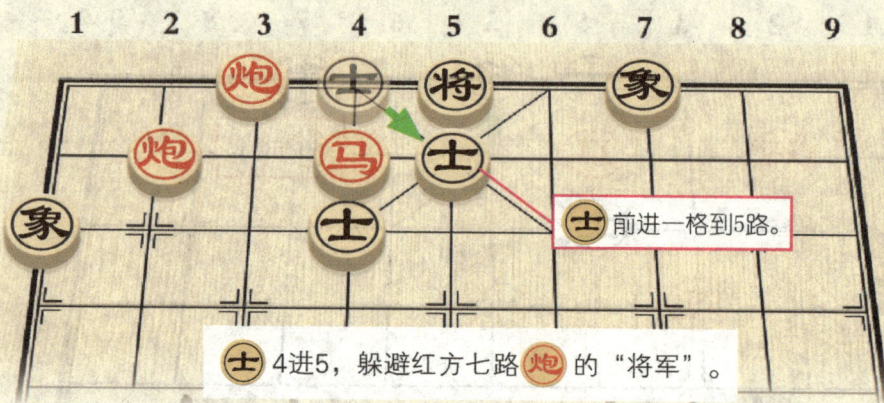

士前进一格到5路。

士4进5，躲避红方七路炮的"将军"。

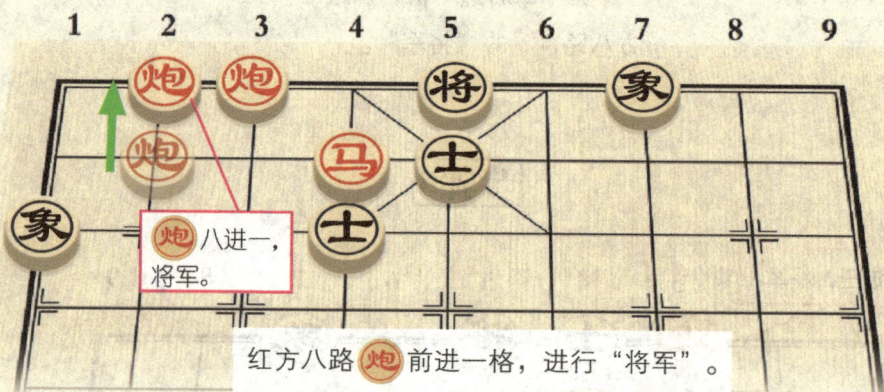

炮八进一，将军。

红方八路炮前进一格，进行"将军"。

棋谱记录：	
车三进三	象5退7
马六进四	将5进1
马四进六	将5退1
炮七进三	士4进5
炮八进一	红方胜

2.4 马后炮

马与对方将（帅）在同一竖线或横线上，中间空一格，限制将（帅）不能左右活动，然后以马为炮架，用炮紧跟其后将死对方，此种杀法为"马后炮"。

● 案例演示

步骤1

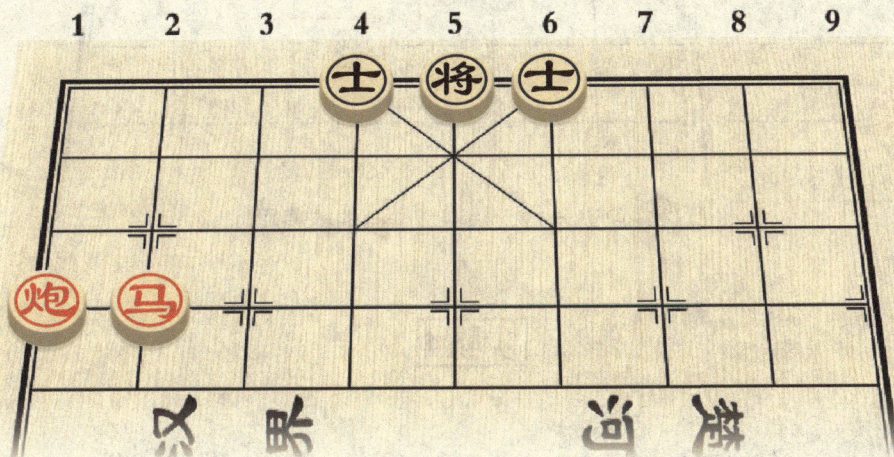

某一阶段棋盘布局图。

步骤2

马 八进七，将军。

红 马 前进两格到七路，进行"将军"。

65

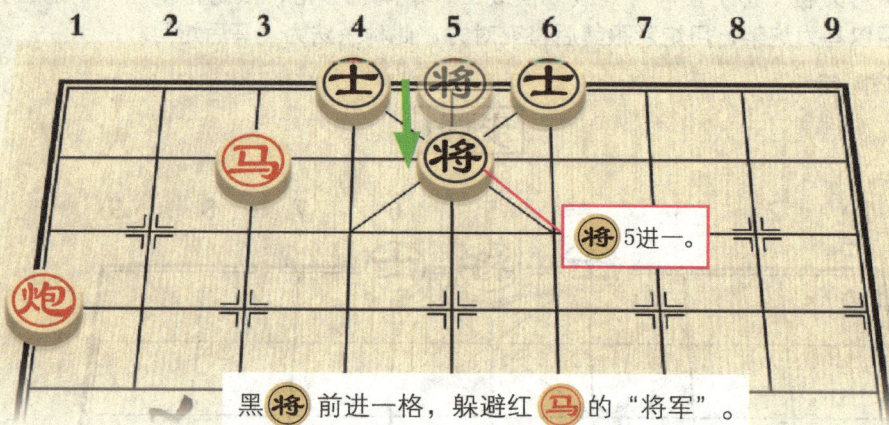

5进一。

黑将前进一格，躲避红马的"将军"。

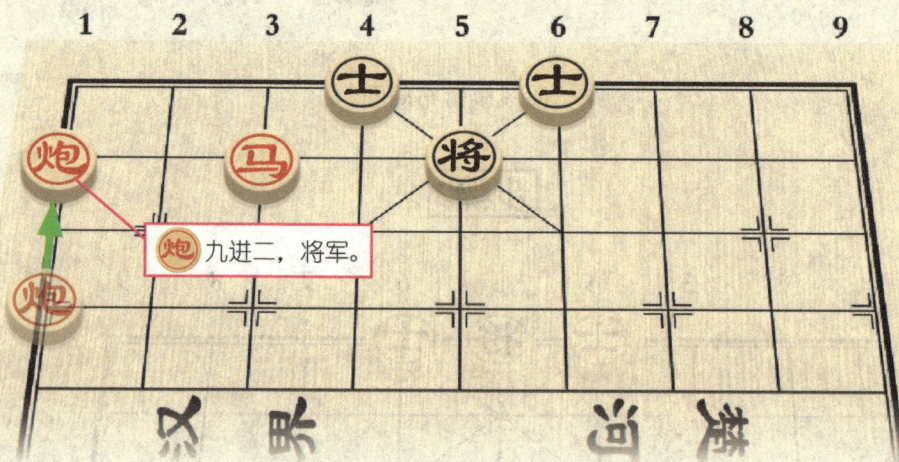

炮九进二，将军。

红炮前进两格进行"将军"。

棋谱记录：

马八进七　将5进1

炮九进二　红方胜

2.5 拔簧马杀

车借用马的力量，进行抽将得子，直到将死对方的杀法，此种杀法为"拔簧马杀"。

● **案例演示**

步骤1

| | 1 | 2 | 3 | 4 | 5 | 6 | 7 | 8 | 9 |

象 — 将

车 马

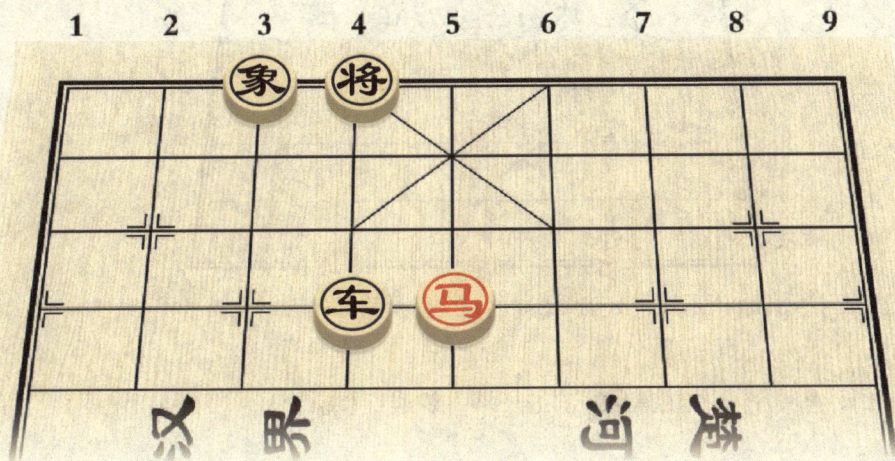

某一阶段棋盘布局图。

步骤2

| | 1 | 2 | 3 | 4 | 5 | 6 | 7 | 8 | 9 |

象 — 将

马

马 五进四。

车 马

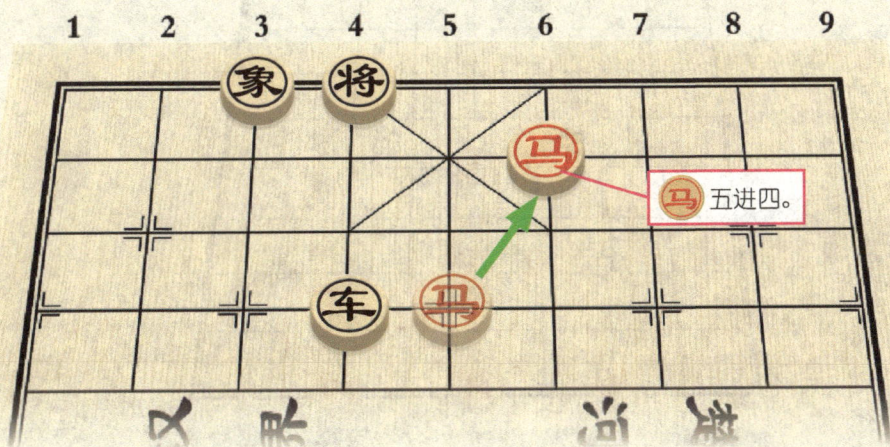

红 马 前进两格到四路，吸引黑方 将 移动位置。

67

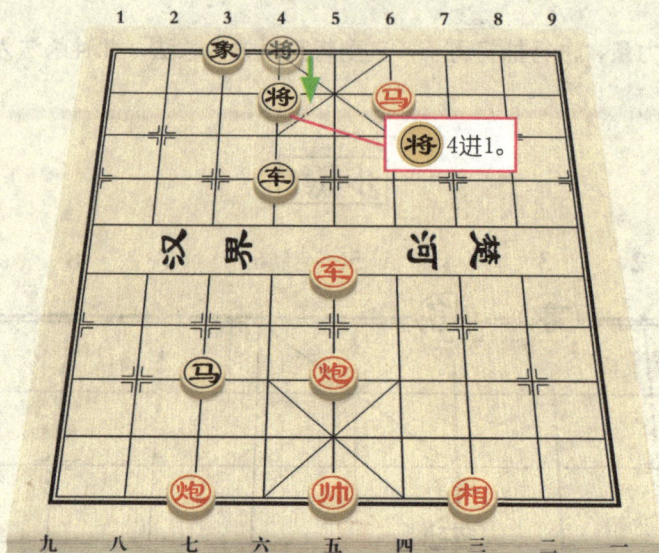

将4进1。

黑 将 前进一格，躲避红 马 。

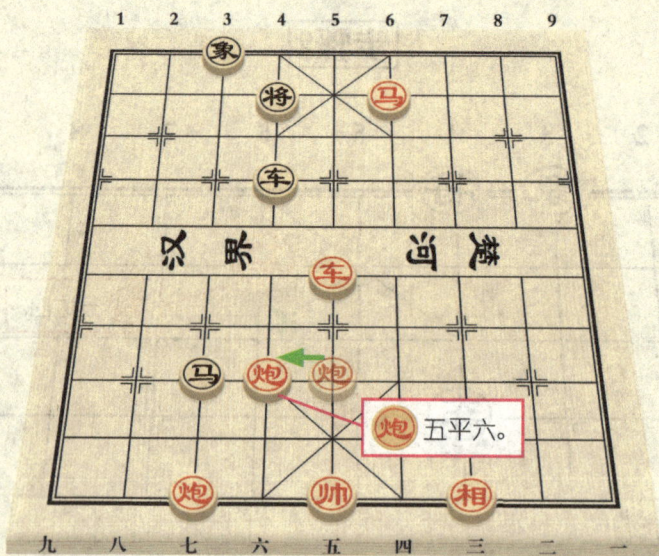

炮 五平六。

红 炮 向左移动一格到
六路，进行"将军"。

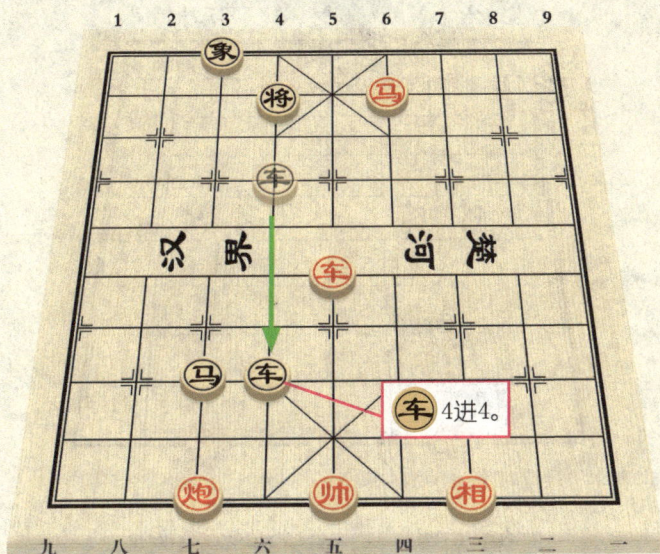

黑 车 前进四格吃掉红 炮 ，解除己方被将局面。

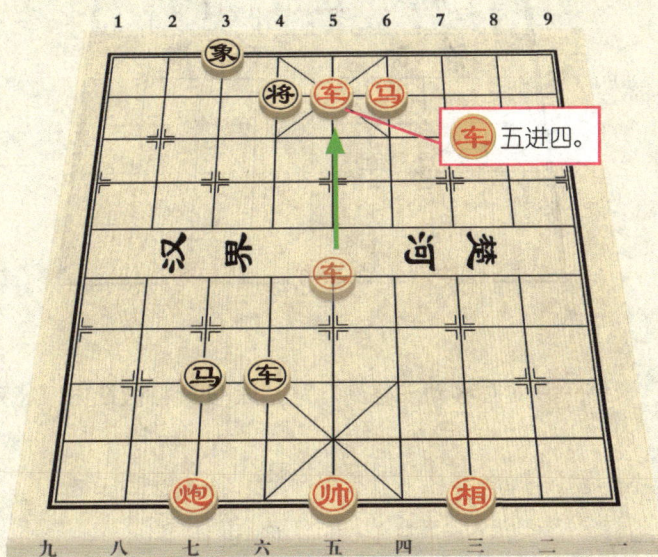

红 车 前进四格，进行"将军"。

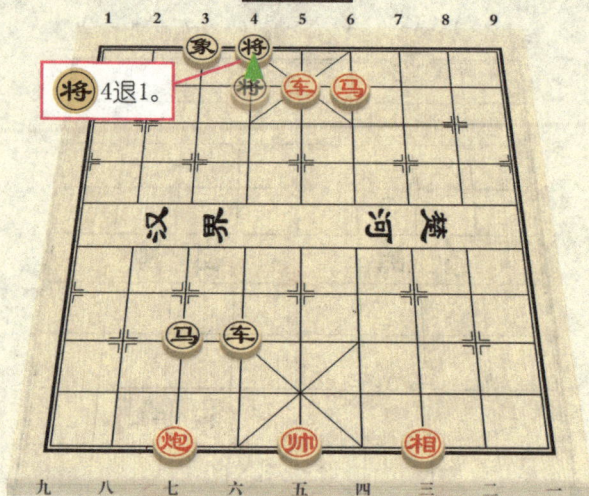

将4退1。

黑 将 后退一格，避免被红 车 吃掉。

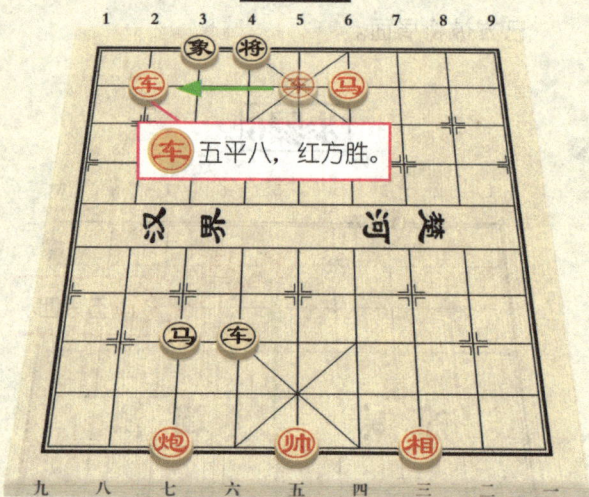

车五平八，红方胜。

红 车 向左移动三格到八路，黑 将 将被红方"将死"。

棋谱记录：	
马五进四	将4进1
炮五平六	车4进4
车五进四	将4退1
车五平八	红方胜

70

2.6 闷杀

闷杀，一方的炮将对方的棋子做自己炮的炮架架向对方叫将，而另一方的将或帅因为自己的棋子的阻碍无法脱离与炮在同一直线上，炮架也因为自己棋子的阻碍无法撤离，这种局面叫作闷杀。

● 案例演示

步骤1

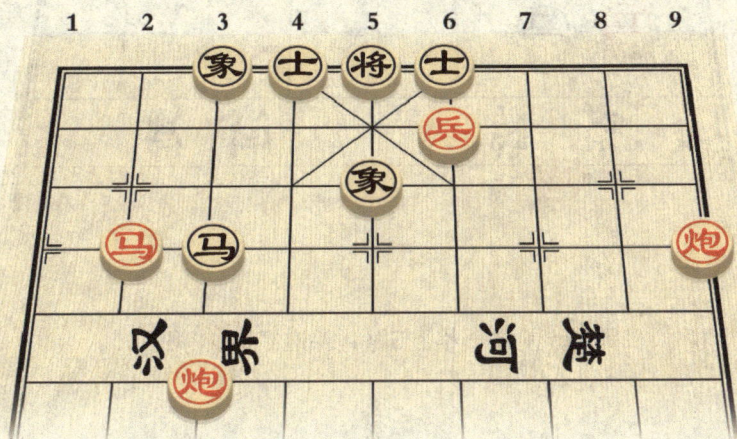

某一阶段棋盘布局图。

步骤2

炮一进三。

红方一路 炮 前进三格，进行"将军"。

步骤3

6进5。

黑 士 前进一格到5路，躲避红 炮 "将军"。

步骤4

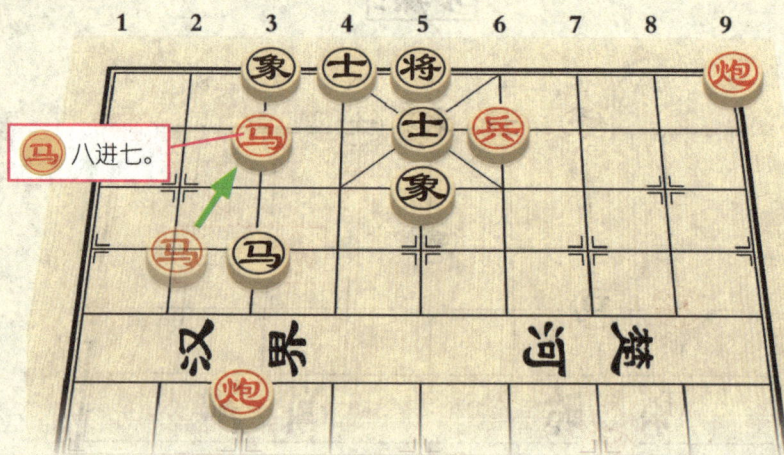

八进七。

红 马 前进两格到七路，进行 "将军"。

72

步骤5

马3退4。

黑 马 后退两格到4路，对红方造
成"蹩马脚"。

步骤6

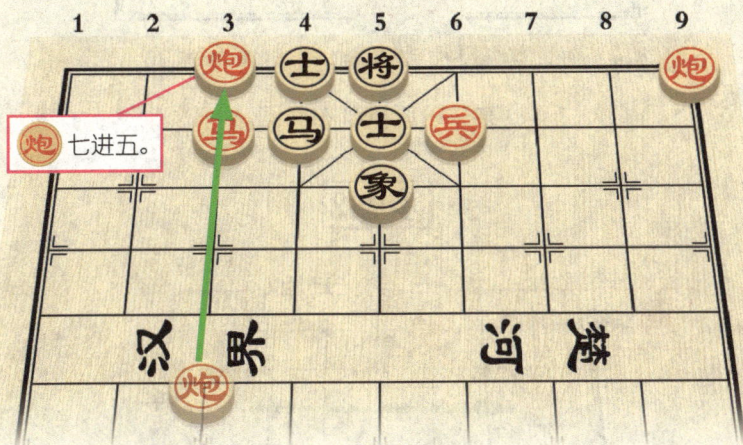

炮 七进五。

红 炮 前进五格，吃掉黑 象，将死黑 将。

棋谱记录：

炮一进三　　士6进5
马八进七　　马3退4
炮七进五　　红方胜

2.7 铁门闩杀

象棋中攻击方在中炮的牵制下，利用车或兵对底线发动进攻，以形成杀局，此种杀法为"铁门闩杀"。

● 案例演示

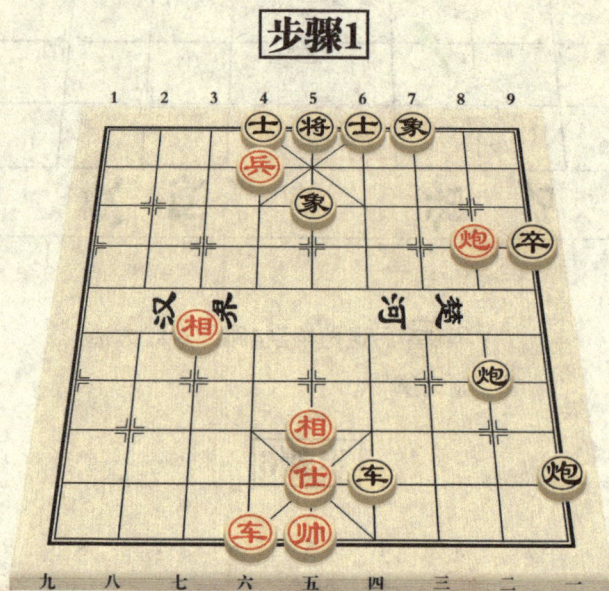

某一阶段棋盘布局图。

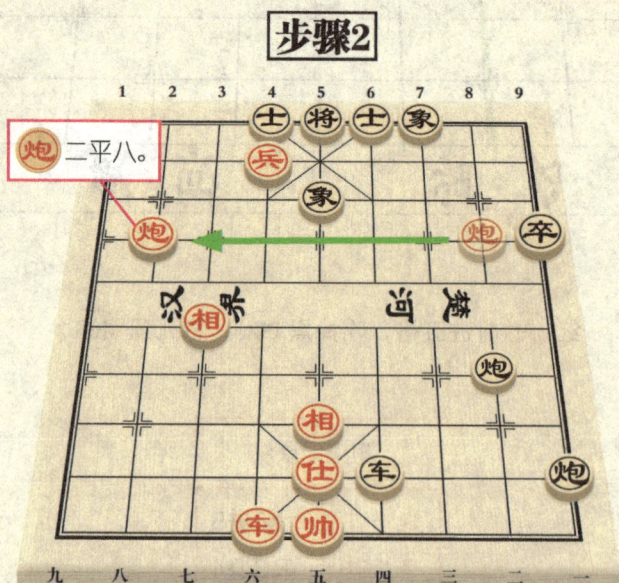

二平八。

红 炮 向左移动六格，发挥牵制作用。

74

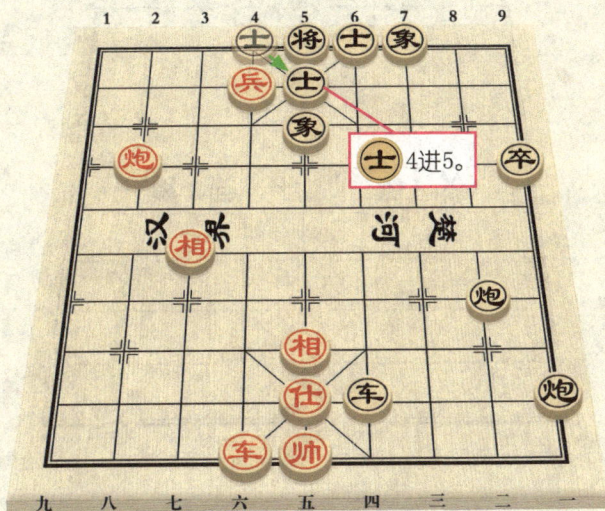

4进5。

黑 士 前进一格到5路，避免成为红方炮架。

步骤4

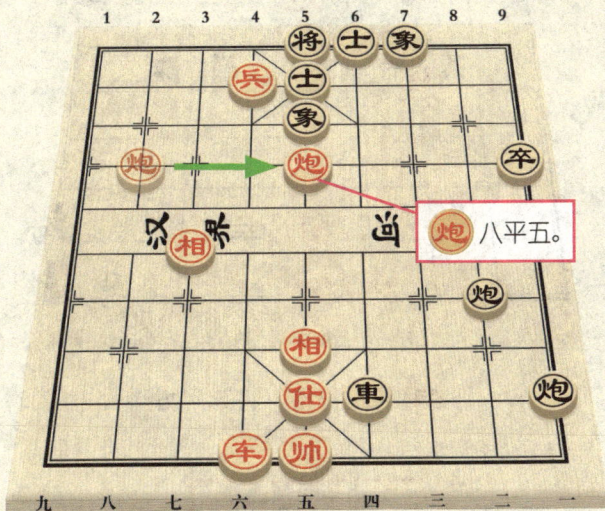

八平五。

红 炮 向右移动三格到五路，发挥牵制作用。

炮8进3。

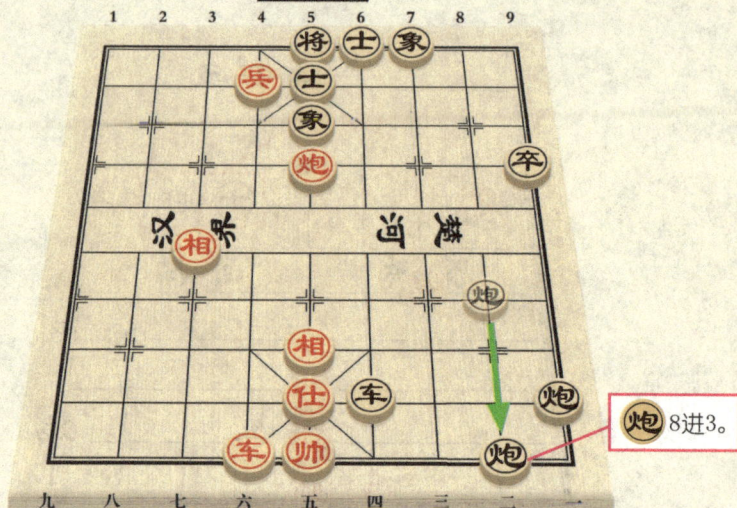

黑炮前进三格，酝酿攻势。

兵六进一。

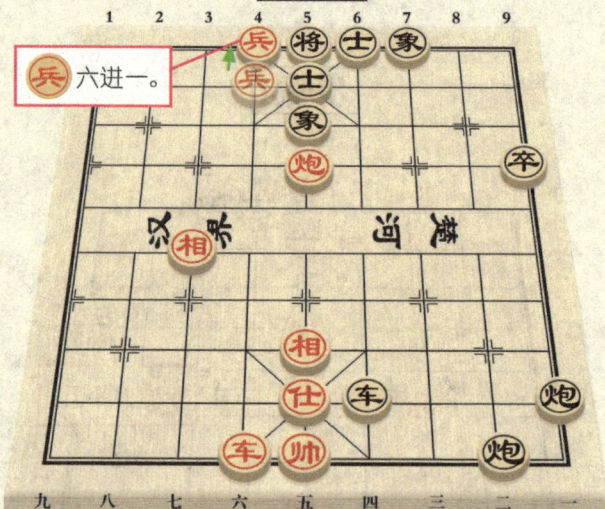

红兵前进一格，将死黑方。

棋谱记录：

炮二平八	士4进5
炮八平五	炮8进3
兵六进一	红方胜

76

2.8 二鬼拍门

用双兵（卒）侵入九宫禁区，分别锁住对方将（帅）胁道，然后配合其他子力搏士杀将而获胜，此种杀法为"二鬼拍门"。

● 案例演示

步骤1

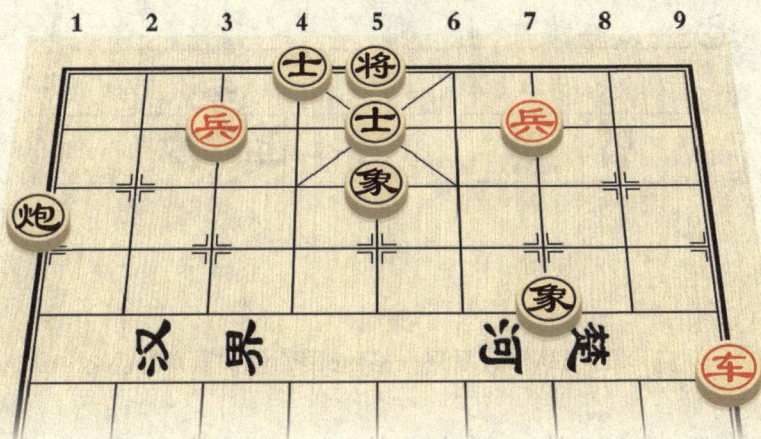

某一阶段棋盘布局图。

步骤2

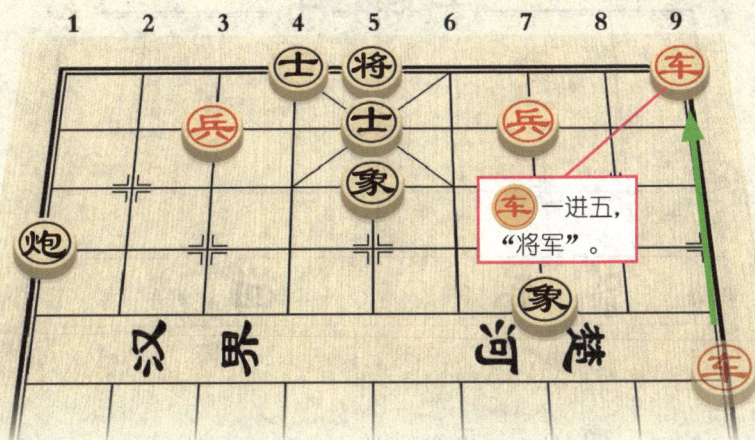

车 一进五，"将军"。

红方一路 车 前进五格，进行"将军"。

步骤3

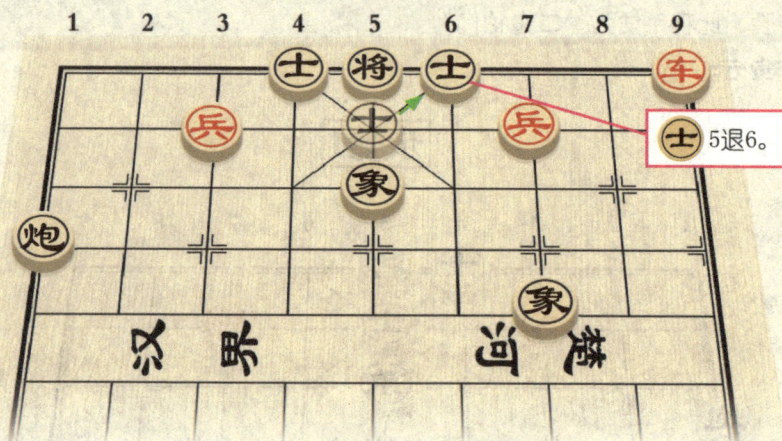

士 5退6。

黑方5路 士 后退一格到6路，保护黑 将 。

步骤4

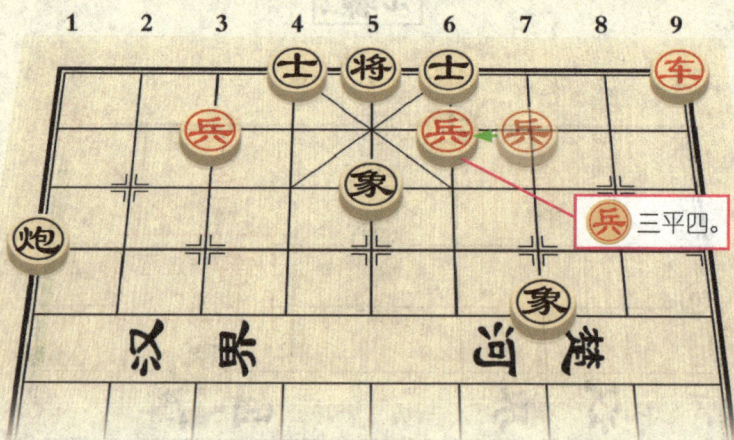

兵 三平四。

红方三路 兵 向左移动到四路，威
胁黑方 士 。

步骤5

1　2　3　4　5　6　7　8　9

士 4进5。

黑方4路 士 前进一格到5路，威胁红方四路 兵 。

步骤6

1　2　3　4　5　6　7　8　9

兵 七平六。

红方七路 兵 向右移动一格到六路，与黑方 士 形成相互威胁局面。

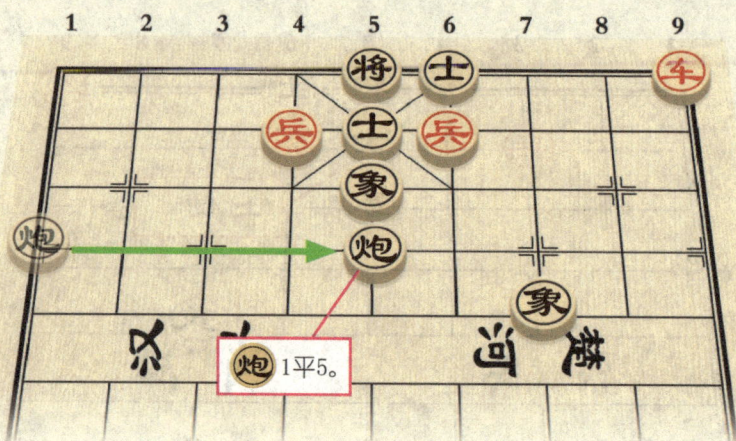

炮1平5。

黑 炮 向右移动4格到5路，形成
后续攻势。

步骤8

六平五。

红方六路 兵 向右移动一格，吃掉
黑方5路 士 。

步骤9

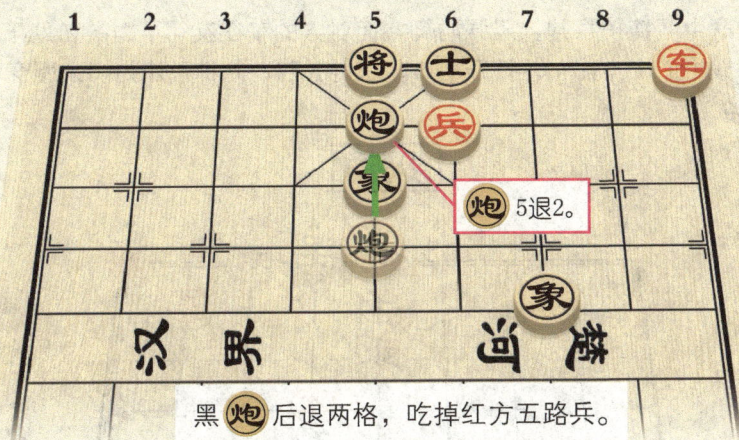

| 1 | 2 | 3 | 4 | 5 | 6 | 7 | 8 | 9 |

炮5退2。

黑(炮)后退两格，吃掉红方五路兵。

步骤10

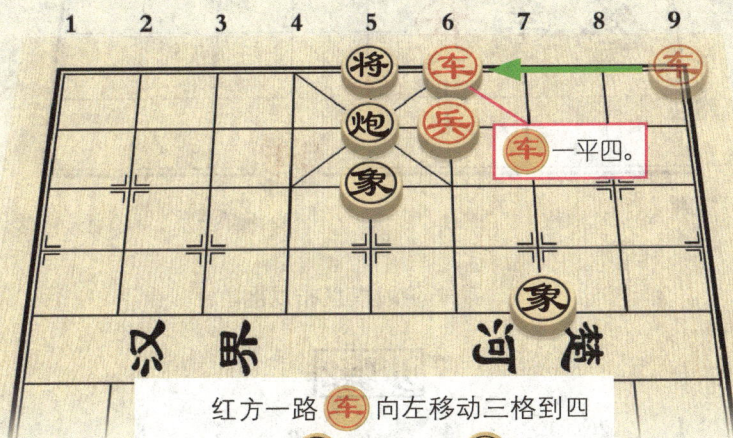

| 1 | 2 | 3 | 4 | 5 | 6 | 7 | 8 | 9 |

车一平四。

红方一路(车)向左移动三格到四路，吃掉黑(士)，将死黑(将)。

棋谱记录：

车一进五	士5退6
兵三平四	士4进5
兵七平六	炮1平5
兵六平五	炮5退2
车一平四	红方胜

81

2.9 大胆穿心杀

一方双士联中，掩护将帅，坚强防御。而对方的车在友邻子力的协助下，突然舍车涉险，大胆摧毁中心士（仕），打开缺口，获得胜利，此种杀法为"大胆穿心杀"。

● 案例演示

步骤1

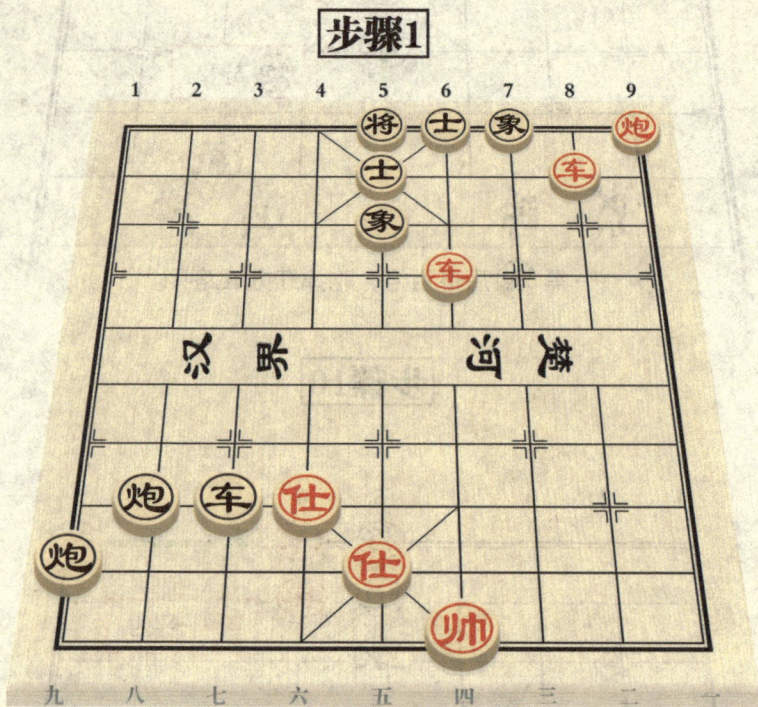

某一阶段棋盘布局图。

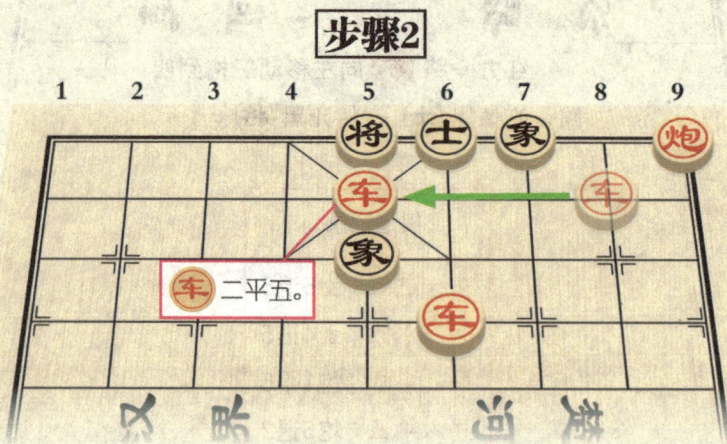

步骤2

红方二路车向左移动三格，进行"将军"。

步骤3

5进1。

黑 将 前进一格吃掉红方五路 车 。

步骤4

四进二。

红 车 前进两格，进行"将军"。

步骤5

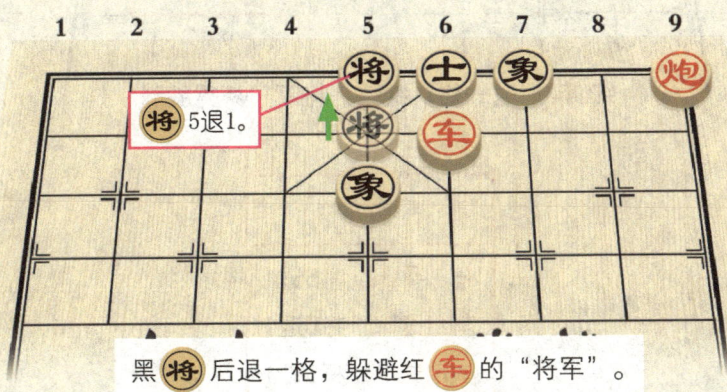

5退1。

黑 将 后退一格，躲避红 车 的"将军"。

步骤6

车 四进一。

⚔ 红 车 前进一格，大胆"穿心"。

步骤7

将 5进1。

黑 将 前进一格，躲避红 车 的"将军"。

步骤8

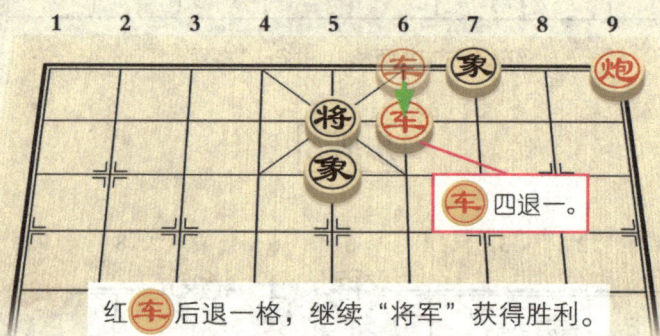

车 四退一。

红 车 后退一格，继续"将军"获得胜利。

棋谱记录：	
车二平五	将5进1
车四进二	将5退1
车四进一	将5进1
车四退一	红方胜

2.10 夹车炮

双炮集于一翼，与车相呼应，在对方九宫侧翼三条横行线上交替"将军"而获胜的杀法，此种杀法为"夹车炮"。

● **案例演示**

步骤1

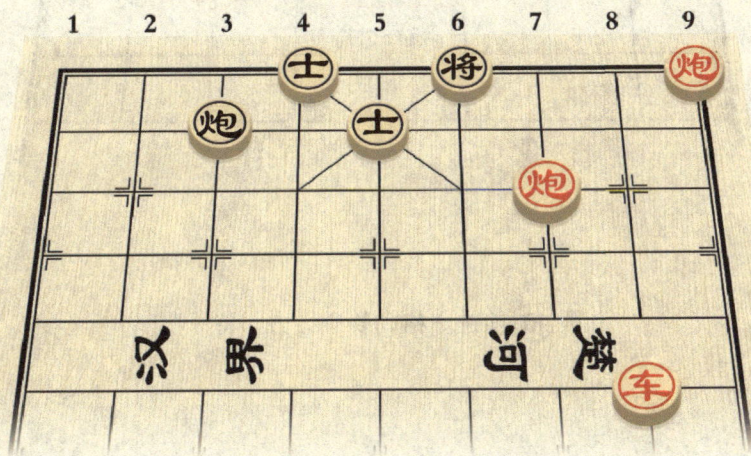

某一阶段棋盘布局图。

步骤2

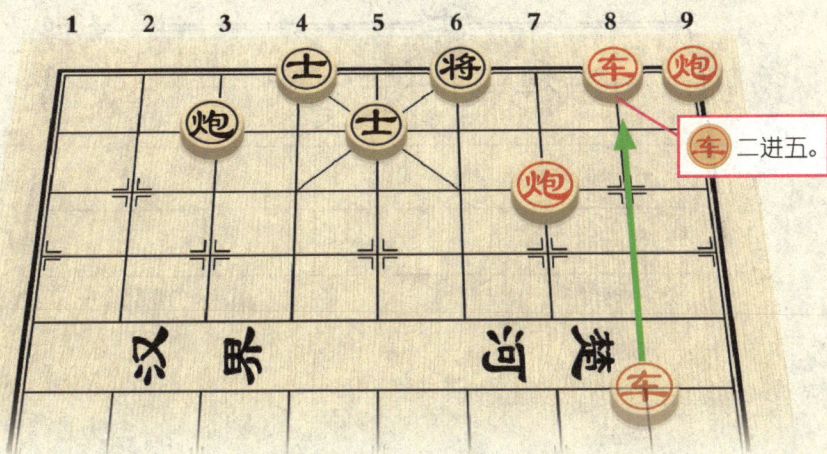

二进五。

红 车 前进五格，进行"将军"。

将6进1。

黑 将 前进一格，躲避红方"将军"。

车二退一。

红 车 后退一格，进行"将军"。

步骤5

（将）6进1。

黑 将 前进一格，躲避红方"将军"。

步骤6

炮 一退二。

红方一路 炮 后退两格，将死黑方。

棋谱记录：	
车二进五	将6进1
车二退一	将6进1
炮一退二	红方胜

87

2.11 送佛归殿

卒（兵）借助其他子力的力量，步步"将军"，把对方将（帅）逼回原始位置而取胜的杀法，此种杀法为"送佛归殿"。

● 案例演示

步骤1

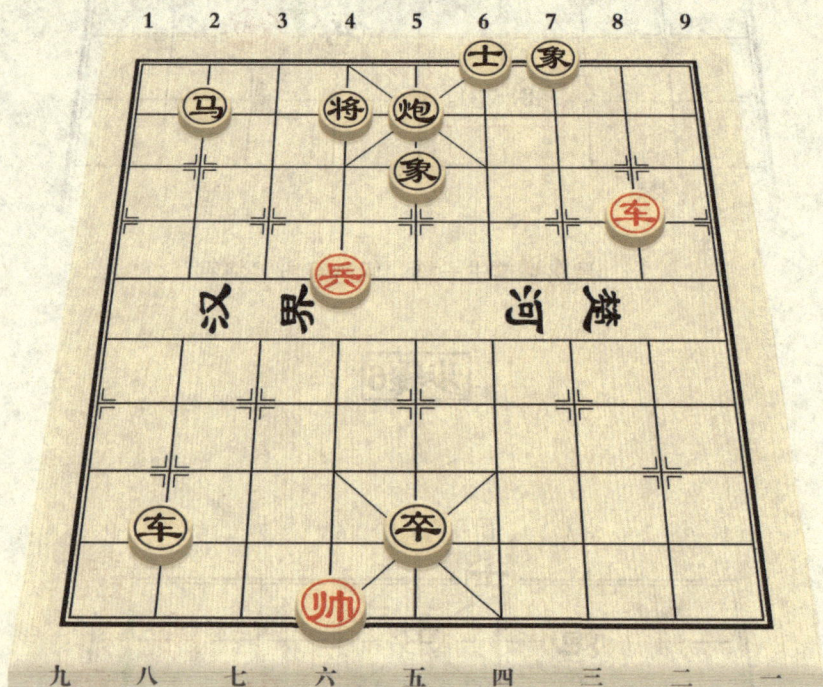

某一阶段棋盘布局图。

步骤2

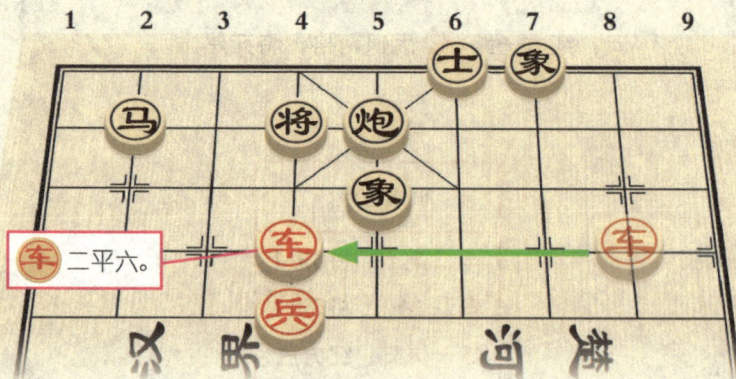

二平六。

红 车 向左移动四格到六路，进行"将军"。

黑 马 前进一格到4路，阻止红 车 的"将军"。

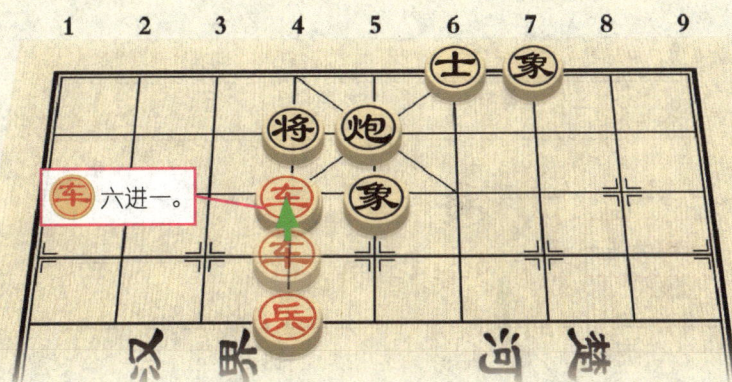

红 车 前进一格吃掉黑 马，继续"将军"。

将 4进1。

黑 将 前进一格吃掉红 车 。

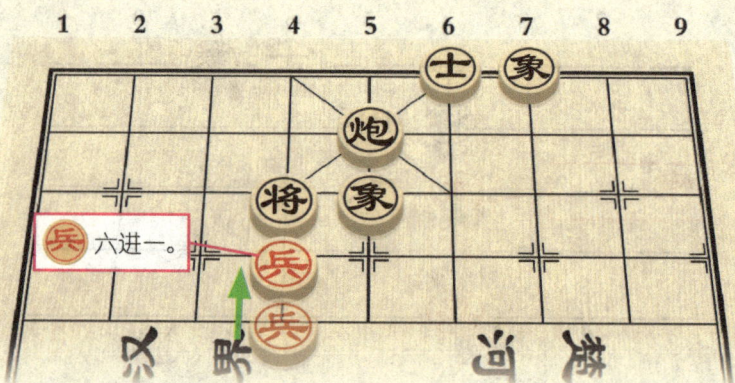

兵 六进一。

红 兵 前进一格，进行"将军"。

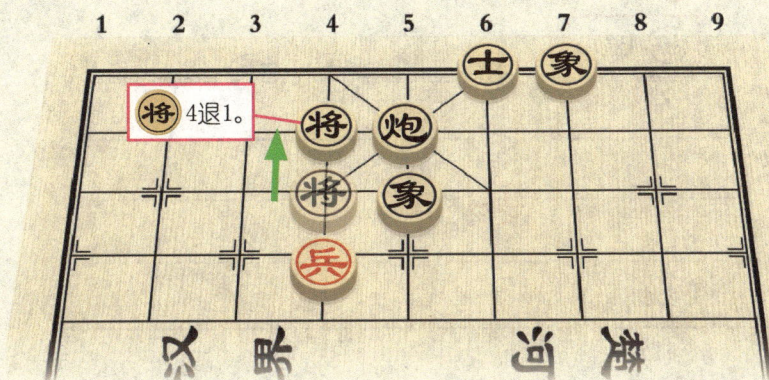

将 4退1。

黑 将 后退一格，躲避红 兵 的"将军"。

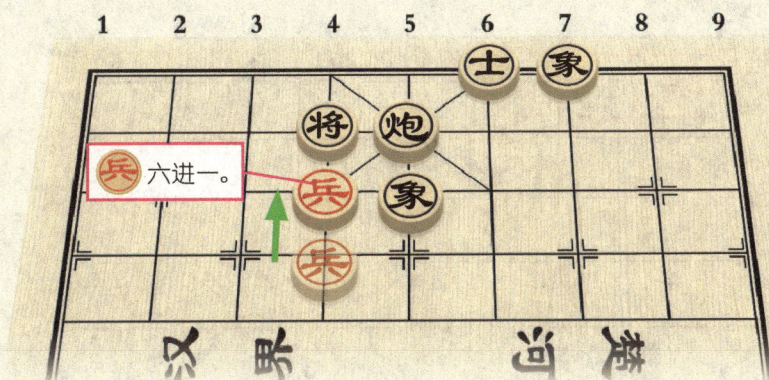

兵 六进一。

红 兵 前进一格，继续"将军"。

步骤9

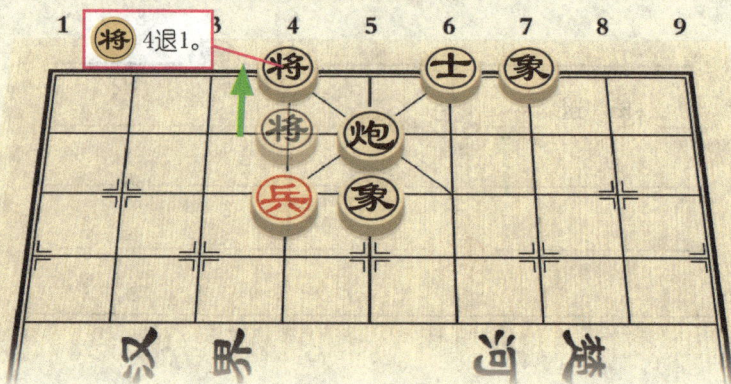

黑 将 后退一格，继续躲避红 兵 的"将军"。

步骤10

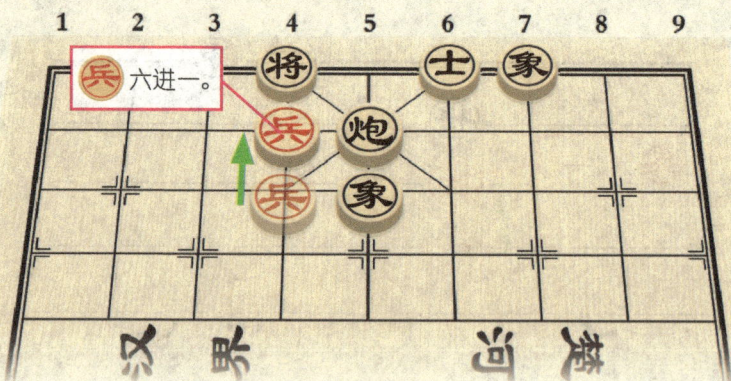

红 兵 前进一格，继续"将军"。

92

步骤11

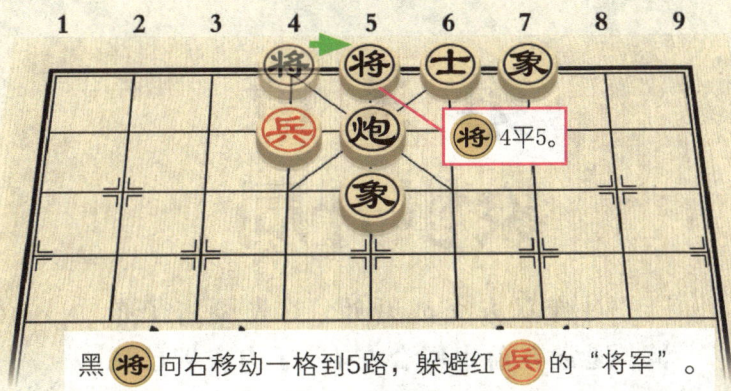

4平5。

黑 将 向右移动一格到5路，躲避红 兵 的"将军"。

步骤12

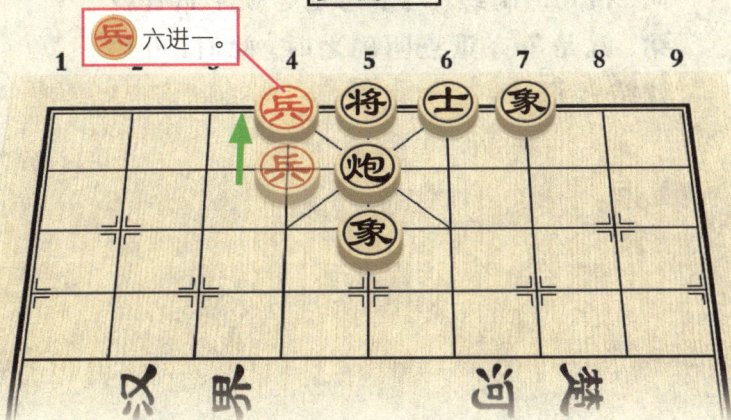

六进一。

红 兵 前进一格，继续"将军"。

棋谱记录：

车二平六	马2进4
车六进一	将4进1
兵六进一	将4退1
兵六进一	将4退1
兵六进一	将4平5
兵六进一	红方胜

第3章
象棋开局

　　对弈双方交战开始，首先要出子布阵。通常在前十回合左右，子力安置已现雏形。此时，彼此子力基本互不接触，在蓄势待发中逐渐孕育阵形的强弱、攻守的方向、相互的制约。当车马炮等强子布置就绪，就是争夺重点明确之时。此时，开局就结束了。

3.1 开局的原则

想要获得优势局面，谋取胜利，必须在开局打下良好基础，这样才能以有利形势进入中局和残局的搏杀。当前，棋坛高手非常重视研究开局，从开局理论到实践检验，再到不断修正，推动了开局的发展。

在开局阶段，没有保证占先得势的"万能"布阵。任何开局变例都有优势和局限，因此一定要选择适合自己风格的套路，扬长避短，争取最大的主动权。而下好开局，不仅要知道使用哪种布局变例，还要用统一的战略思想去指导自己分析、研究和判断局势。开局抢出子力非常重要，这样才能使每个大子都能充分发挥作用。此时，忌频繁走动某一个子，影响其他主力布局的完成速度。否则，会导致布局失当、各子力之间配置失调。开局时，还要避免孤军深入，导致被动。开局要强占要位。重要的战略据点是兵家必争之地，哪方抢占了重要据点，哪方就会获得主动权和控制权。为了更好地防守和进攻，布局一定要注意子力的协调性。左右两翼战斗力的配备大体上要均等，避免发生一边子力堵塞，另一边子力空虚的情况，因为如果发生这样的情况就会给对手可乘之机。只要出现薄弱环节，一定要利用运子技巧弥补漏洞。特殊情况下，偶尔会在开局阶段有意将子力集中在一侧，以便突然袭击对方，这种情况会暴露给对方弱点，风险很大。开局要子路通畅，例如车的控制威力最大，所以车要抢占四通八达的位置，以充分发挥作用；炮的位置需根据需要，中炮是为了从中路进攻，威胁对方中兵或中卒，三路炮或七路炮是为了瞄住对方三路或七路的兵卒，兼窥对方三路或七路的马和相。

3.1.1 出动子力 抢占要点

此原则具体如下。

1.多走强子，如车、马和炮，少走兵和卒这类弱子。

2.尽快出车。

3.一子不可多次走动。

步骤1

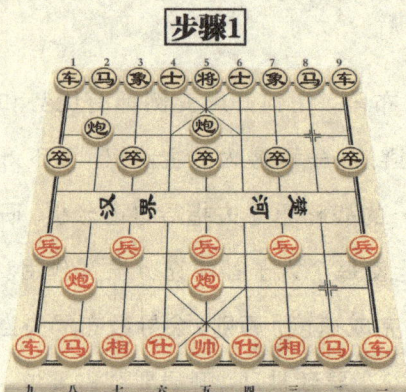

1.炮二平五　炮8平5

步骤2

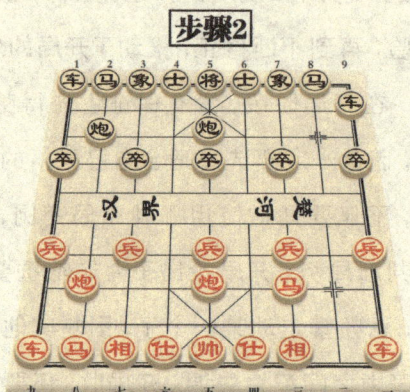

2.马二进三　车9进1

步骤3

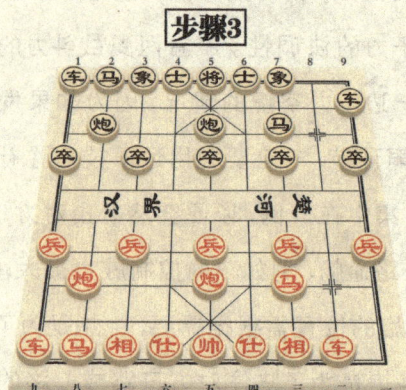

3.车一平二　马8进7

步骤4

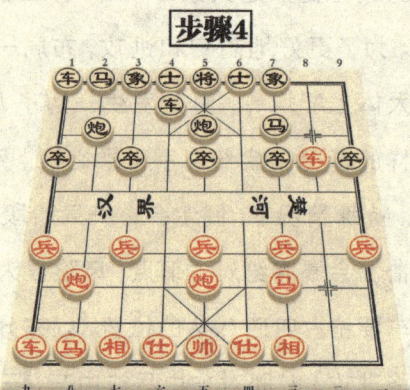

4.车二进六　车9平4

步骤5

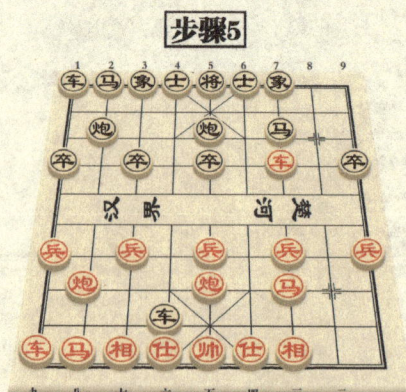

5.车二平三　车4进7

步骤6

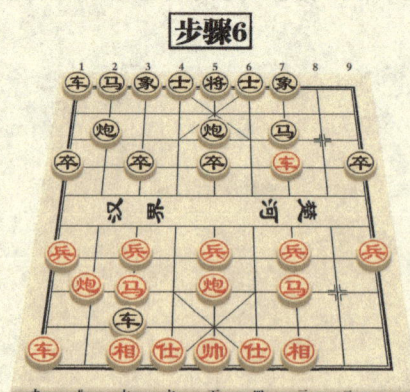

6.马八进七　车4平3

步骤7

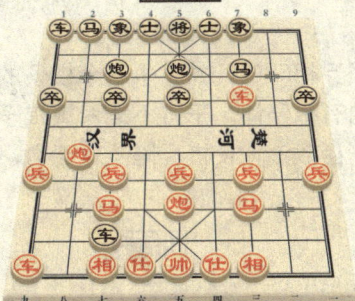

7.炮八进二　炮2平3

步骤8

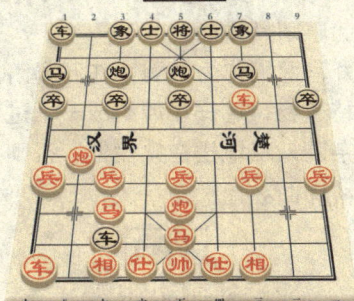

8.马三退五　马2进1

步骤9

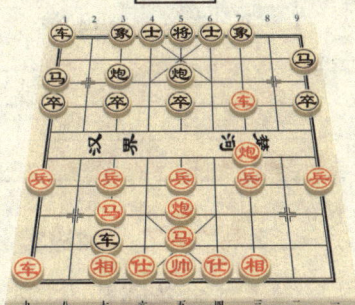

9.炮八平三　马7退9

步骤10

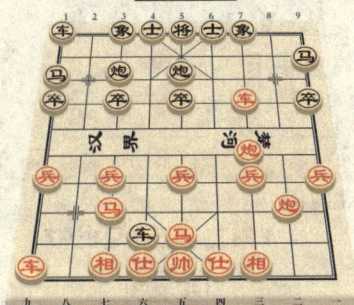

10.炮五平二　车3平4

步骤11

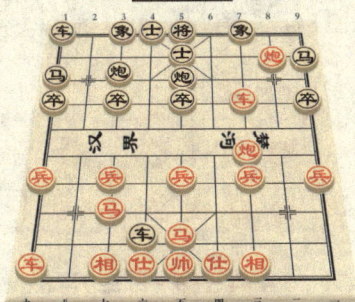

11.炮二进六　士6进5

步骤12

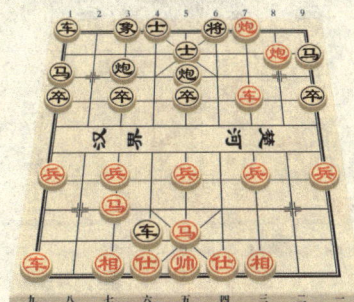

12.炮三进五　将5平6

步骤13

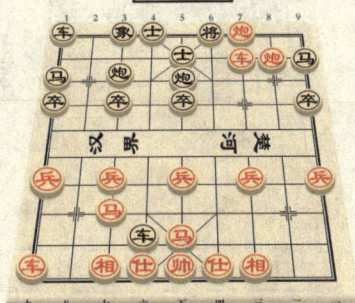

13.车三进二　红方胜

97

3.1.2 两翼呼应　子路通畅

此原则具体如下。

　　九宫两侧称为两翼，在开局阶段两翼棋子必须互相呼应，并力争各个棋子的行动路线保持通畅，这样才能组成一个进可攻、退可守的有机整体。千万不能两翼棋子各行其是，杂乱无章地摆在棋盘上。否则各子必将成为一盘散沙，使棋局陷入攻无力、守无方的被动局面。

步骤1

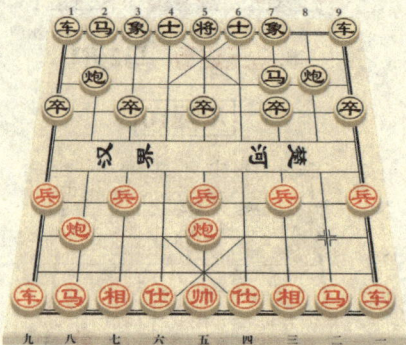

1.炮二平五　马8进7

步骤2

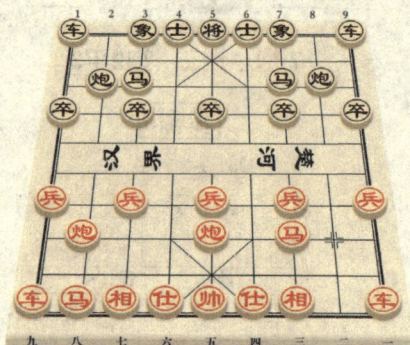

2.马二进三　马2进3

步骤3

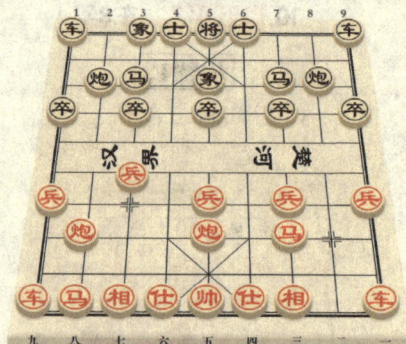

3.兵七进一　象7进5

步骤4

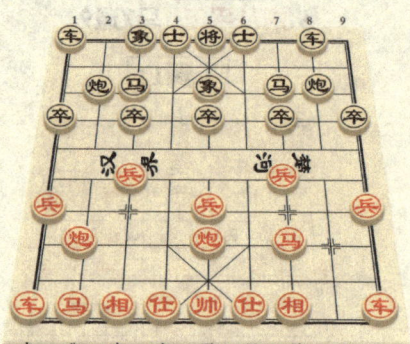

4.兵三进一　车9平8

步骤5

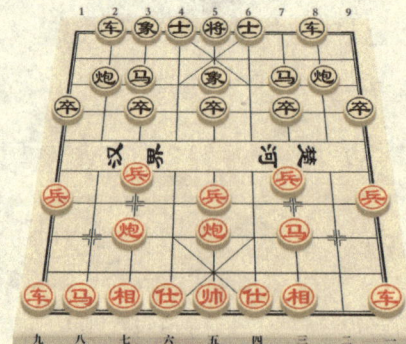

5.炮八平七　车1平2

步骤6

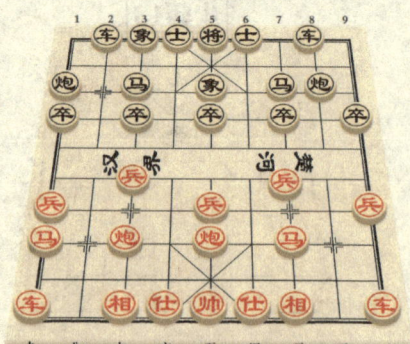

6.马八进九　炮2平1

98

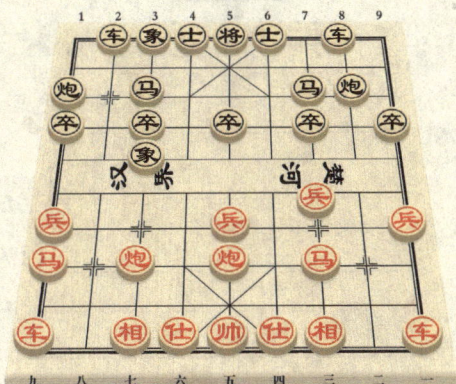

步骤7

7. 兵七进一　象5进3

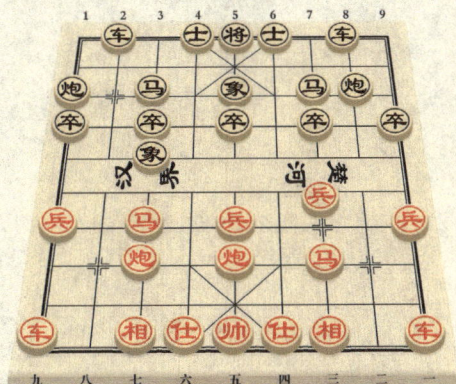

步骤8

8. 马九进七　象3进5

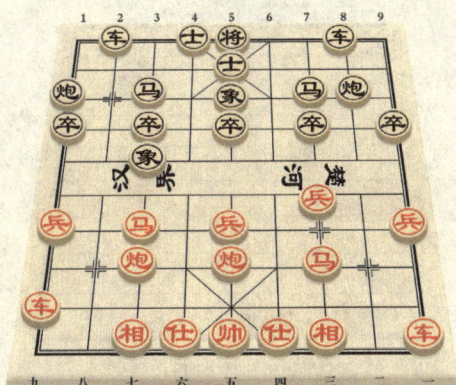

步骤9

9. 车九进一　士6进5

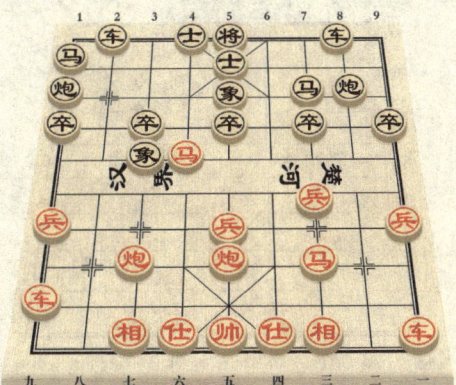

步骤10

10. 马七进六　马3退1

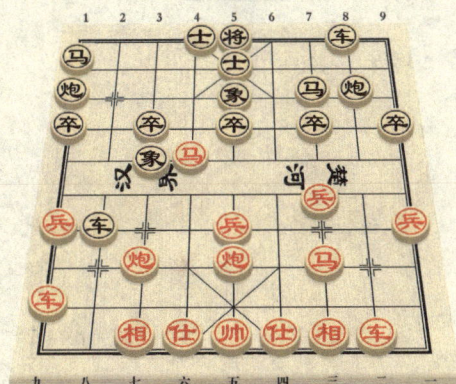

步骤11

11. 车一平二　车2进6

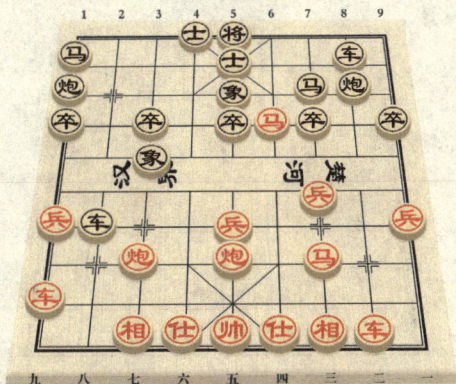

步骤12

12. 马六进四　车8进1

步骤13

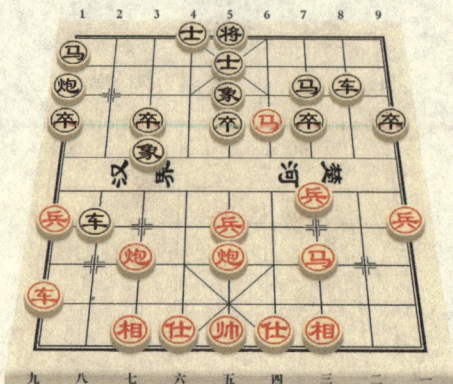

13.车二进七　车8进1

步骤14

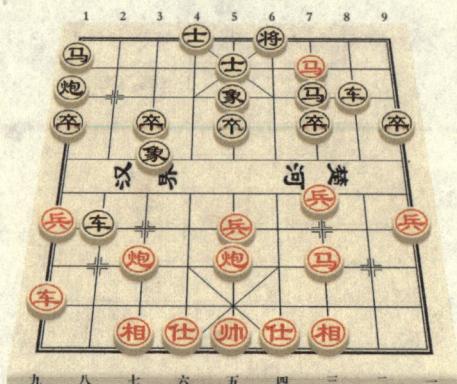

14.马四进三　将5平6

步骤15

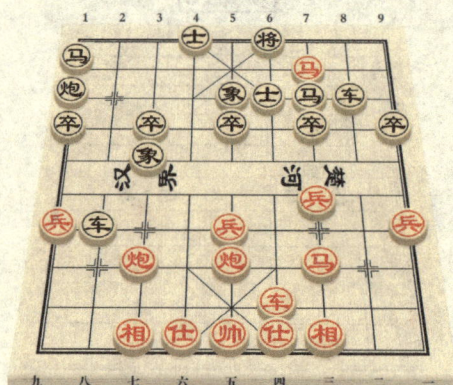

15.车九平四　士5进6

步骤16

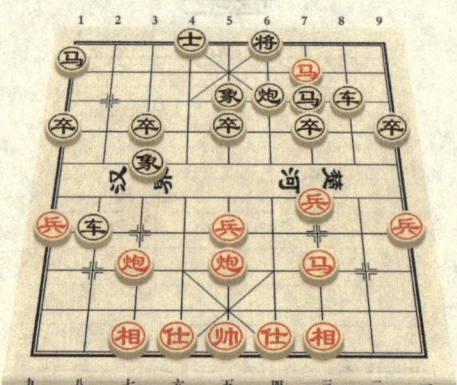

16.车四进六　炮1平6

步骤17

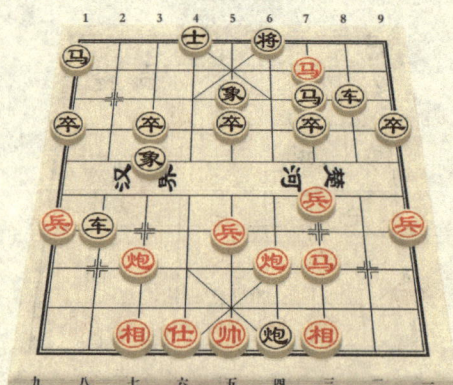

17.炮五平四　炮6进7

步骤18

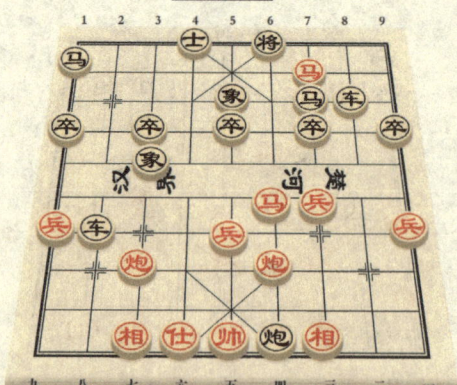

18.后马进四　红方胜

3.1.3 戒贪戒躁 阵形协调

此原则具体如下。

开局阶段的主要任务是出动棋子，展开火力。两翼协调，前后照应，轻重平衡，避免出现明显的弱点。但有的开局就贪兵谋子、盲攻冒进，导致棋形前后脱节，左右失控。这样往往出现一翼棋子远征在外，另一翼原位未动。结果虎头蛇尾，后劲不足，棋形涣散，使棋局陷入不堪一击的境地。这样的实例比比皆是，要引以为戒。所以要戒贪戒躁，保持阵形协调。

步骤1

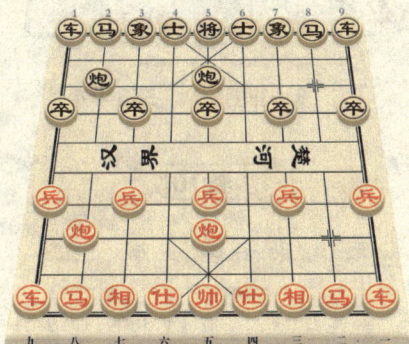

1.炮二平五　炮8平5

步骤2

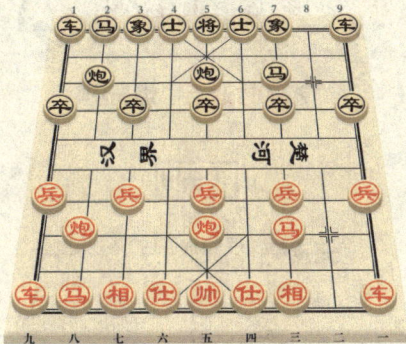

2.马二进三　马8进7

步骤3

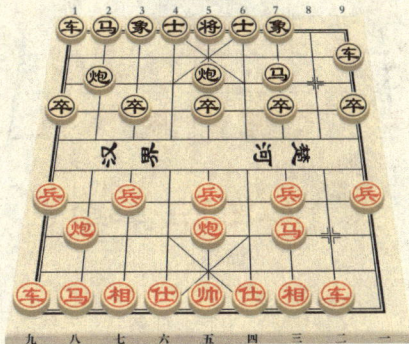

3.车一平二　车9进1

步骤4

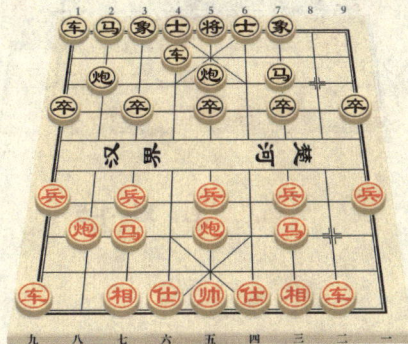

4.马八进七　车9平4

步骤5

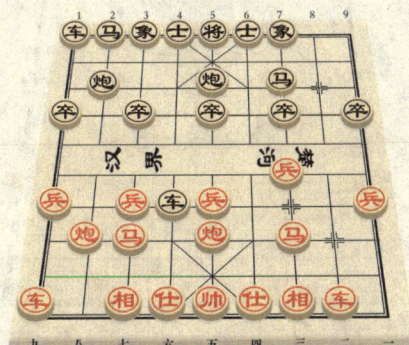

5.兵三进一　车4进5

步骤6

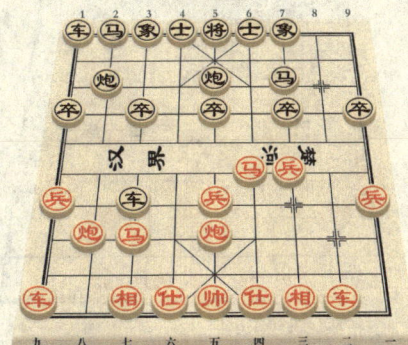

6.马三进四　车4平3

101

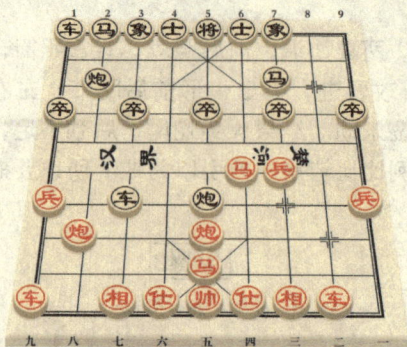

7.马七退五　炮5进4

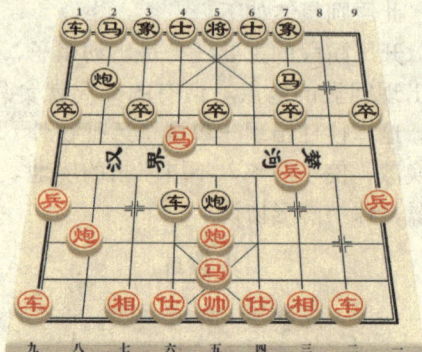

8.马四进六　车3平4

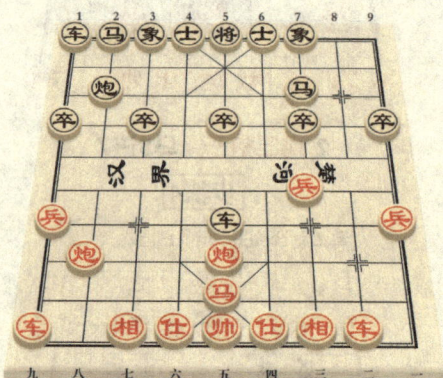

9.马六退五　车4平5

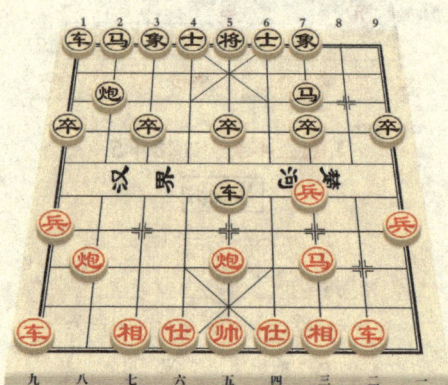

10.马五进三　车5退1

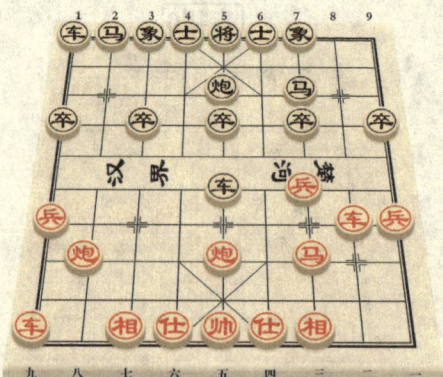

11.车二进三　炮2平5

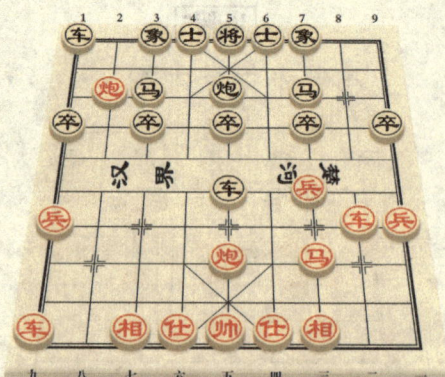

12.炮八进五　马2进3

步骤13

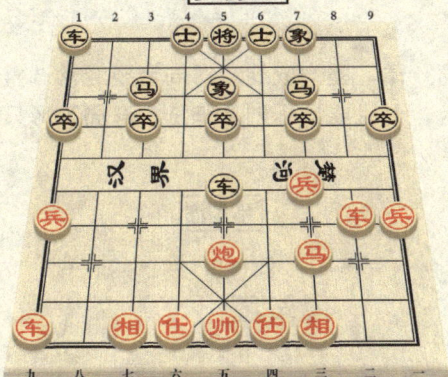

13.炮八平五　象3进5

步骤14

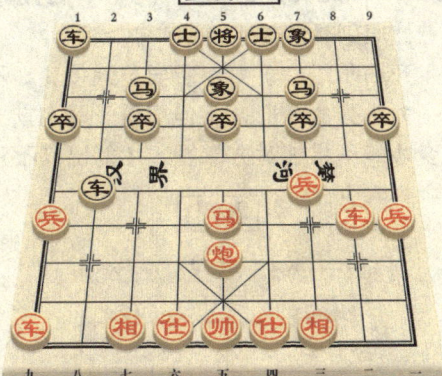

14.马三进五　车5平2

步骤15

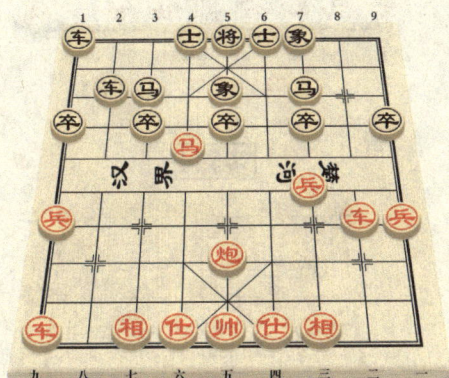

15.马五进六　车2退3

步骤16

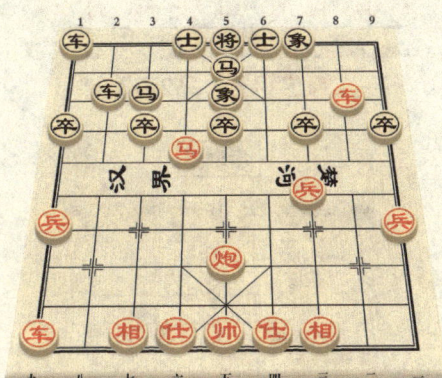

16.车二进四　马7退5

步骤17

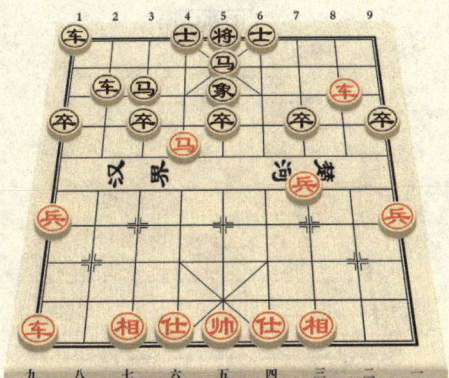

17.炮五进五　象7进5

步骤18

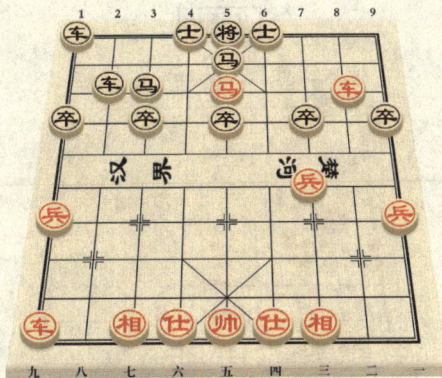

18.马六进五　红方胜

103

3.1.4 灵活多变 勇于创新

此原则具体如下。

开局阶段的子力部署要灵活多变，不能千篇一律，墨守成规。对局者要经常调整自己子力排列的阵形，不但要善于学习前人的经验，而且要勇于创新阵法。开局阵形只有多变才能不易被对方掌握，才能出其不意，事半功倍。

步骤1

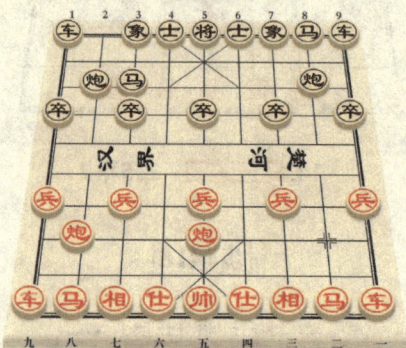

1.炮二平五　马2进3

步骤2

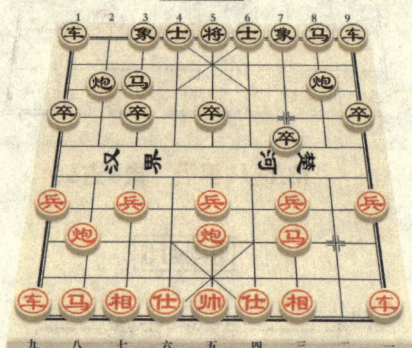

2.马二进三　卒7进1

步骤3

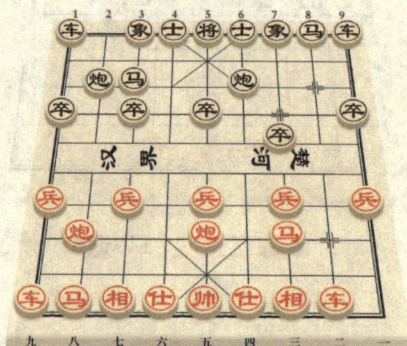

3.车一平二　炮8平6

步骤4

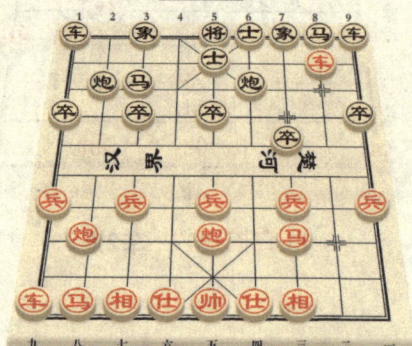

4.车二进八　士4进5

步骤5

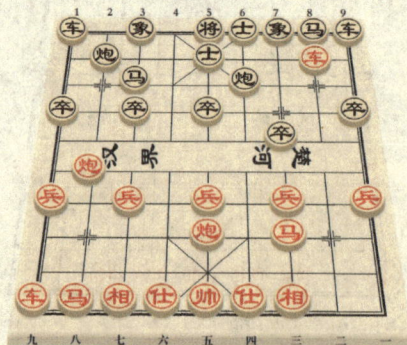

5.炮八进二　炮2退1

步骤6

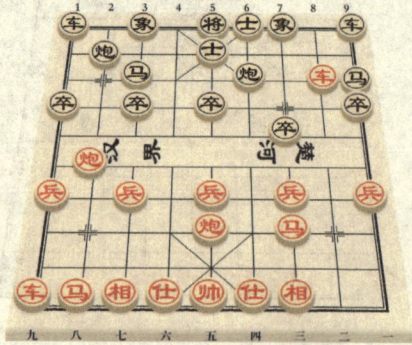

6.车二退一　马8进9

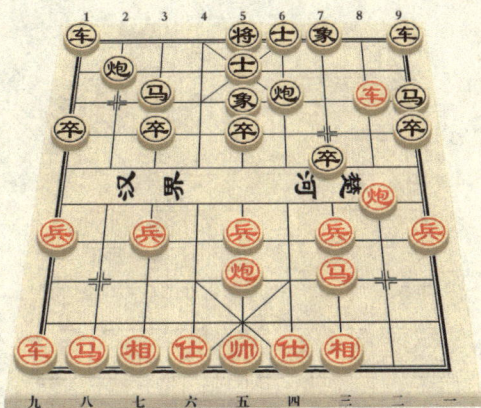

步骤7

7.炮八平二　象3进5

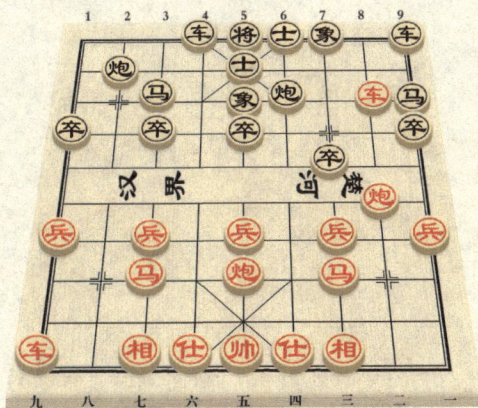

步骤8

8.马八进七　车1平4

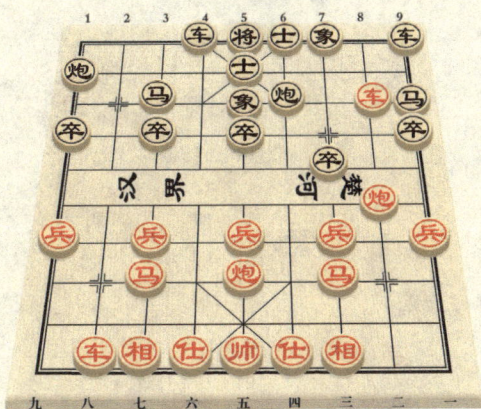

步骤9

9.车九平八　炮2平1

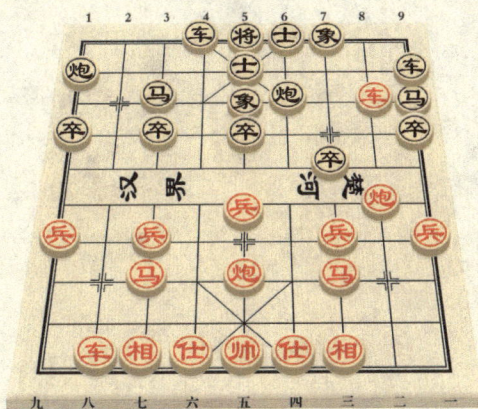

步骤10

10.兵五进一　车9进1

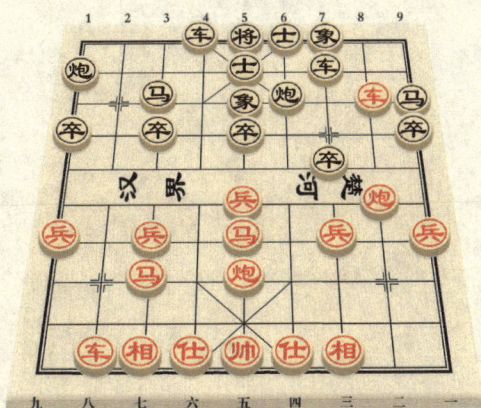

步骤11

11.马三进五　车9平7

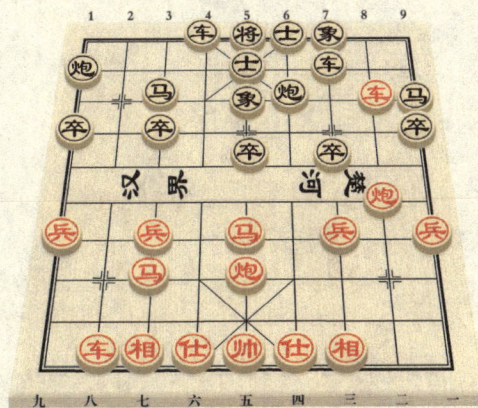

步骤12

12.兵五进一　卒5进1

步骤13

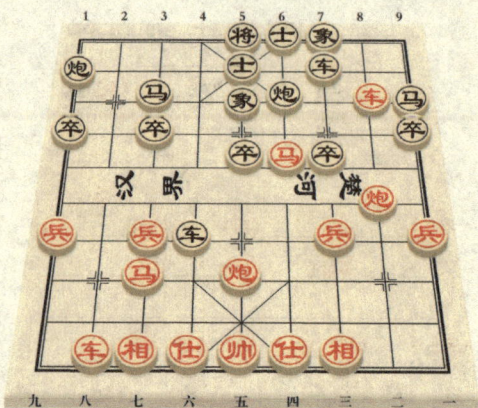

13.马五进四　车4进6

步骤14

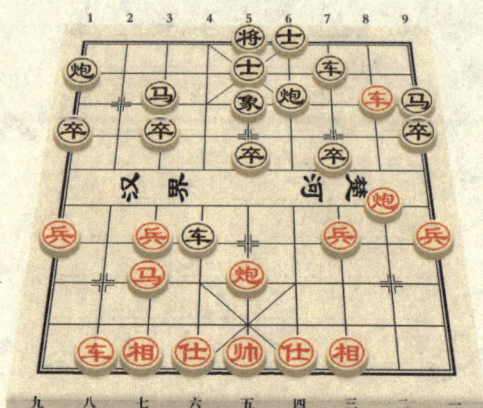

14.马四进五　象7进5

步骤15

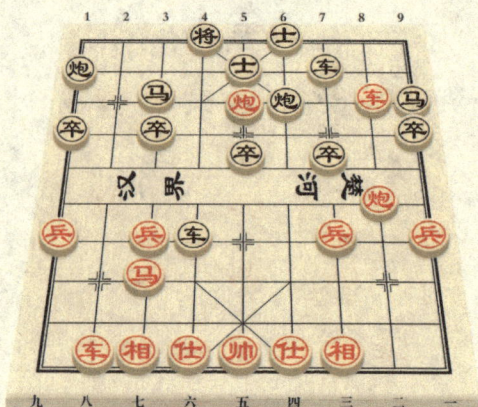

15.炮五进五　将5平4

步骤16

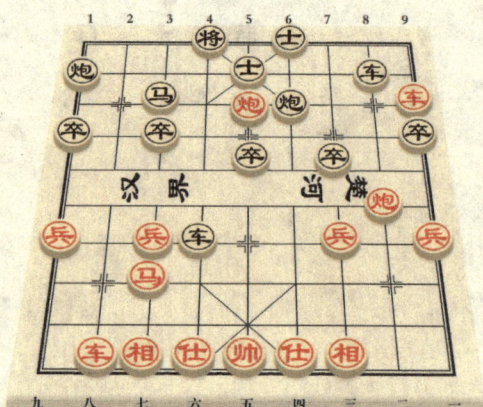

16.车二平一　车7平8

步骤17

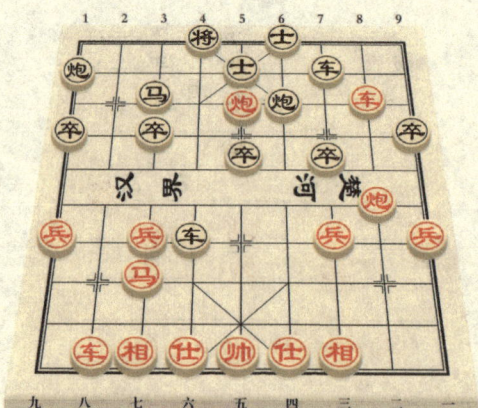

17.车一平二　车8平7

步骤18

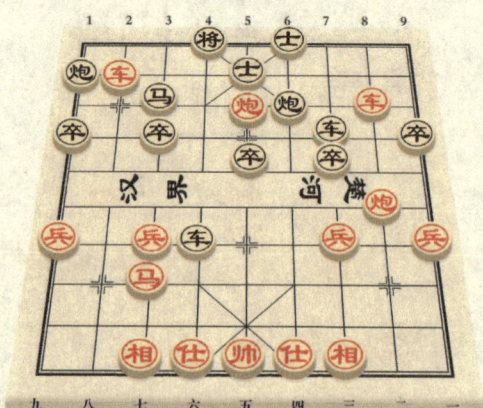

18.车八进八　车7进2

106

步骤19

步骤20

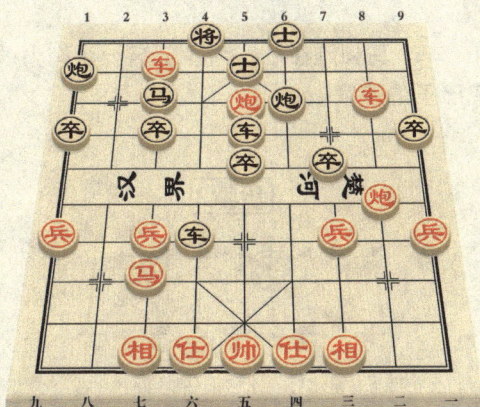

19. 车八平七　车7平5

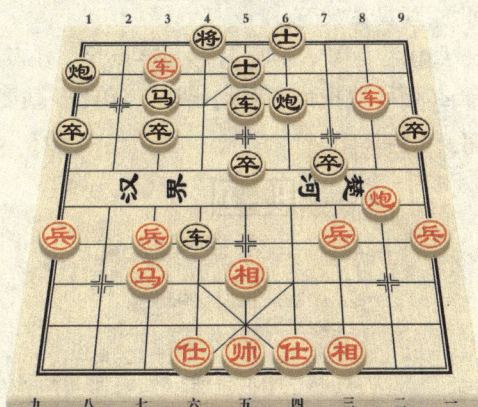

20. 相七进五　车5退1

步骤21

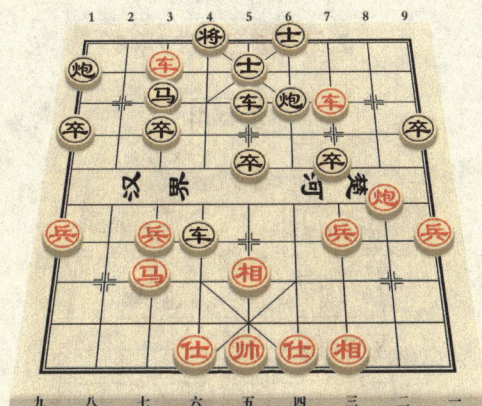

21. 车二平三　红方胜

107

3.1.5 尽快出子

此原则具体如下。

一局棋战之前，原始阵形的特点是，小兵在前，车、马和炮在后。为了部署一个有力的阵形，必须尽快把强子开动出来，因此开局要讲究出子的速度。

例1 尽快出车

步骤1

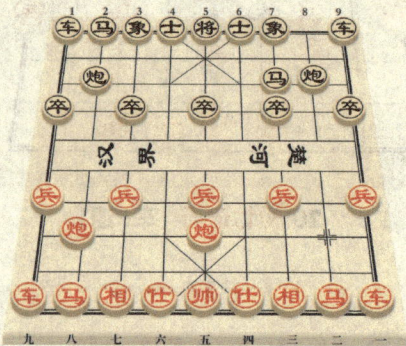

1.炮二平五　马8进7

步骤2

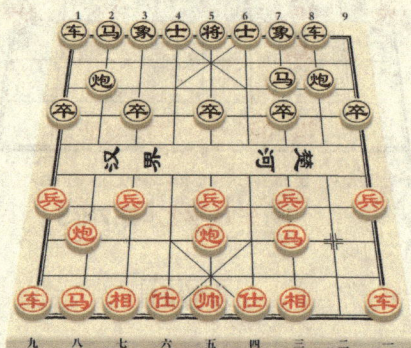

2.马二进三　车9平8

步骤3

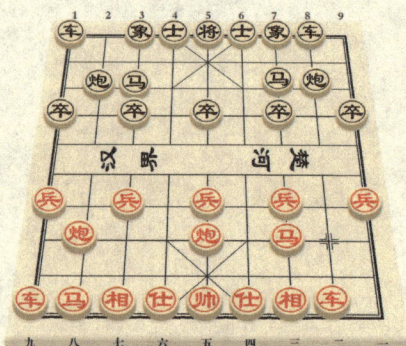

3.车一平二　马2进3

步骤4

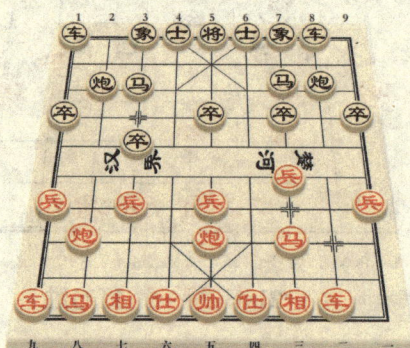

4.兵三进一　卒3进1

步骤5

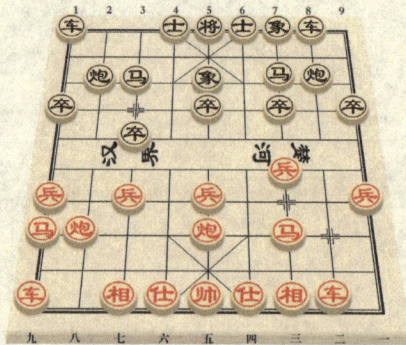

5.马八进九　象3进5

步骤6

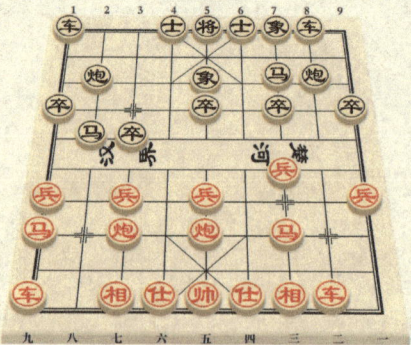

6.炮八平七　马3进2

步骤7

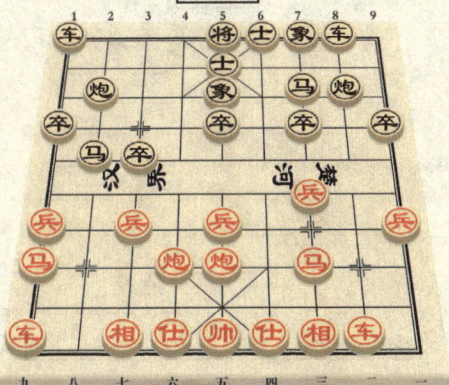

7.炮七平六　士4进5

步骤8

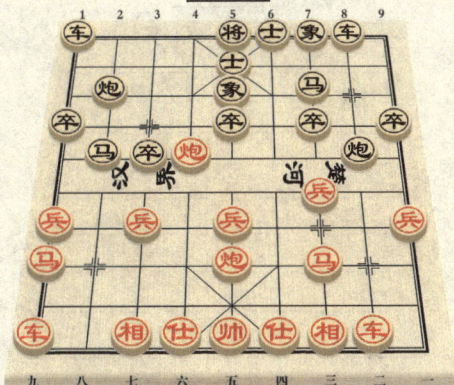

8.炮六进三　炮8进2

步骤9

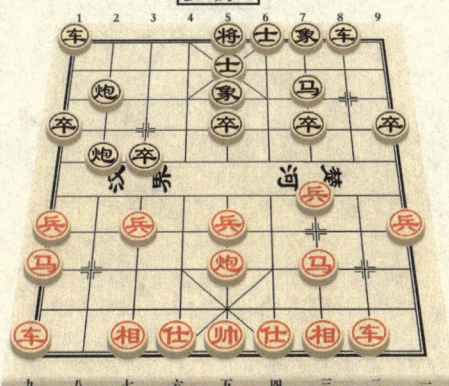

9.炮六平八　炮8平2

步骤10

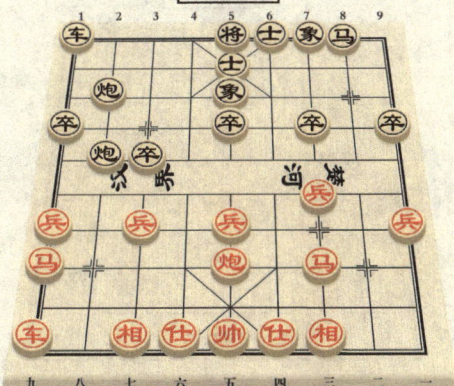

10.车二进九　马7退8

步骤11

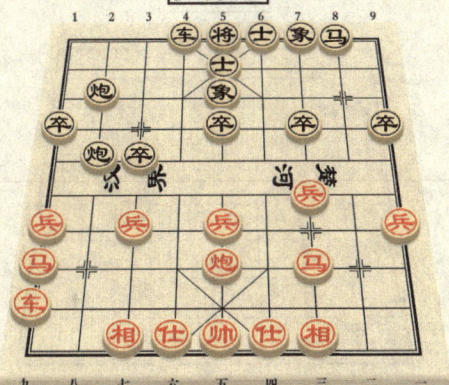

11.车九进一　车1平4

步骤12

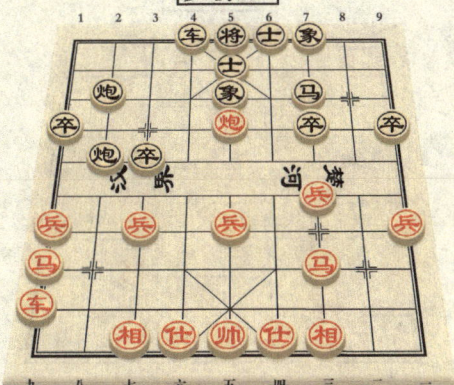

12.炮五进四　马8进7

109

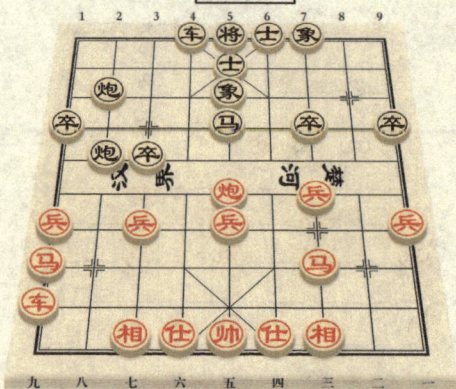

13.炮五退二　马7进5

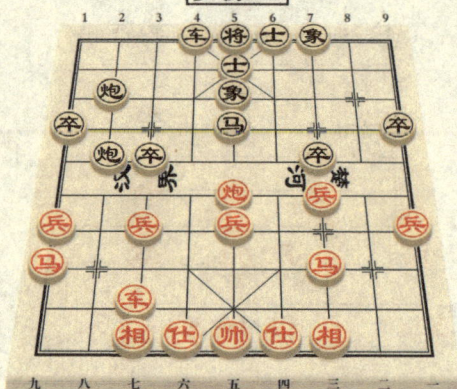

14.车九平七　卒7进1

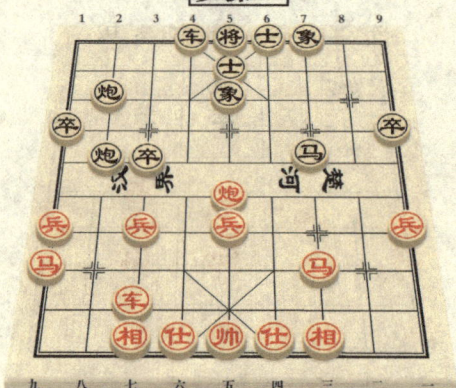

15.兵三进一　马5进7

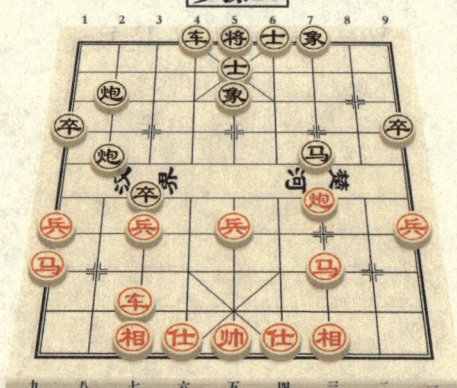

16.炮五平三　卒3进1

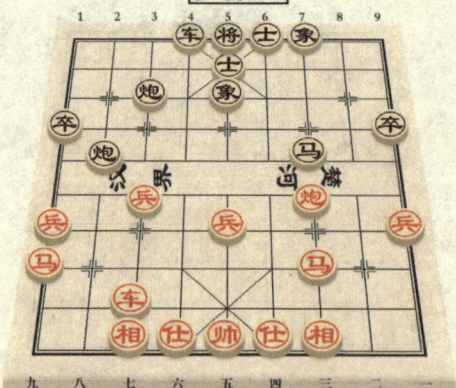

17.兵七进一　后炮平3

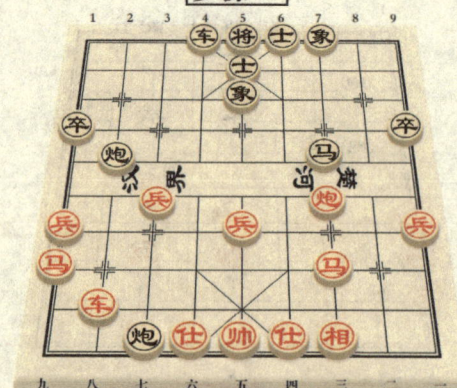

18.车七平八　炮3进7

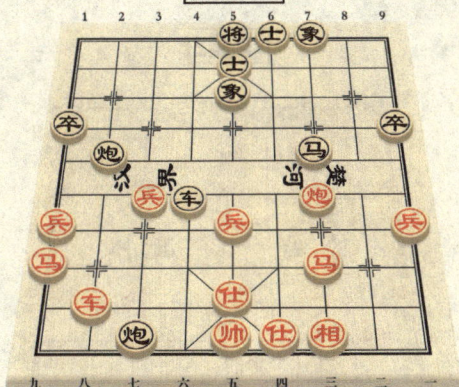

19.仕六进五　车4进5

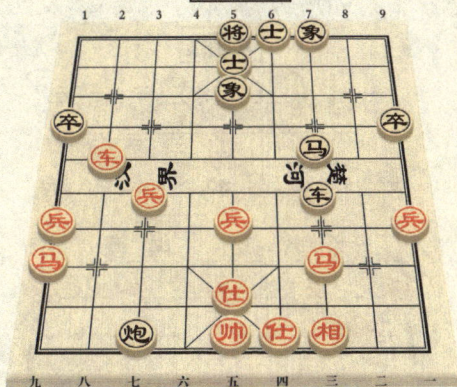

20.车八进四　车4平7

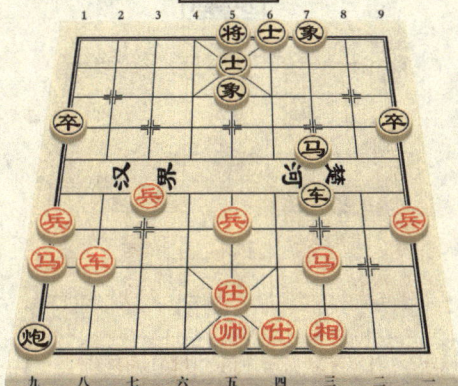

21.车八退三　炮3平1　黑方优势

例2 跃出快马

步骤1

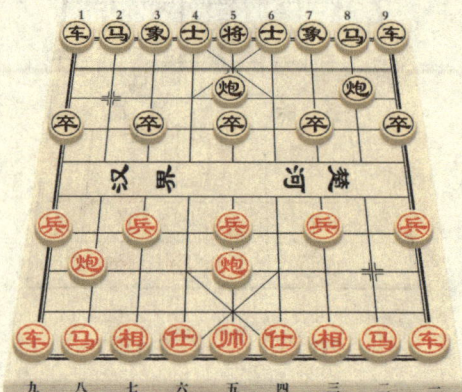

1.炮二平五　炮2平5

步骤2

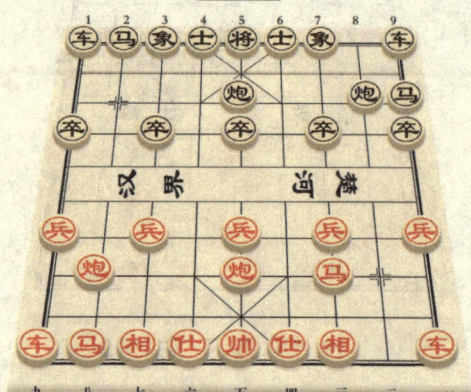

2.马二进三　马8进9

步骤3

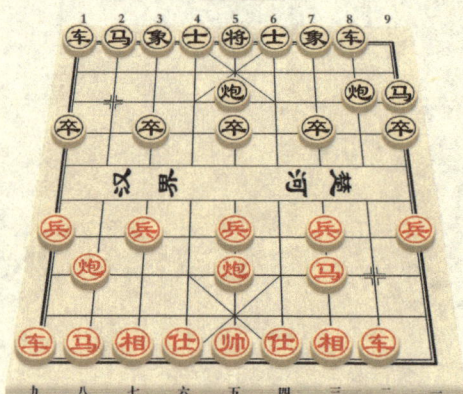

3.车一平二　车9平8

步骤4

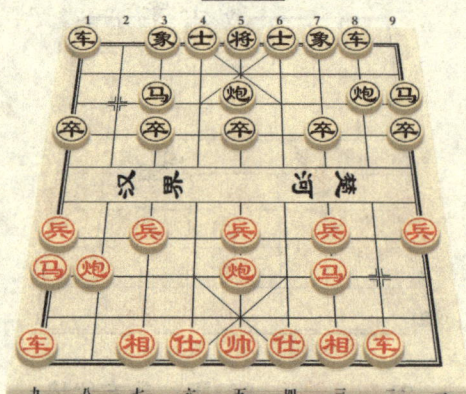

4.马八进九　马2进3

步骤5

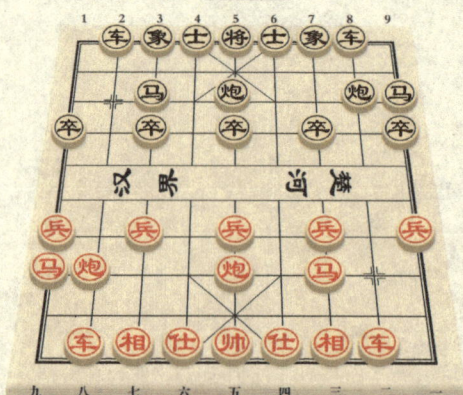

5.车九平八　车1平2

步骤6

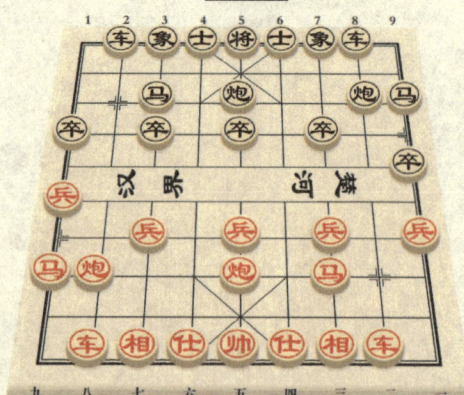

6.兵九进一　卒9进1

112

步骤7

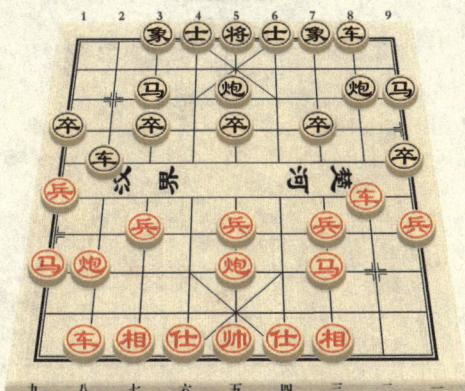

7.车二进四　车2进4

步骤8

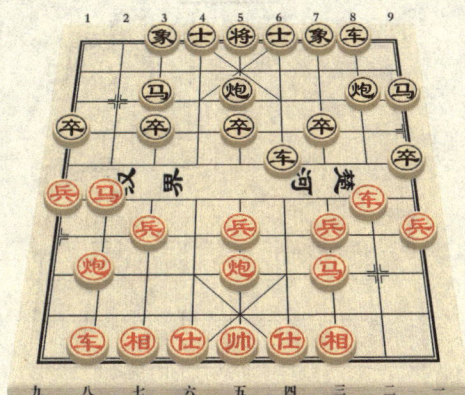

8.马九进八　车2平6

步骤9

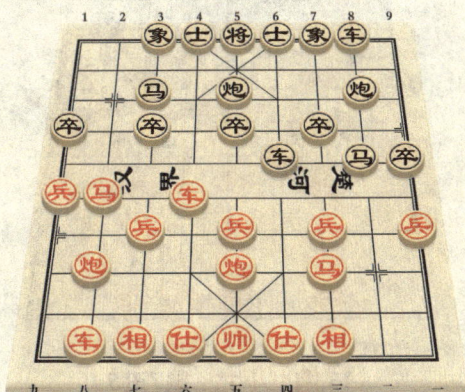

9.车二平六　马9进8

步骤10

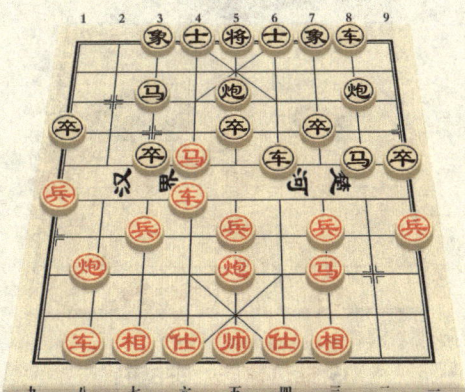

10.马八进六　卒3进1

步骤11

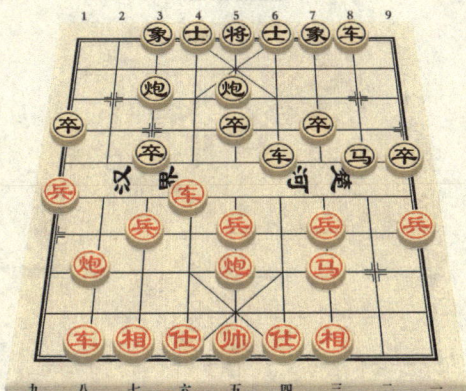

11.马六进七　炮8平3

步骤12

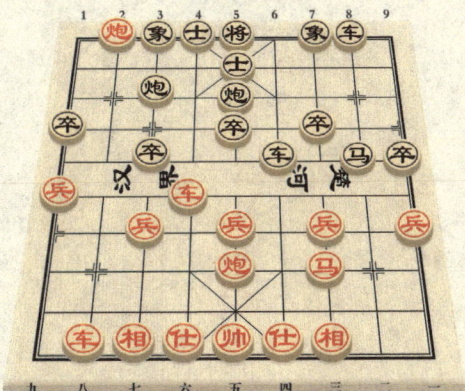

12.炮八进七　士6进5

113

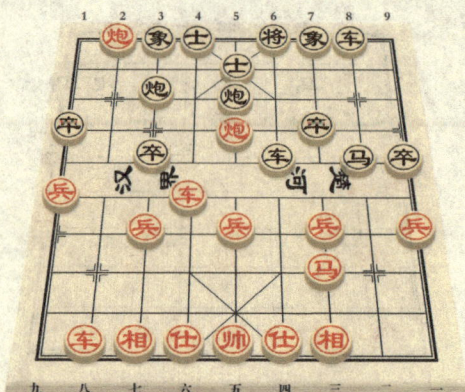

13.炮五进四　将5平6

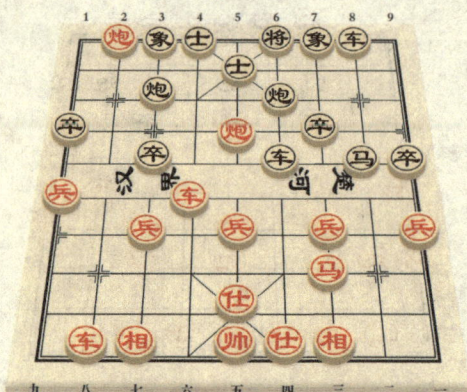

14.仕六进五　炮5平6

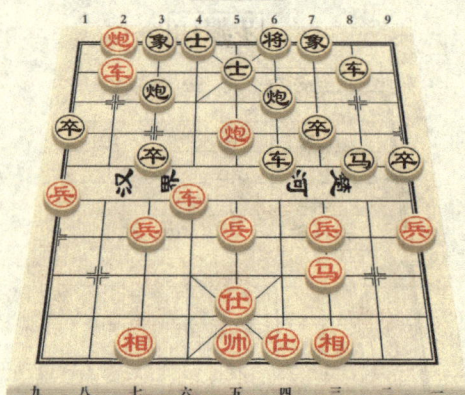

15.车八进八　车8进1

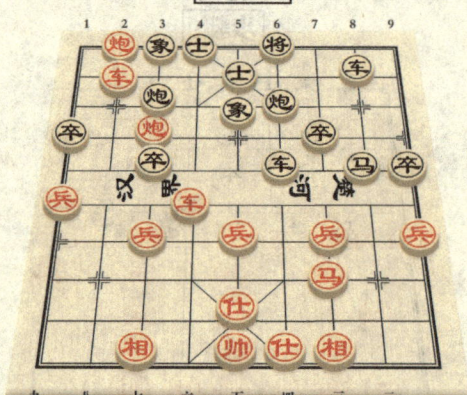

16.炮五平七　象7进5

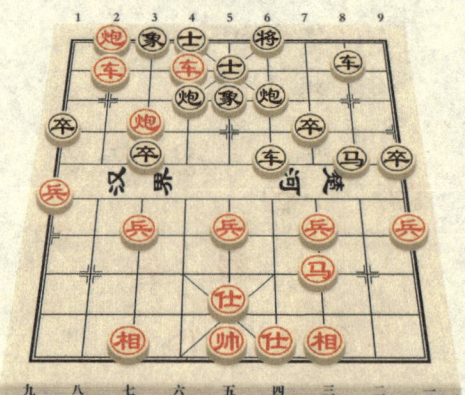

17.车六进四　炮3平4

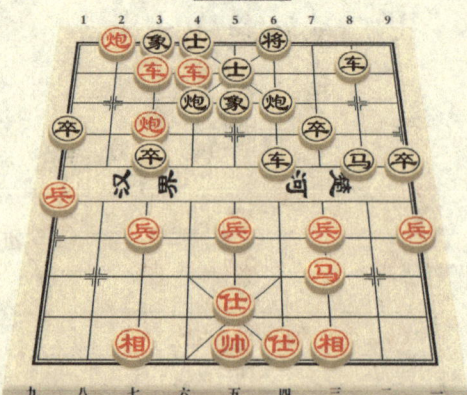

18.车八平七　红方优势

例3 炮争要线

步骤1

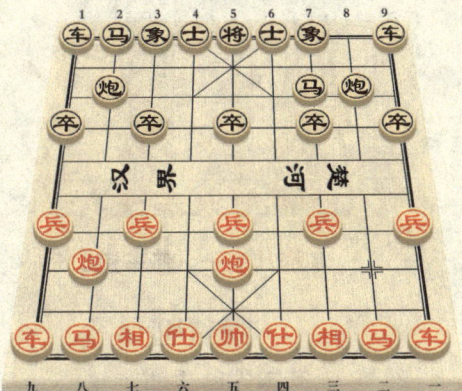

1.炮二平五　马8进7

步骤2

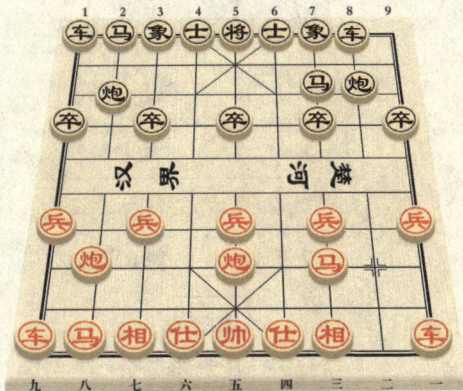

2.马二进三　车9平8

步骤3

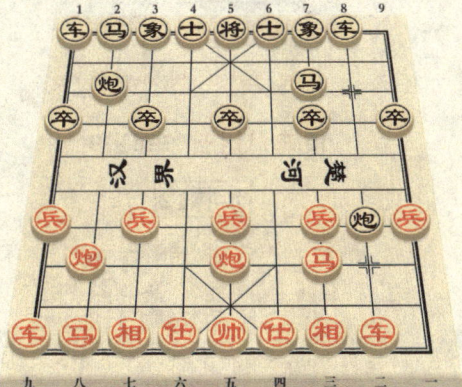

3.车一平二　炮8进4

步骤4

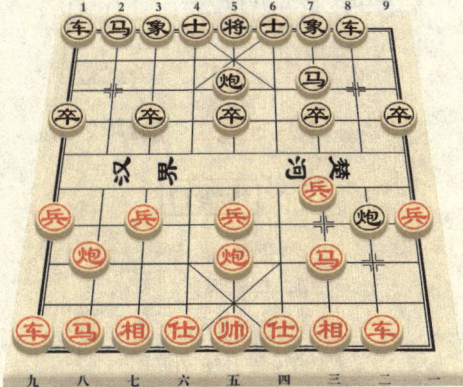

4.兵三进一　炮2平5

步骤5

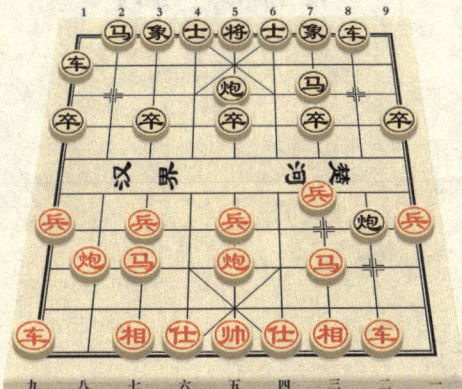

5.马八进七　车1进1

步骤6

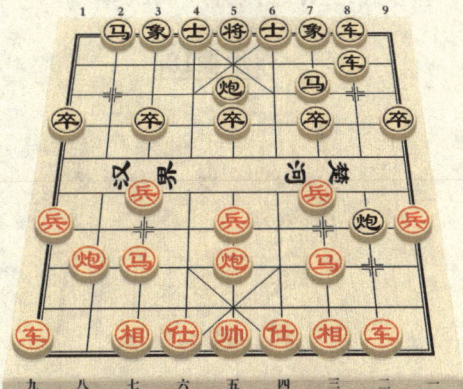

6.兵七进一　车1平8

115

步骤7

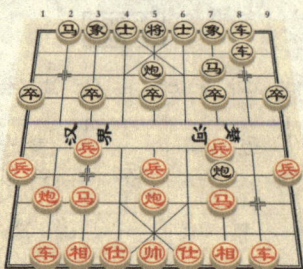

7.车九平八　炮8平7

步骤8

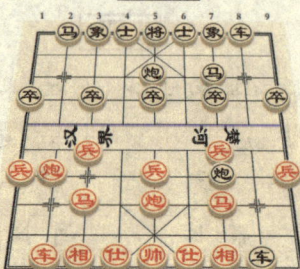

8.炮八进一　前车进8

步骤9

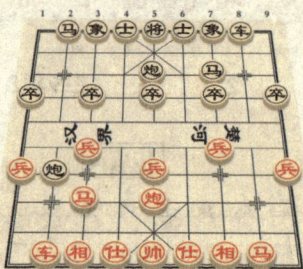

9.马三退二　炮7平2

步骤10

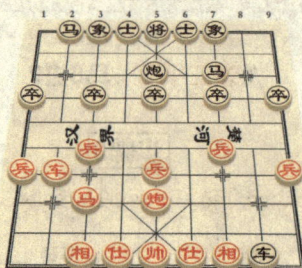

10.车八进三　车8进9

步骤11

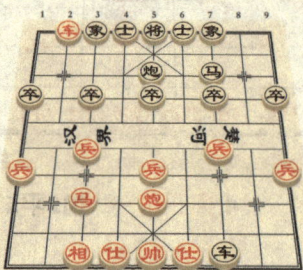

11.车八进六　车8平7

步骤12

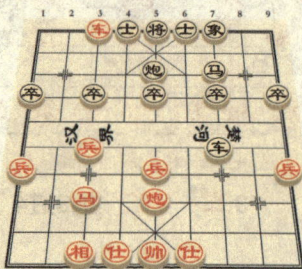

12.车八平七　车7退4

步骤13

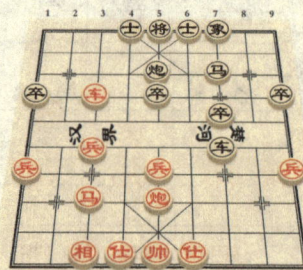

13.车七退三　卒7进1　双方力均

116

3.2 开局种类

象棋开局有很多种，通过实战统计，大部分棋手偏爱那些攻防明确、变化复杂、富有深意的变例。开局使用率越高，其本身就越合理和完善，也是适合初学者模仿学习、通过实战不断加深理解的重要内容。初学者了解开局的简单分类，可以更好地确定开局方向和钻研自己喜欢的变例。

3.2.1 先手布局

● 过宫炮

过宫炮，首着炮二平六（炮2平6）或炮八平四（炮8平4），因炮横行过九宫安于士角上，以区别于士角炮，又因双炮集结于一侧，有些地方亦叫偏锋炮。特点是：子力间的配合密切，利于攻守。如果运用不当，容易造成子力拥塞。

例 过宫炮对屏风马

通过下面的棋谱演示，可以发现，过宫炮对屏风马布局包含两套变化，红缓开车与红过河车。缓开车下法，红方要择机探炮过河，发挥八路炮的作用，这是能否巩固先手地位的关键。过河车下法，因其缺少中炮的配合，也就不具备从中路发动攻势的条件。不过红方可凭借己方阵势稳固的优点，进行稳步推进，慢慢寻找扩大先手的机会。

步骤1

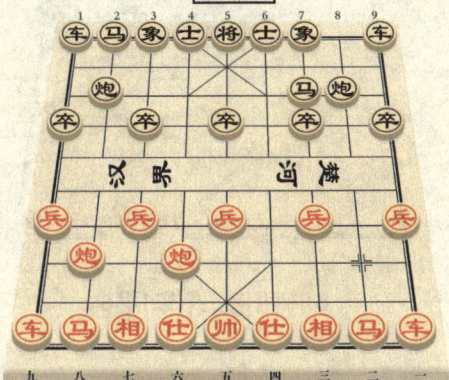

1.炮二平六　马8进7

步骤2

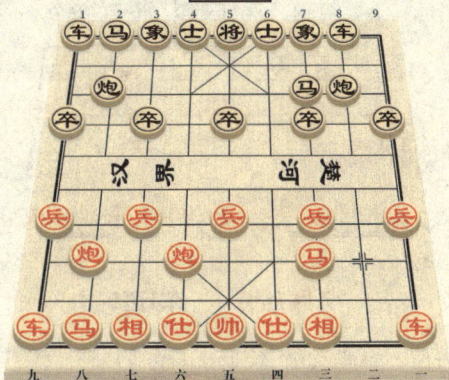

2.马二进三　车9平8

步骤3

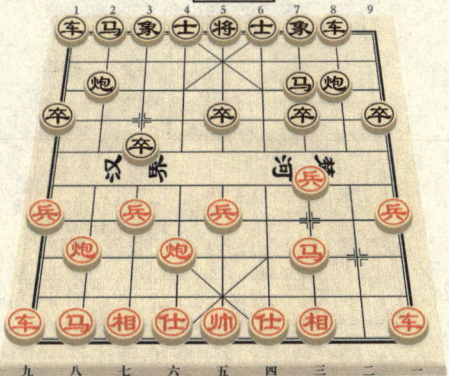

3.兵三进一　卒3进1

步骤4

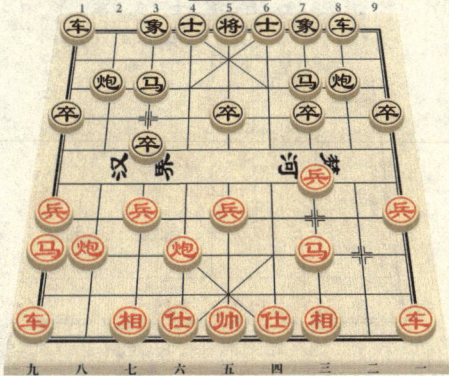

4.马八进九　马2进3

步骤5

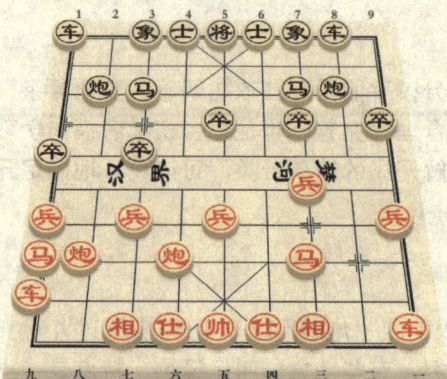

5.车九进一　卒1进1

步骤6

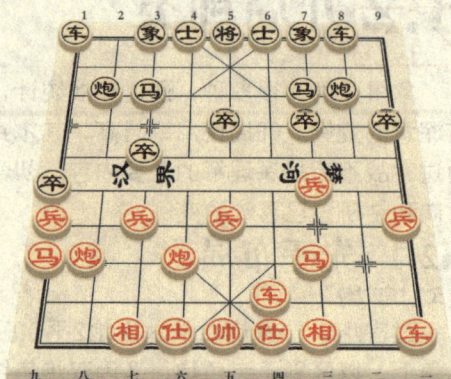

6.车九平四　卒1进1

步骤7

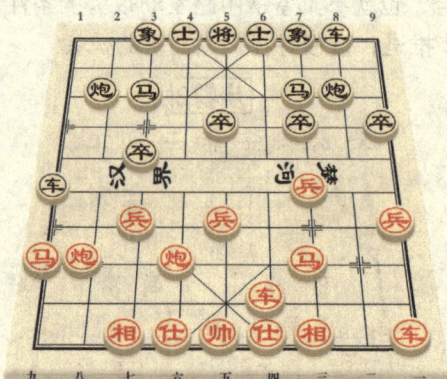

7.兵九进一　车1进5

步骤8

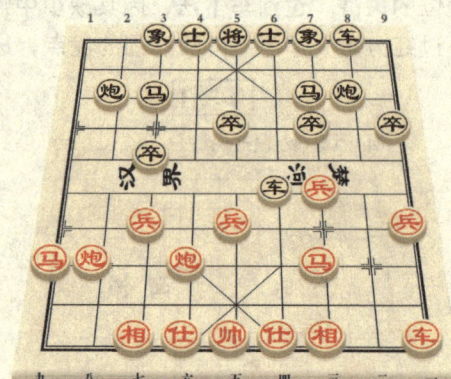

8.车四进三　车1平6

步骤9

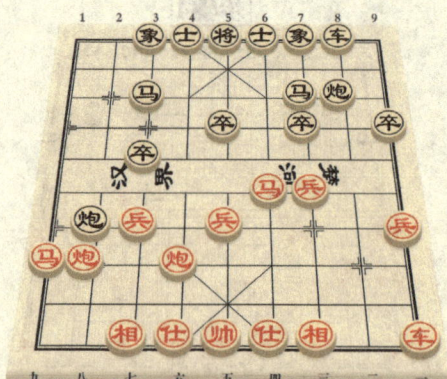

9.马三进四　炮2进4

步骤10

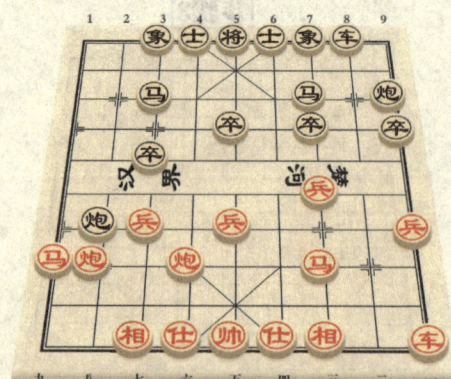

10.马四退三　炮8平9　黑方优势

● 飞相局

在象棋开局时，首着走相三进五或相七进五，即为"飞相局"。起手飞相，即为"飞相局"，因涉及走子方向的习惯原因，实战中大多选择飞右相，故而又有"飞正相"之称。

例 飞相局对左中炮

步骤1

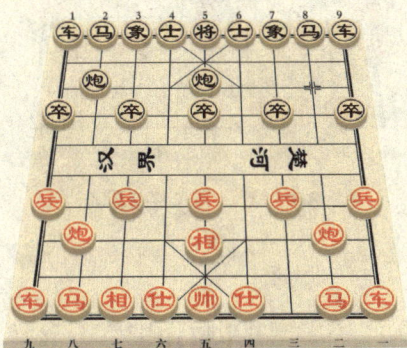

1.相三进五　炮8平5

步骤2

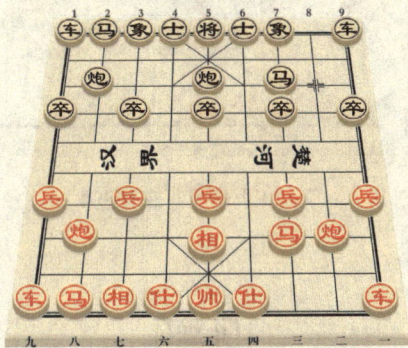

2.马二进三　马8进7

步骤3

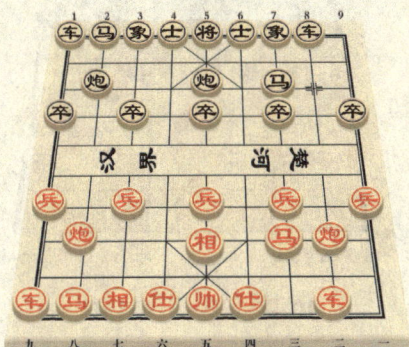

3.车一平二　车9平8

步骤4

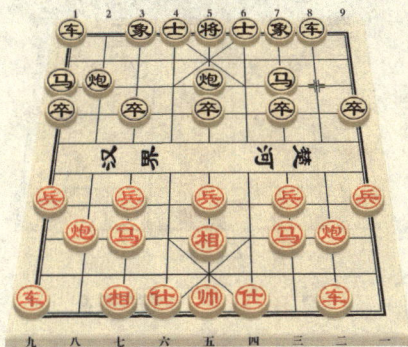

4.马八进七　马2进1

步骤5

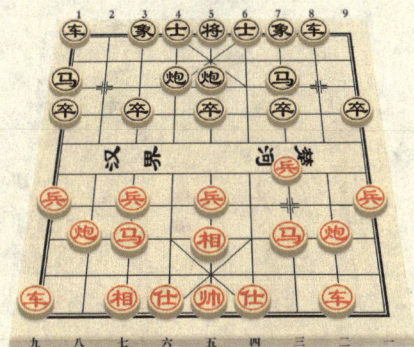

5.兵三进一　炮2平4

步骤6

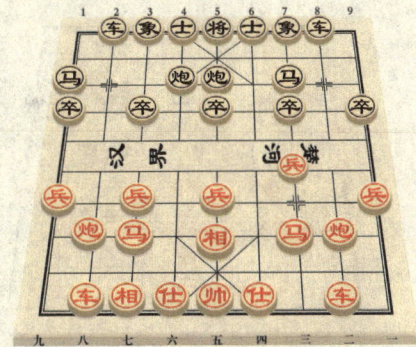

6.车九平八　车1平2

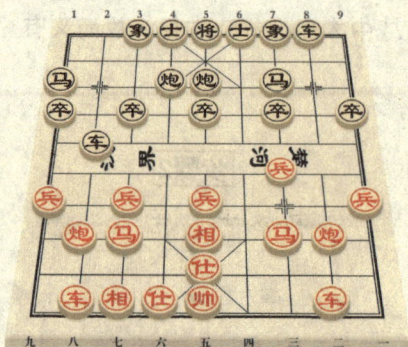

步骤7

7.**仕四进五**　车2进4

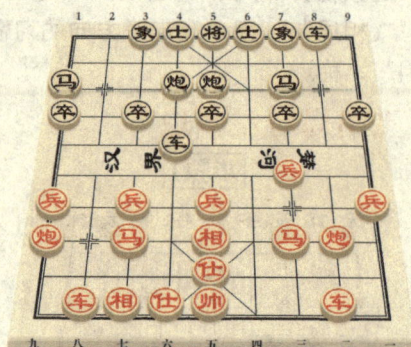

步骤8

8.**炮八平九**　车2平4

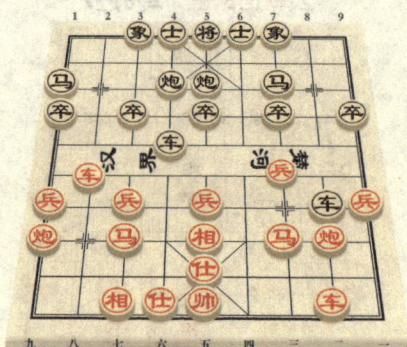

步骤9

9.**车八进四**　车8进6

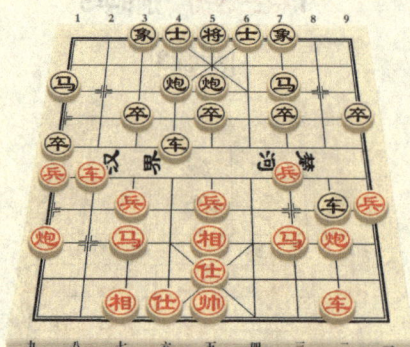

步骤10

10.**兵九进一**　卒1进1

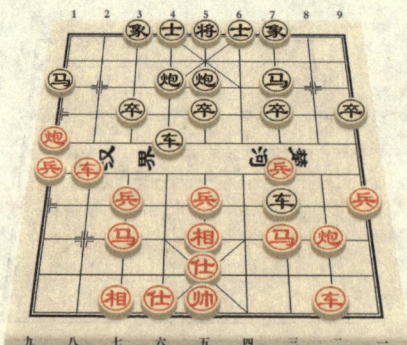

步骤11

11.**炮九进三**　车8平7

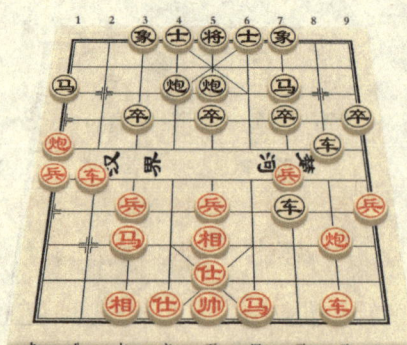

步骤12

12.**马三退四**　车4平8

120

步骤13

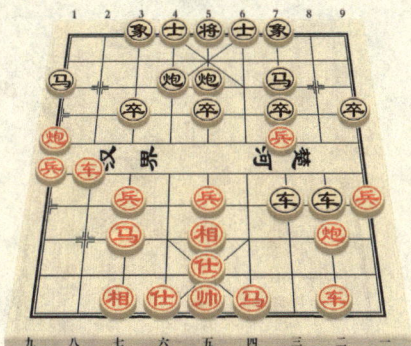

13.**兵三进一** 车8进2

步骤14

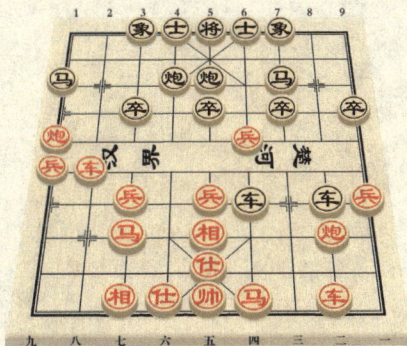

14.**兵三平四** 车7平6

步骤15

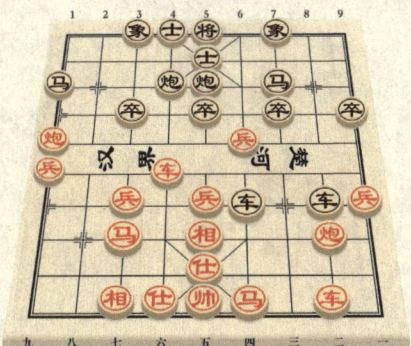

15.**车八平六** 士6进5

步骤16

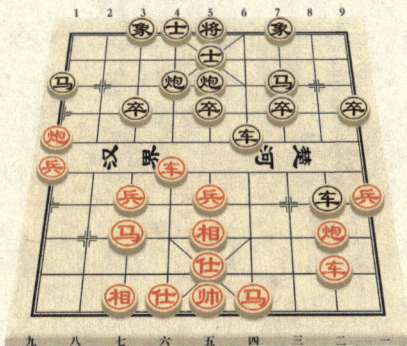

16.**车二进一** 车6退2

步骤17

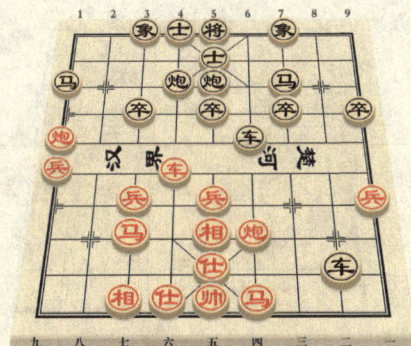

17.**炮二平四** 车8进2

步骤18

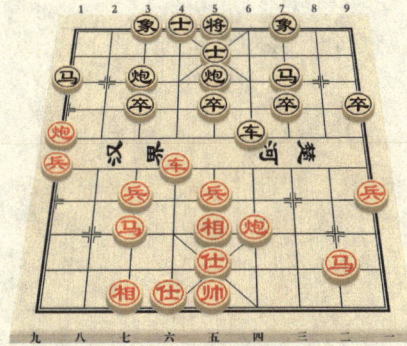

18.**马四进二** 炮4平3

121

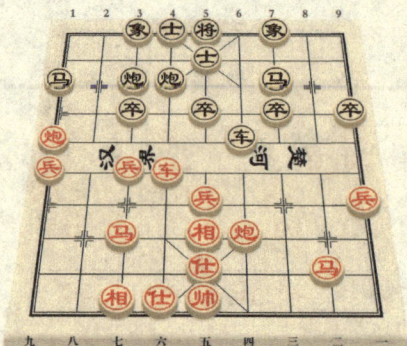

19.兵七进一　炮5平4

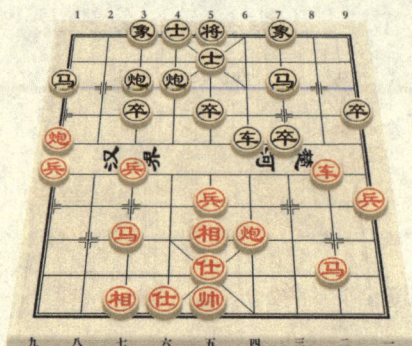

20.车六平二　卒7进1

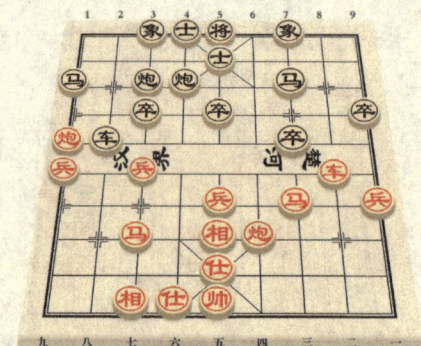

21.马二进三　车6平2

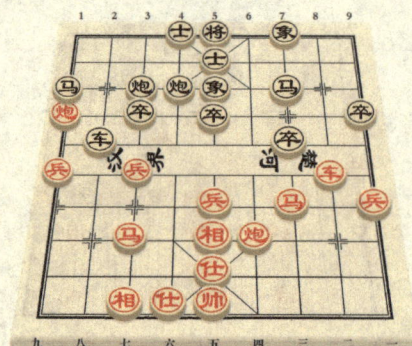

22.炮九进一　象3进5

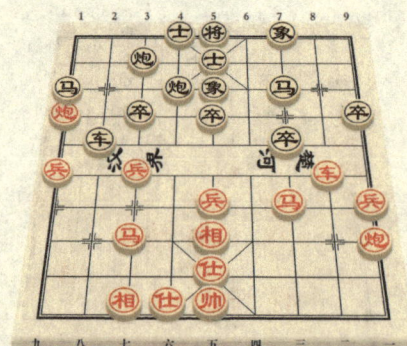

23.炮四平一　炮3退1

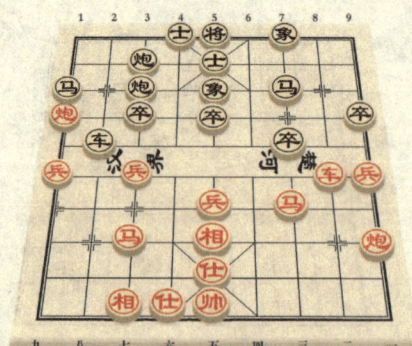

24.兵一进一　炮4平3　双方均势

3.2.2 后手布局

● **顺手炮**

顺手炮，象棋术语，是一种开局着法。双方都走同一方向的中炮【炮二平五（炮2平5）或炮八平五（炮8平5）】得名，简称"顺炮"。

例 顺炮横车对直车

步骤1

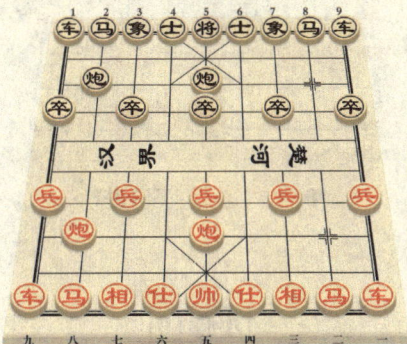

1.炮二平五　炮8平5

步骤2

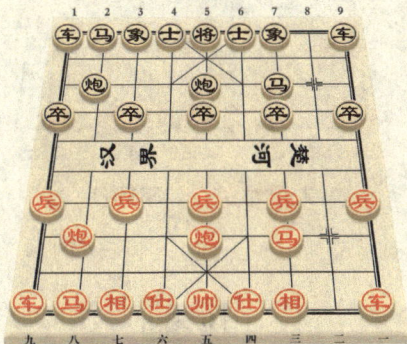

2.马二进三　马8进7

步骤3

3.车一平二　车9进1

步骤4

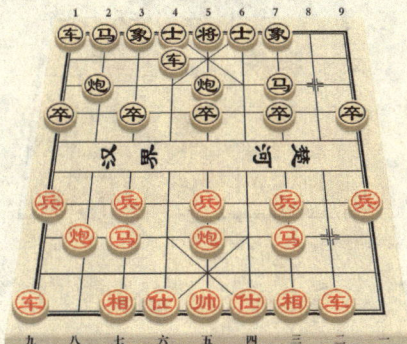

4.马八进七　车9平4

步骤5

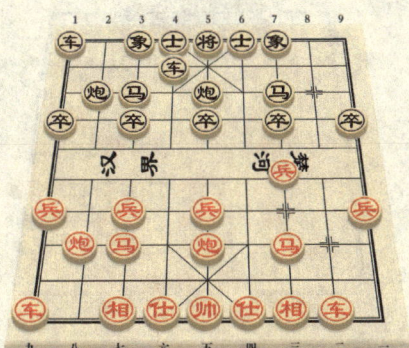

5.兵三进一　马2进3

步骤6

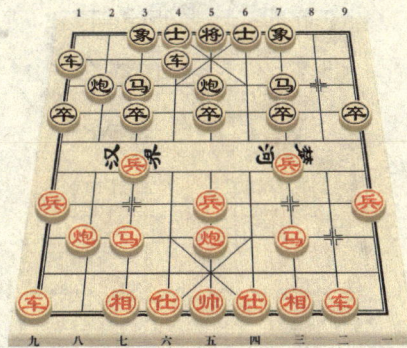

6.兵七进一　车1进1

123

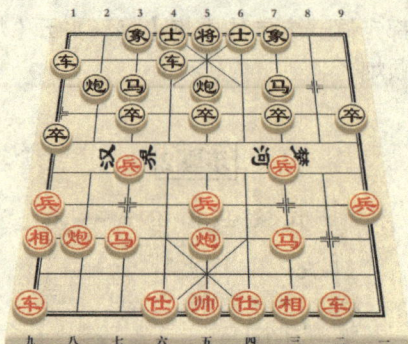

7.相七进九　卒1进1

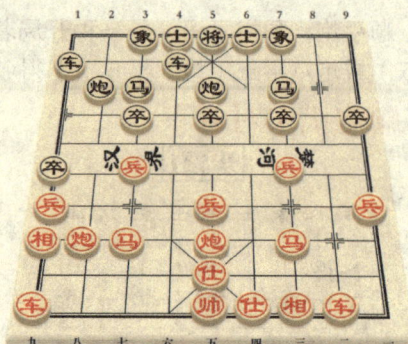

8.仕六进五　卒1进1

9.兵九进一　车1进4

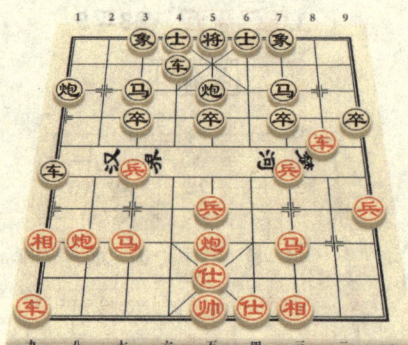

10.车二进五　炮2平1

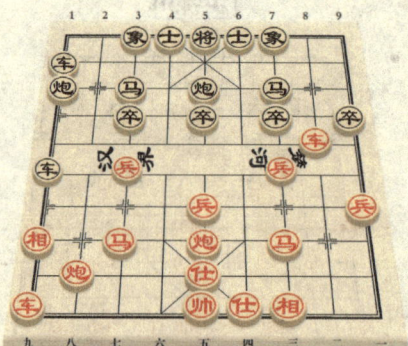

11.炮八退一　车4平1

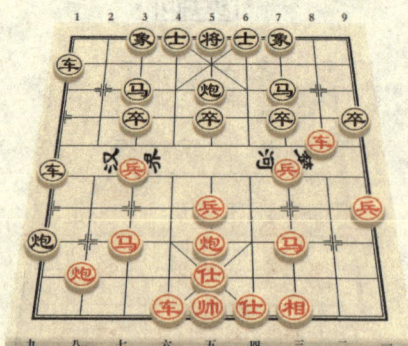

12.车九平六　炮1进5

步骤13

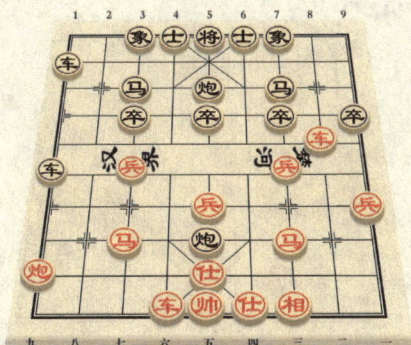

13.炮八平九　炮1平5

步骤14

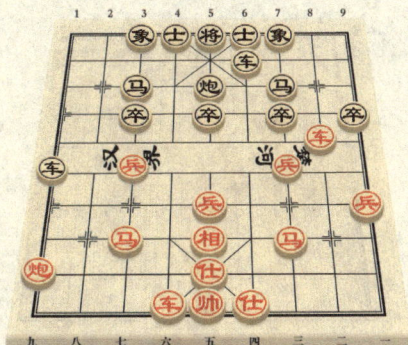

14.相三进五　后车平6

步骤15

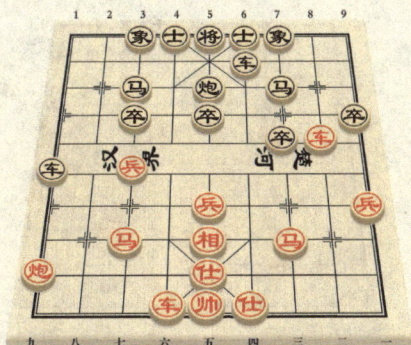

15.兵三进一　卒7进1

步骤16

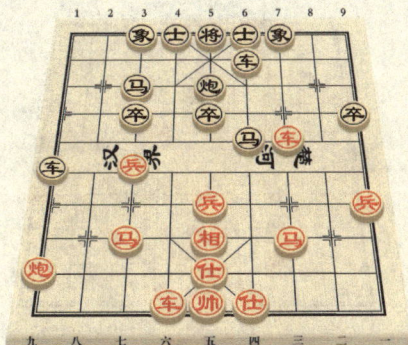

16.车二平三　马7进6

步骤17

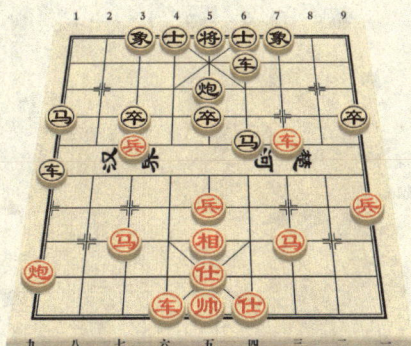

17.兵七进一　马3进1

步骤18

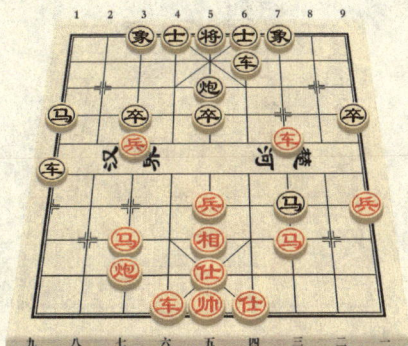

18.炮九平七　马6进7

125

步骤19

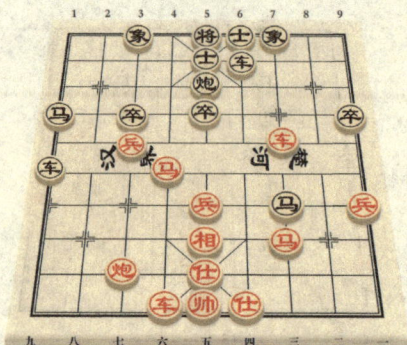

19.马七进六　士4进5

步骤20

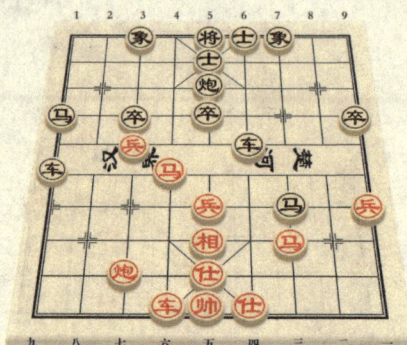

20.车三平四　车6进3

步骤21

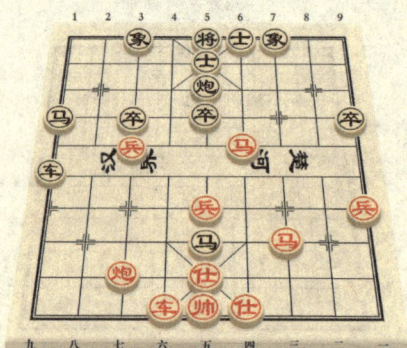

21.马六进四　马7进5

步骤22

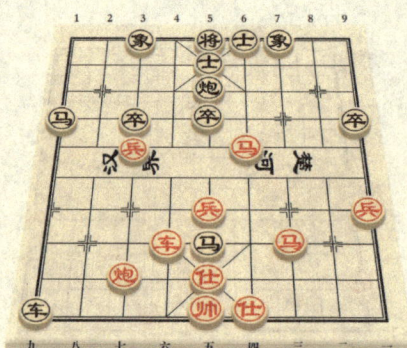

22.车六进二　车1进4

步骤23

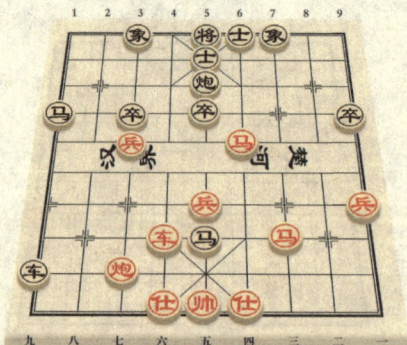

23.仕五退六　车1退1　双方均势

● 卒底炮

卒底炮指后手方用炮2平3或炮8平7，对付对方兵七进一或兵三进一，也称"小当头"。

例1 仙人指对卒底炮

步骤1

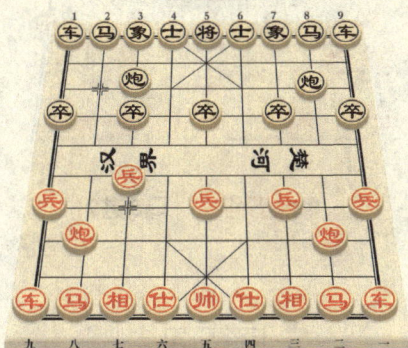

1.兵七进一　炮2平3

步骤2

2.炮二平五　象3进5

步骤3

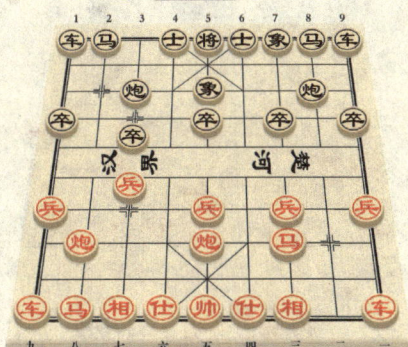

3.马二进三　卒3进1

步骤4

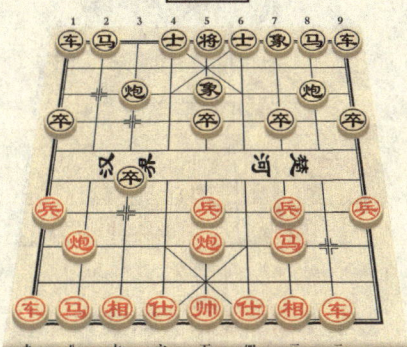

4.车一平二　卒3进1

步骤5

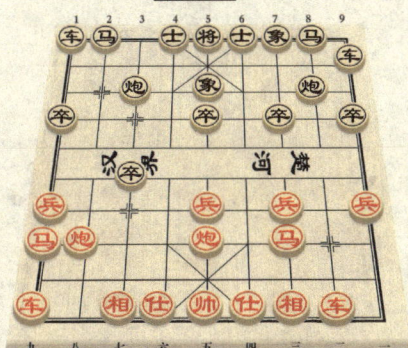

5.马八进九　车9进1

步骤6

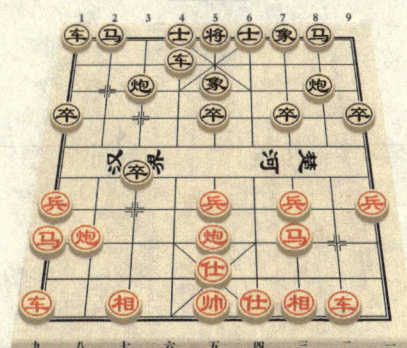

6.仕六进五　车9平4

127

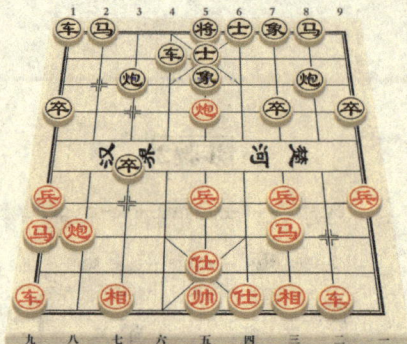

步骤7

7.**炮五进四**　士4进5

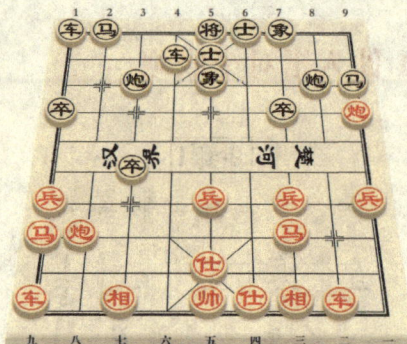

步骤8

8.**炮五平一**　马8进9

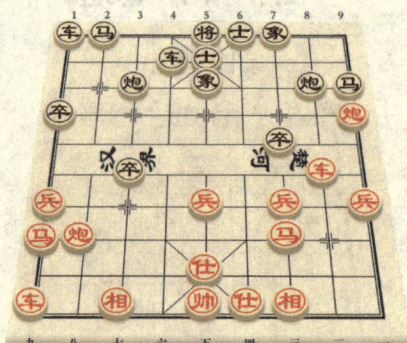

步骤9

9.**车二进四**　卒7进1

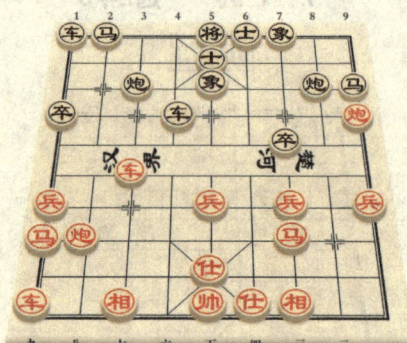

步骤10

10.**车二平七**　车4进2

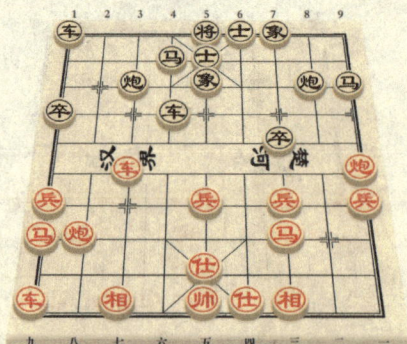

步骤11

11.**炮一退二**　马2进4

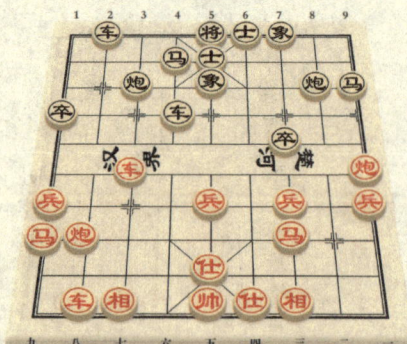

步骤12

12.**车九平八**　车1平2

128

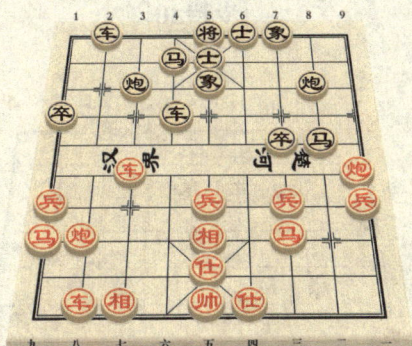

13.相三进五　马9进8

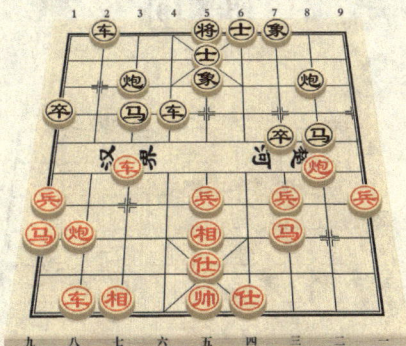

14.炮一平二　马4进3

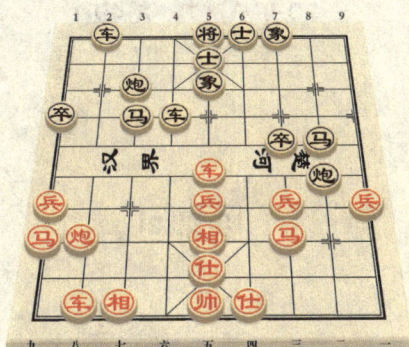

15.车七平五　炮8进3

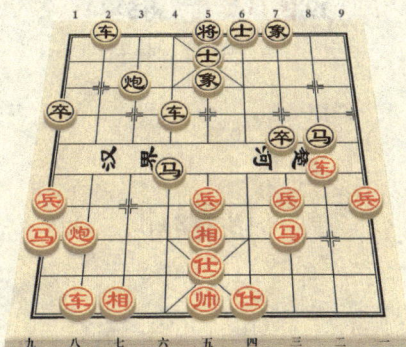

16.车五平二　马3进4

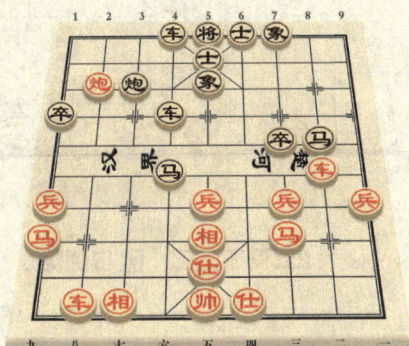

17.炮八进五　车2平4

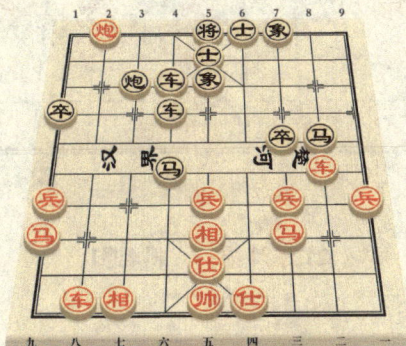

18.炮八进二　后车进2

129

步骤19

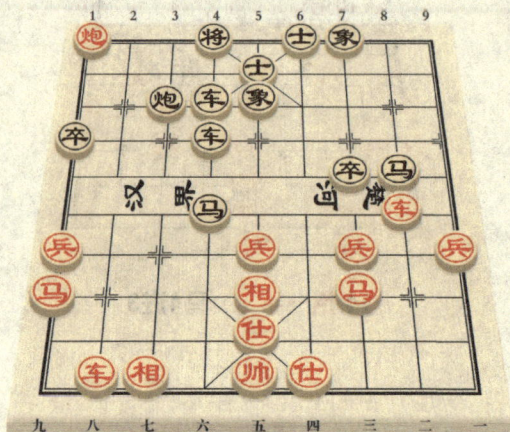

19.炮八平九   将5平4

步骤20

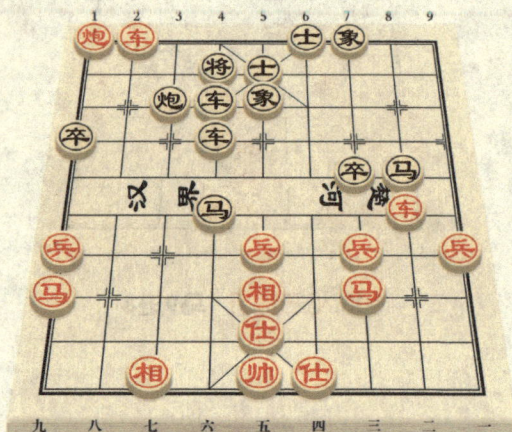

20.车八进九   将4进1

步骤21

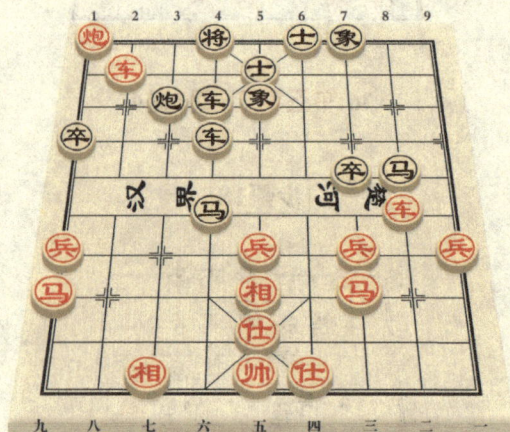

21.车八退一   将4退1

步骤22

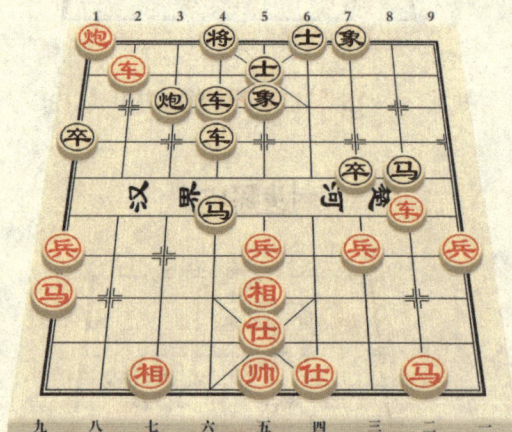

22.马三退二   黑方优势

例2 仙人指路对卒底炮转顺炮

步骤1

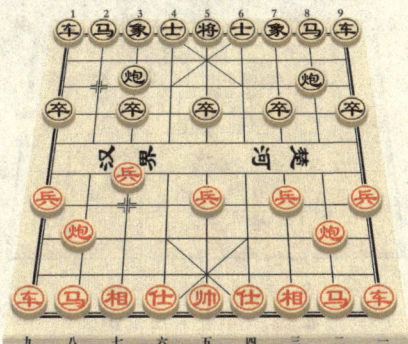

1.兵七进一　炮2平3

步骤2

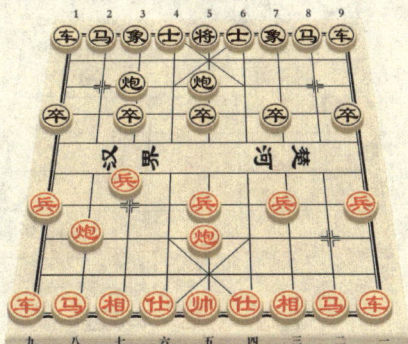

2.炮二平五　炮8平5

步骤3

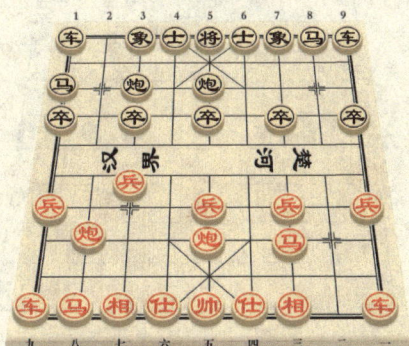

3.马二进三　马2进1

步骤4

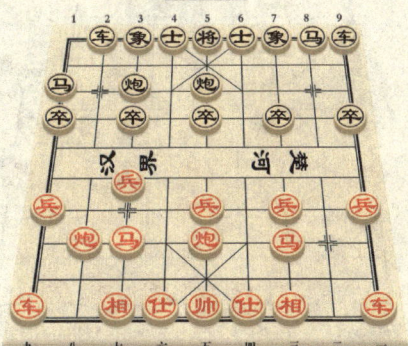

4.马八进七　车1平2

步骤5

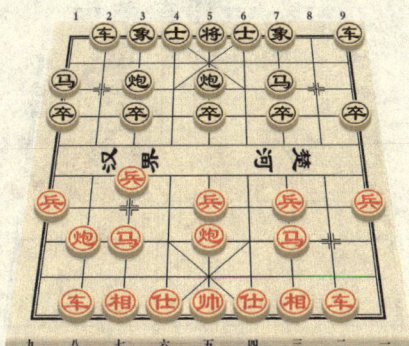

5.车九平八　马8进7

步骤6

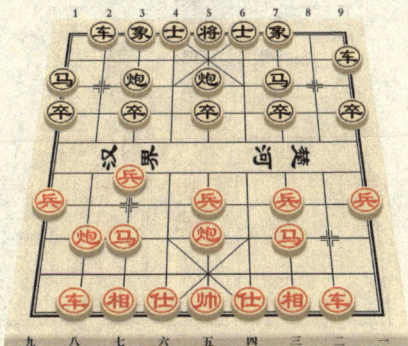

6.车一平二　车9进1

131

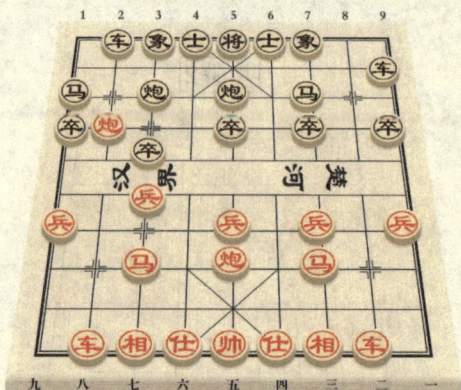

步骤7

7.炮八进四 卒3进1

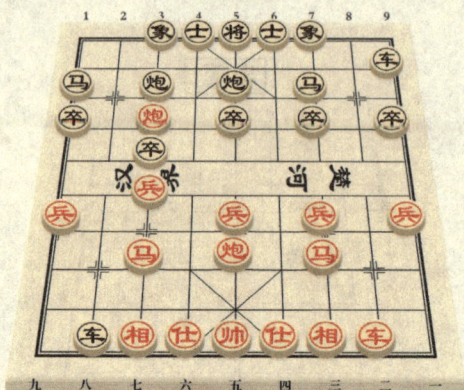

步骤8

8.炮八平七 车2进9

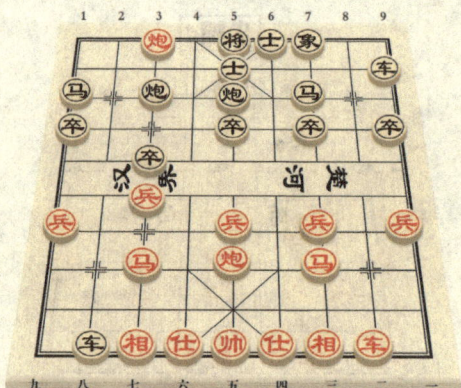

步骤9

9.炮七进三 士4进5

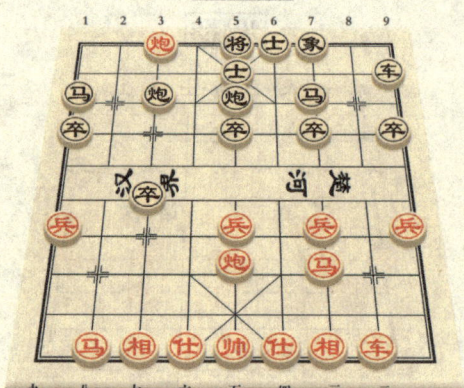

步骤10

10.马七退八 卒3进1

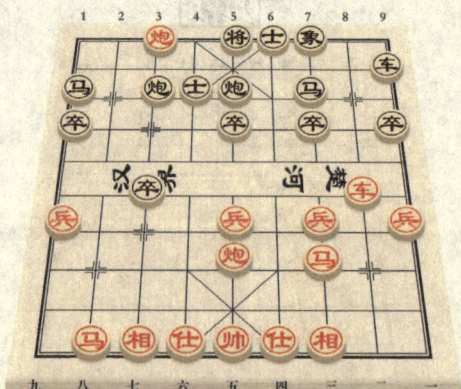

步骤11

11.车二进四 士5进4

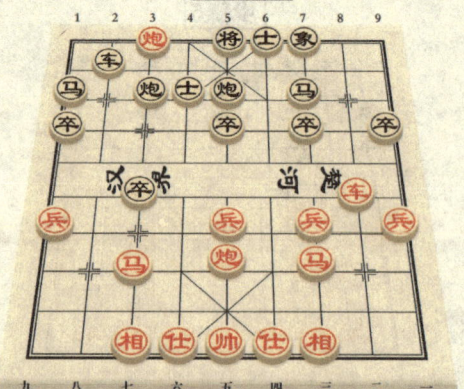

步骤12

12.马八进七 车9平2

132

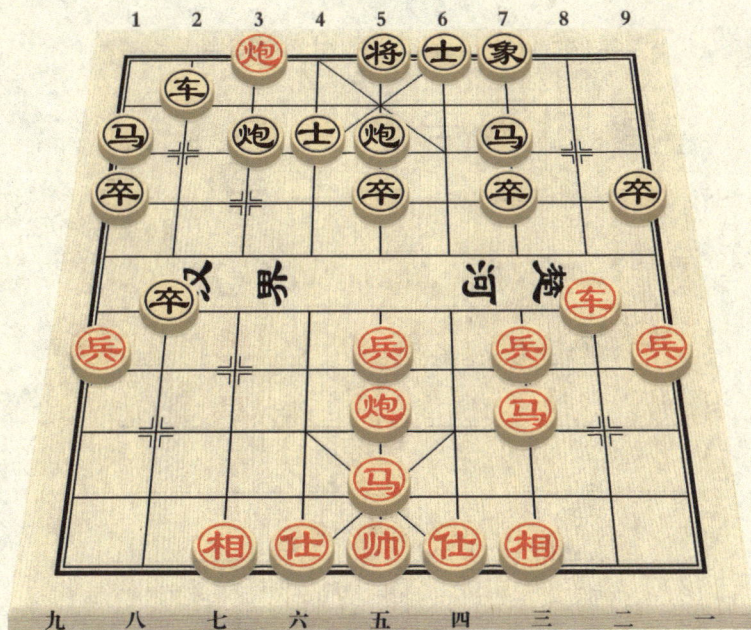

13.马七退五　卒3平2

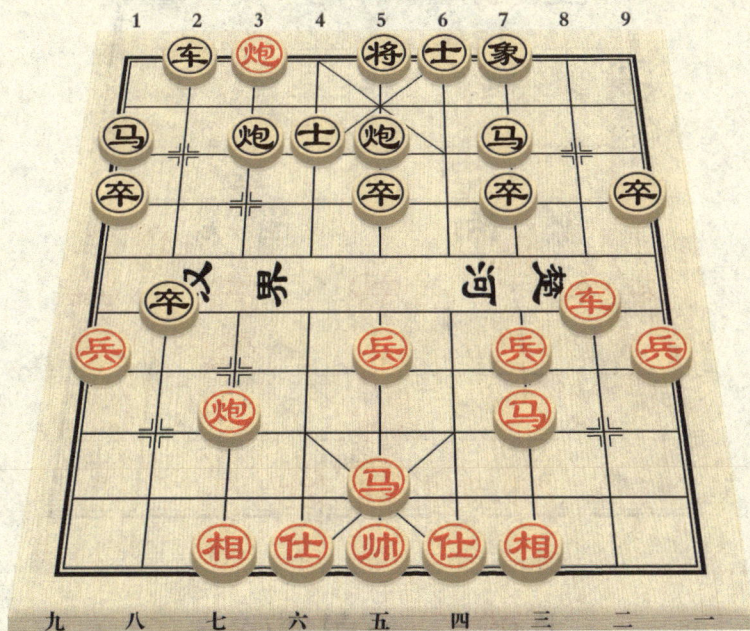

14.炮五平七　车2退1

133

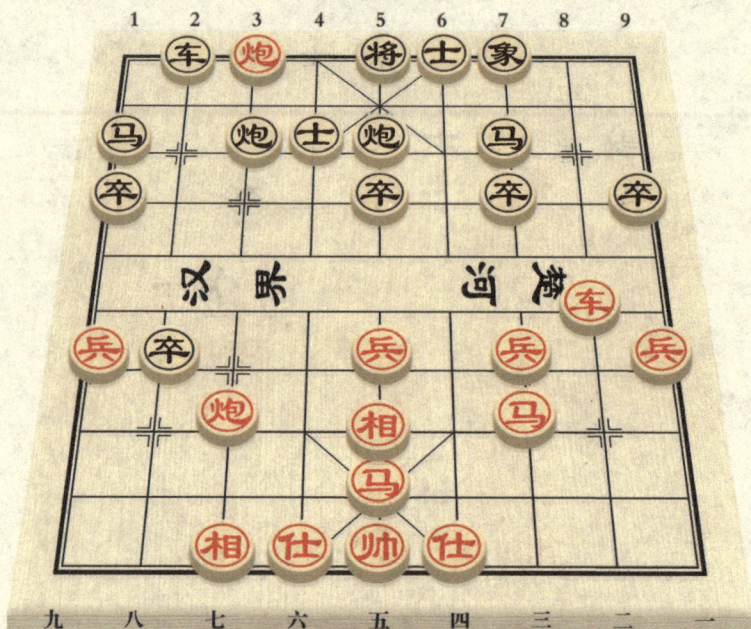

15. 相三进五   卒2进1

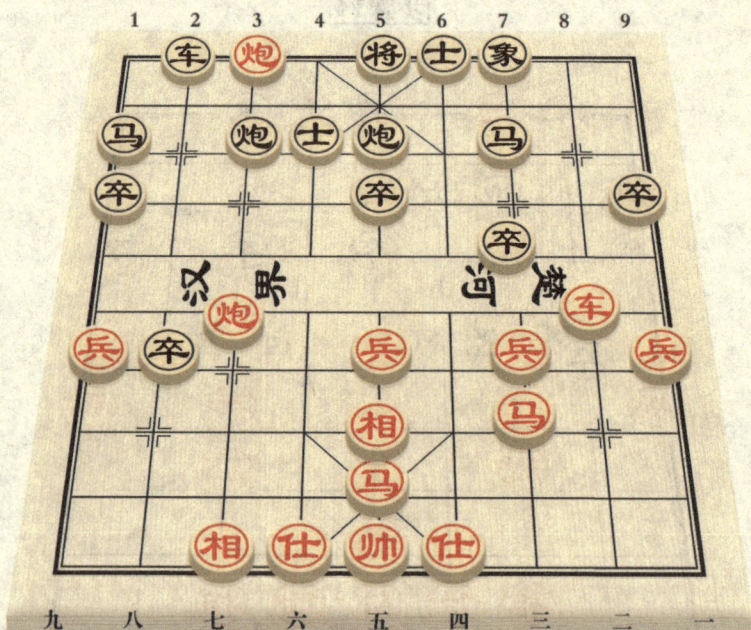

16. 后炮进二   卒7进1   黑方优势

黑方有平卒亮车、马7进6，先手出马等选择，而红方双马处不利位置，红方已然劣势。

第 4 章
象棋中局

　　中局阶段指布局阶段十几着棋后，一直到子力所剩无几，不会变化太多的残局之前的漫长阶段。开局跟中局之间的界限不是很明显。当前，人们对开局的研究已经很深入，达到了二三十个回合，甚至超过四十个回合，其实此时已经进入了中局阶段。

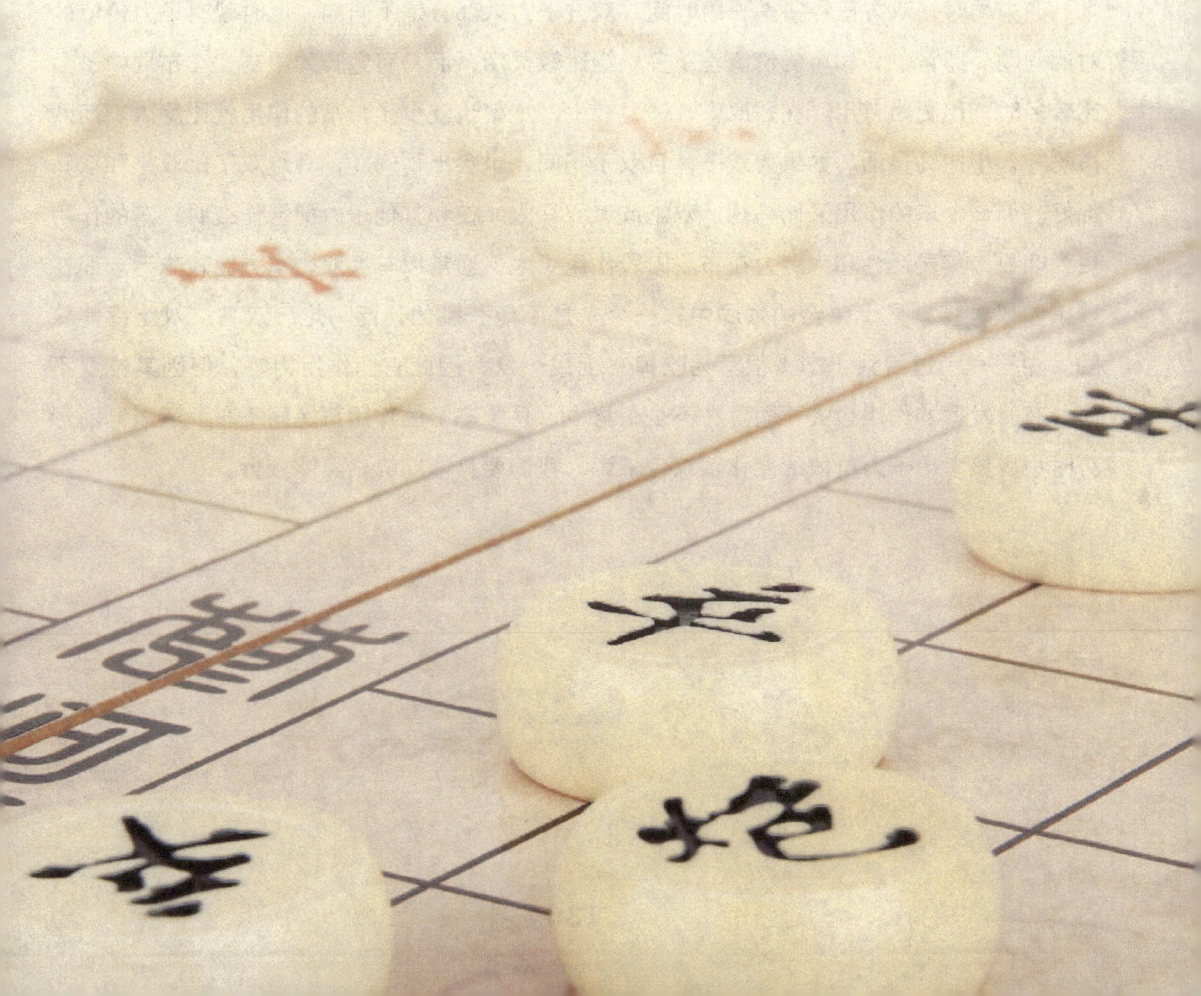

4.1 中局形势判断

中局千变万化，更具难度，更难以掌握。有效提高对中局阶段的掌控力，是初学者、有一定基础的爱好者及专业棋手都需要面对的问题。因此，中局功力高低是衡量棋手实际水平的一个重要指标。

在棋战中我们要正确判断每个局势，以更好地制定方针和策略。有些棋局形势优劣明显，很容易判断。有些棋局优劣难分，有些人认为红方优势，有些人认为黑方优势。因此，判断棋局形势反映了一个棋手的棋力。

判断棋局形势时主要以下四个方面为依据：双方子力价值的对比；子与势关系的认识；双方子力所处的位置以及各子体现出来的灵活性、协调性；局势上双方存在弱点。

4.1.1 双方子力价值的对比

在中局时，双方已经拼杀一段时间，双方子力大部分是不同的，此时就有子力价值的对比问题。通常，马和炮的价值差不多，炮比较灵活，而马有蹩脚的限制，在布局中子力比较多时，炮更为有用。在残局中，子力较少，炮架也就少了，马的作用就比炮大。而残棋防守，炮比马灵活。如果为双子，且双子相同，也会出现问题，马炮双子比双炮和双马都好。而一个车的作用又比马炮、双炮或者双马大。在和其他子力配合作战时，车的作用更为明显，其灵活性和大威力在布局阶段作用更大，通常以车换双，车方比较吃亏。而在残棋阶段，特别是士象全的残局中，一个车是不能获胜的，而马炮、双马、双炮都能获胜。由于一个过河兵（卒）很容易吃掉一士或一象，因此它们作用相等，但因其位置不同，有时发挥的作用也会不同。在不少杀势中，兵（卒）的作用可等同于车。所以判断形势时也应该考虑子力价值的变化。综合来说，我们要具体局势，具体分析。

4.1.2 子与势关系的认识

中局形势经常会出现一方多子，另一方少子，但有一定攻势的局面，此类形势的判断一定要谨慎。先分析子少得势的一方，先手是否可进一步扩大，几个子力配合是否能有效攻击另一方将（帅）。如果都能，那么少子得势一方就能在局部上充分发挥各子力的作用，扩大优势，直到胜利。而多子一方因为受到客观限制，各子力不能全部投入战斗，局部子力就会少于对方，也无法发挥作用。所以有"得子得先为得胜，得子失先却会输，弃子重得先"一说。初学者一般以子为重，经常会为了保住某一子而走向被动，甚至送吃，最终失子失势。

中局棋况

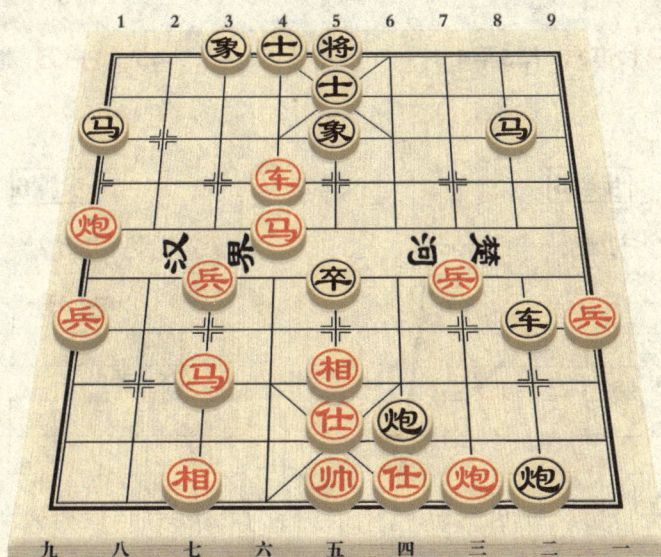

步骤1

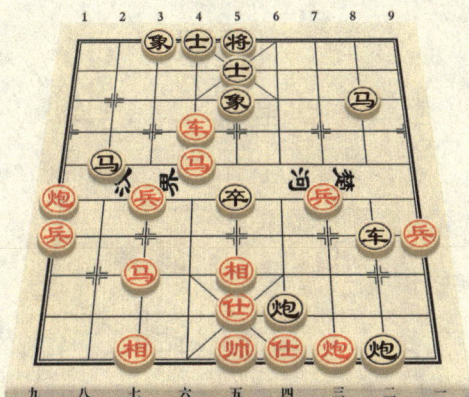

1. 炮九退一　马1进2

步骤2

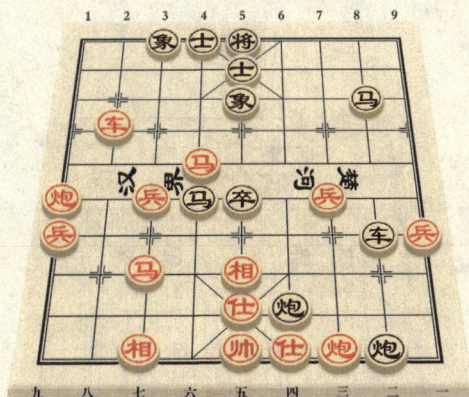

2. 车六平八　马2进4

步骤3

3.马七进六　卒5平4

步骤4

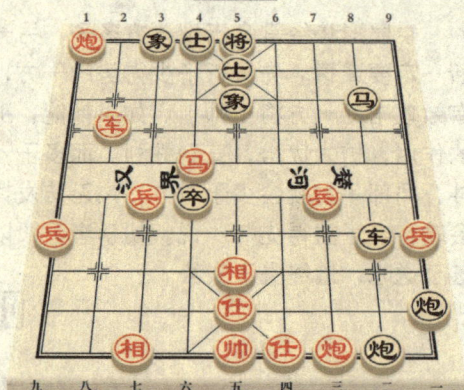

4.炮九进五　炮6平9

步骤5

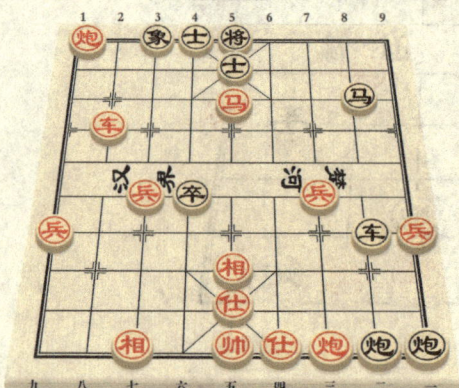

5.马六进五　炮9进1

步骤6

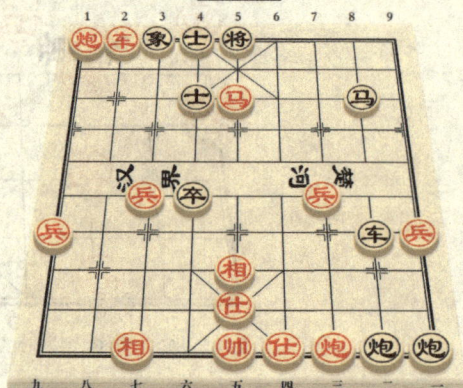

6.车八进三　士5进4

步骤7

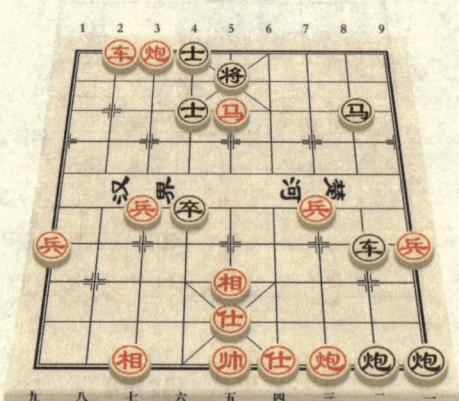

7.炮九平七　将5进1

步骤8

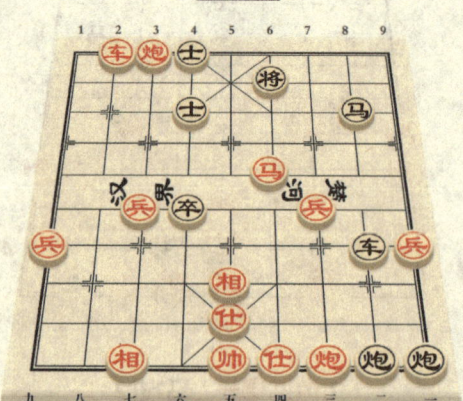

8.马五退四　将5平6

138

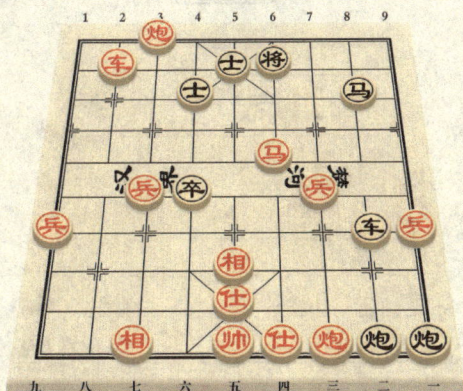

步骤9

9.车八退一　士4进5

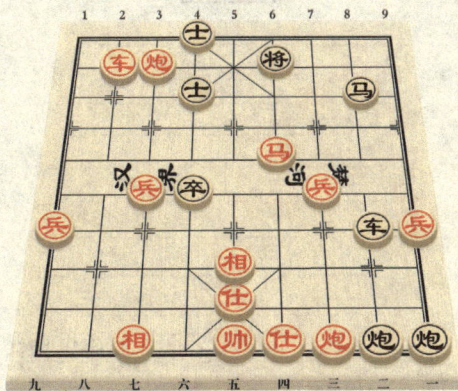

步骤10

10.炮七退一　士5退4

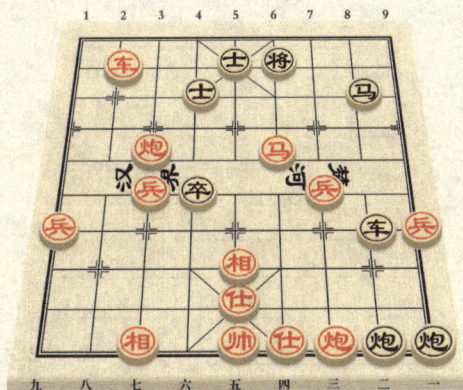

步骤11

11.炮七退三　士4进5

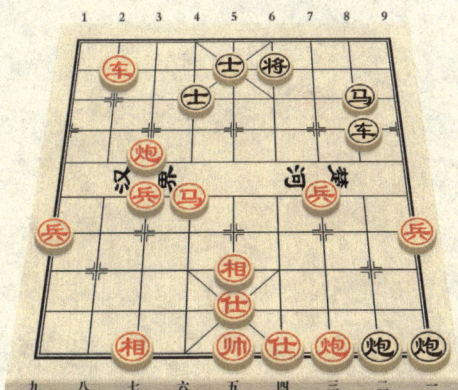

步骤12

12.马四退六　车8退3

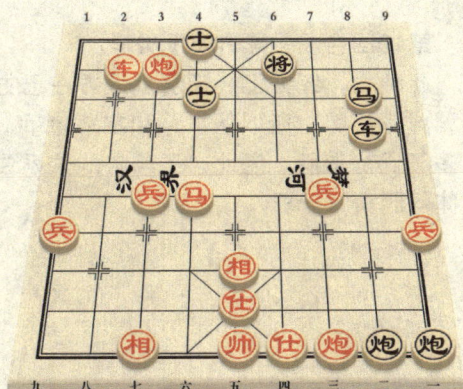

步骤13

13.炮七进三　士5退4

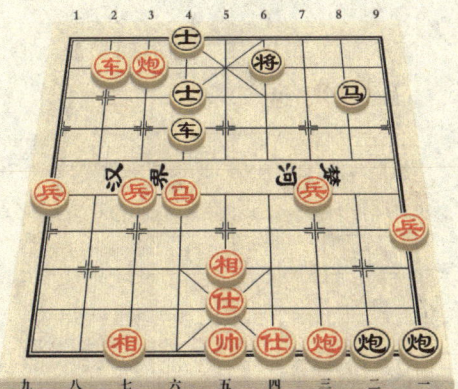

步骤14

14.兵九进一　车8平4

步骤15

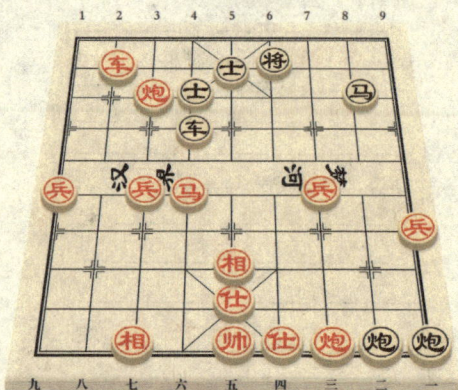

15.炮七退一　士4进5

步骤16

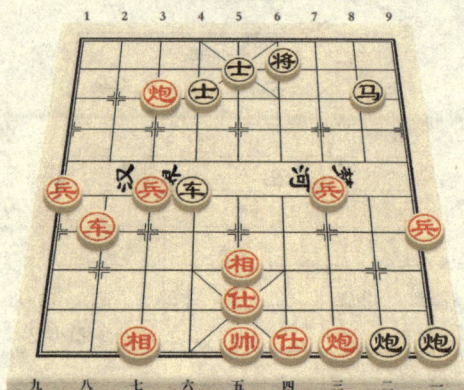

16.车八退五　车4进2

步骤17

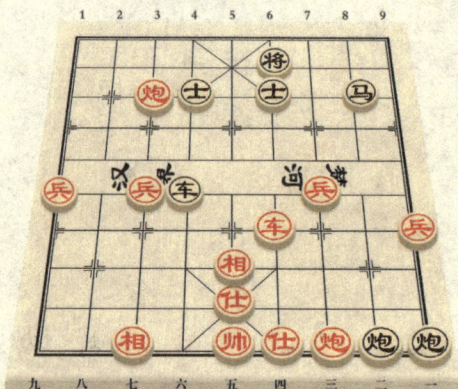

17.车八平四　士5进6

步骤18

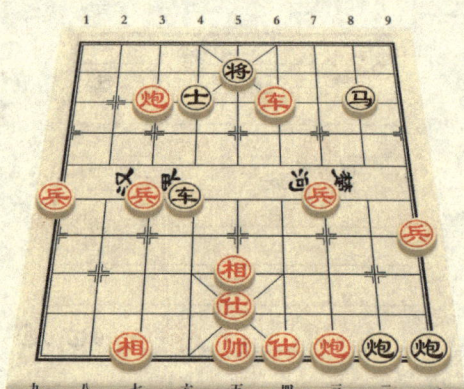

18.车四进四　将6平5

步骤19

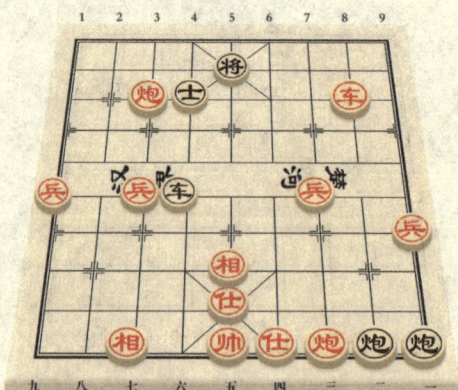

19.车四平二　红方胜

第19回合后，黑方处于劣势。

此种局，红方已经预测到黑方在己方侧翼虚张声势，所以从中路和左路着手，以多子优势取胜。因此，子与势的关系要具体问题具体分析。

4.1.3 子力的位置

在中局判断形势时，分析双方各子力所处的位置也很重要。有时子力相等，可是双方各子所处位置不同，必将在将来的走势中发挥不同的作用。有时，棋子处于棋盘的要点，如肋道、卒林等位置，可是该子旁边已有己方或对方棋子，其走子速度就会降低，发挥的作用也会减小。另外，己方各子之间的协调性也对棋子发挥作用有影响，即每个棋子都有一定的攻击性，若配合得当，其整体战斗性就会提高，也能发挥更大作用。所以在判断形势时，要综合分析双方各子所处位置、各子间的配合和灵活性。

中局棋况

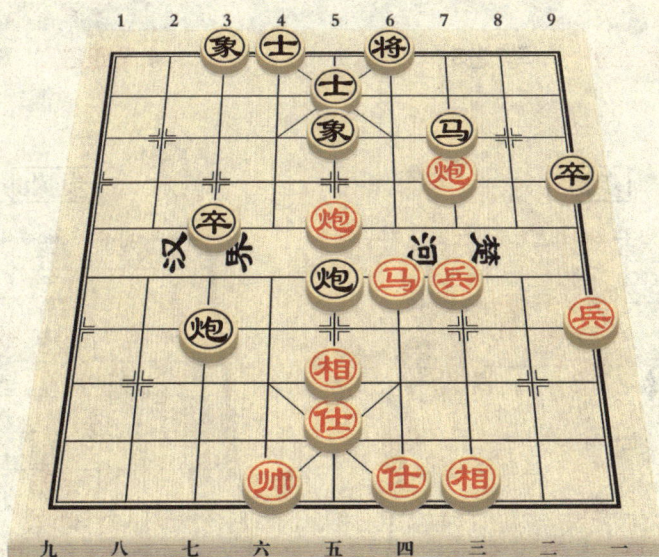

步骤1

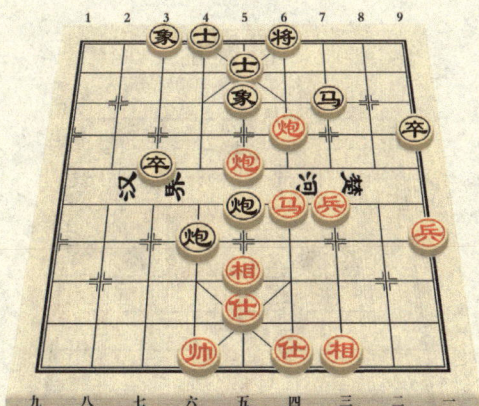

1.炮三平四　炮3平4

步骤2

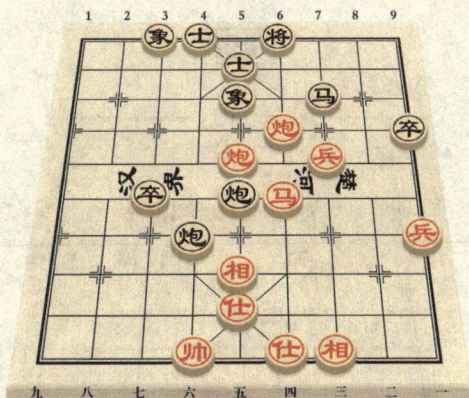

2.兵三进一　卒3进1

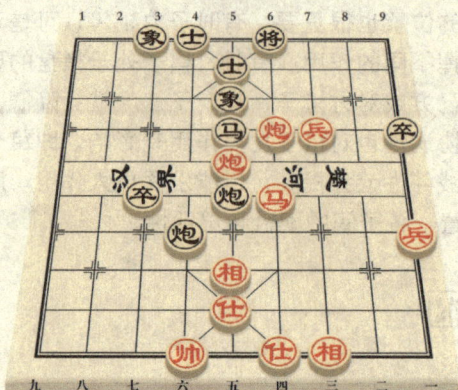

3.兵三进一　马7进5

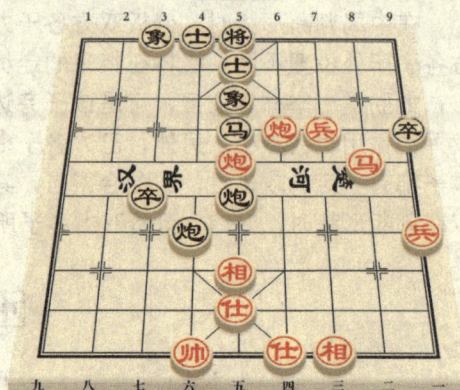

4.马四进二　将6平5

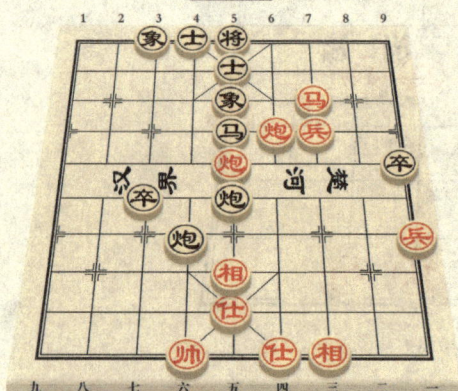

5.马二进三　卒9进1

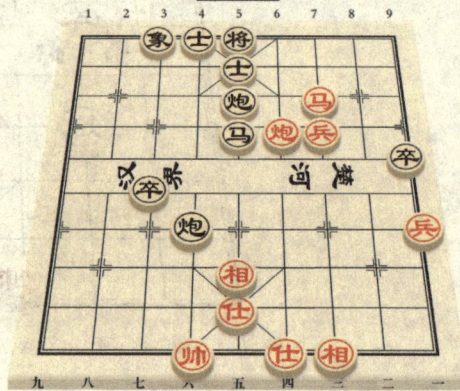

6.炮五进二　炮5退3

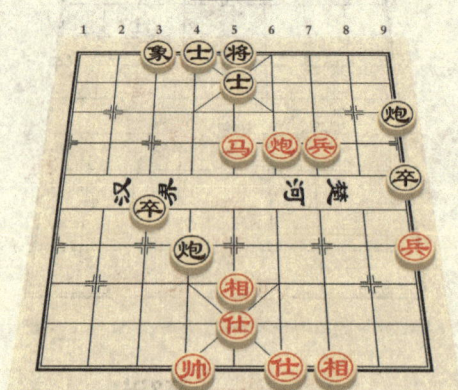

7.马三退五　炮5平9

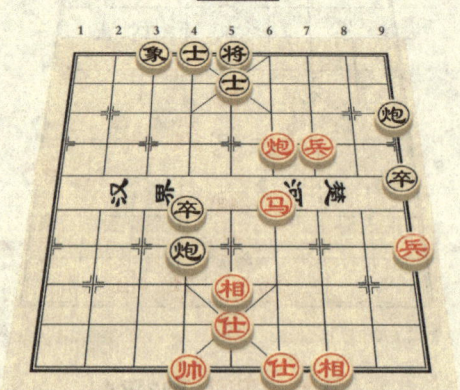

8.马五退四　卒3平4

142

步骤9

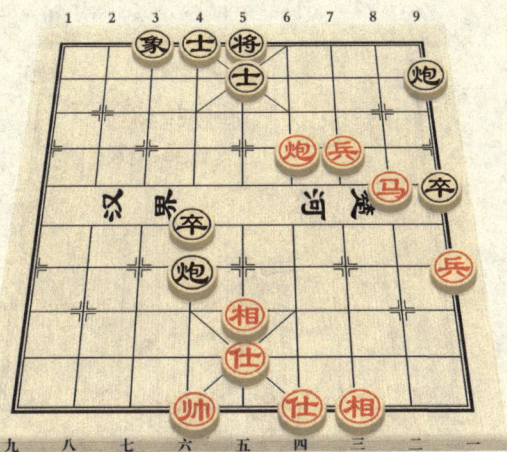

9.马四进二　炮9退1

步骤10

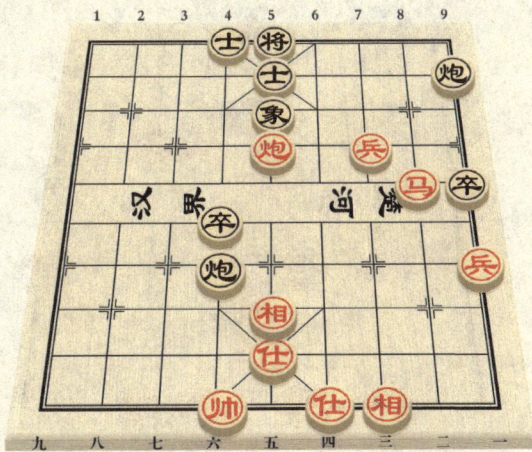

10.炮四平五　象3进5

步骤11

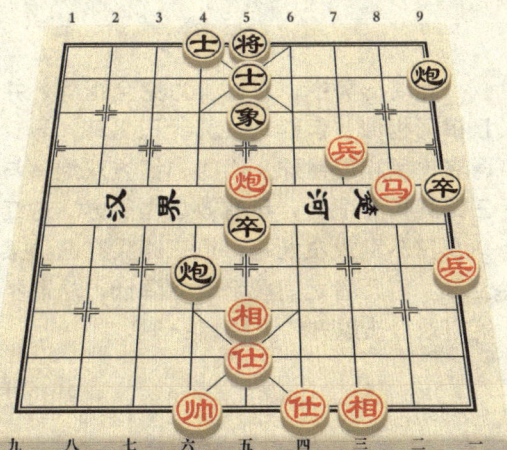

11.炮五退一　卒4平5

步骤12

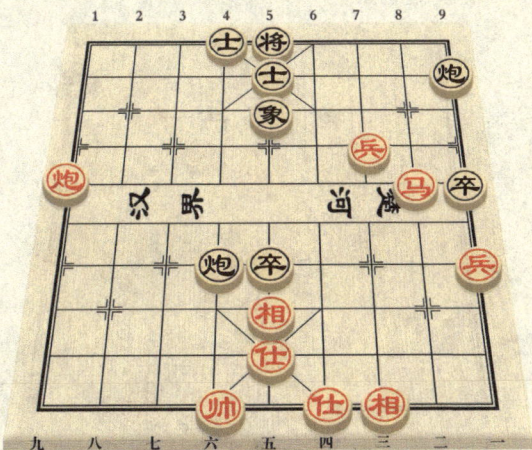

12.炮五平九　卒5进1

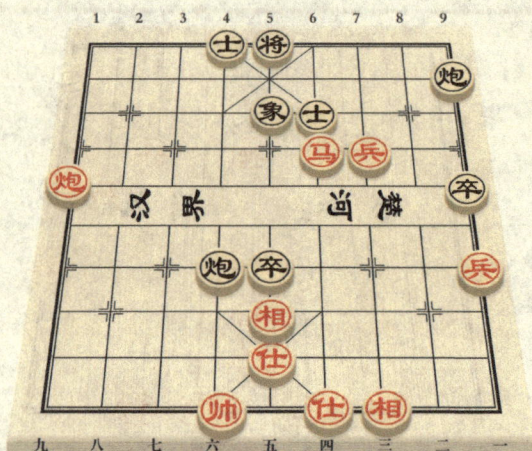

13.马二进四　士5进6

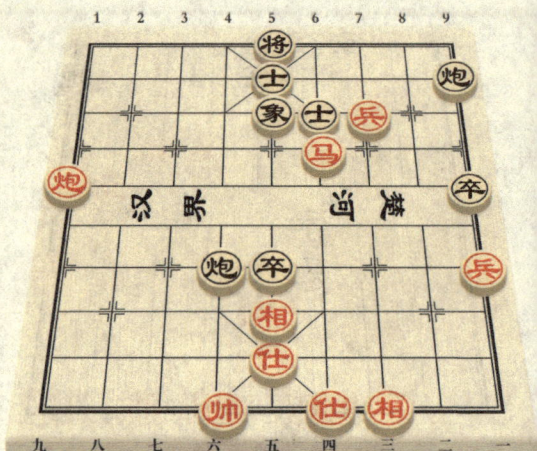

14.兵三进一　士4进5

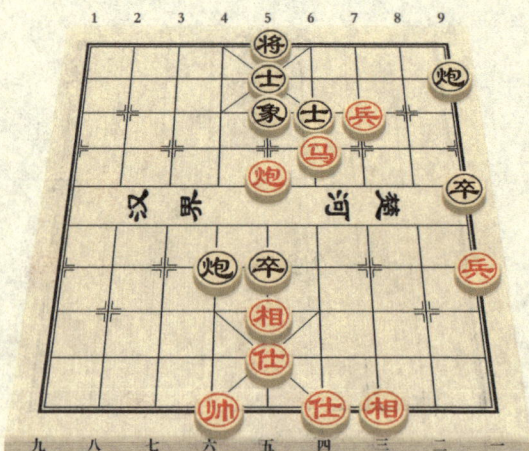

15.炮九平五　失和势

此局形势中，双方子力完全相等，并且棋形相似，但红马位置优于黑马，导致两者作用相差悬殊。同时，红方双炮马与三路兵相互配合，可有效攻击黑方。若红马在左八路或左九路，或三路兵在左边某位置，则两者之间配合就会降低，从而不能有效攻击黑方。

144

4.1.4 分析局面弱点

　　局面弱点取决于双方棋子在棋盘中所处的位置和相互联系。能够发现对方弱点并正确攻击，同时发现己方弱点并及时补救，此种能力体现了棋手的水平和判断力。优秀棋手可发现对方很小的弱点，并采取合适手段进行攻击。通常，中局的马是对方攻击的主要目标，双马或单马是否灵活对整个局势有决定作用。而在中局中孤子容易遭遇对方攻击，所以孤子前进是下棋的大忌。其他较大弱点还有将（帅）不安于位，裸露一侧，没有其他子力保护；阵形不完整，子力联系不紧密等。中局形势复杂多变，也会不断产生弱点，所以要根据局势变化及时分析并调整战略。

中局棋况

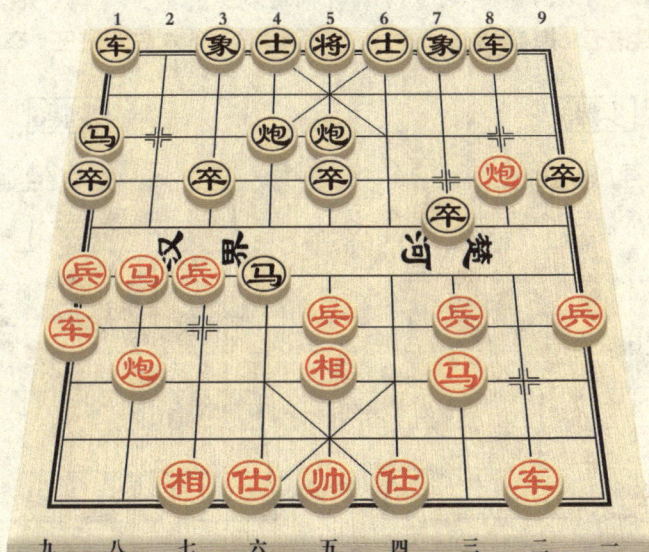

步骤1

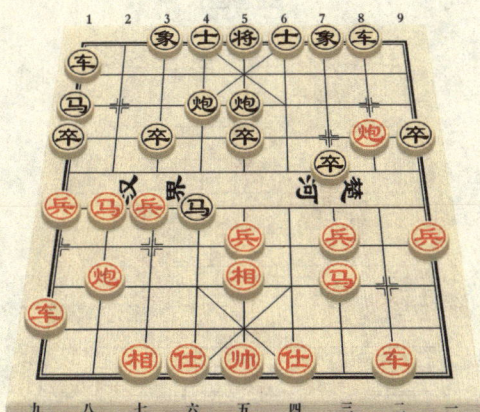

1.车九退二　车1进1

步骤2

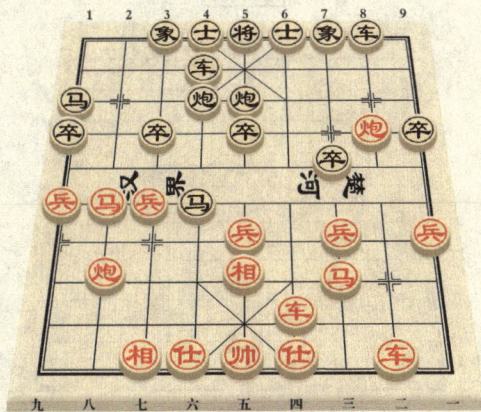

2.车九平四　车1平4

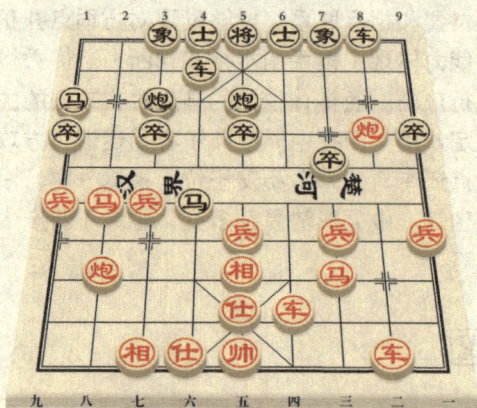

3.仕四进五　炮4平3

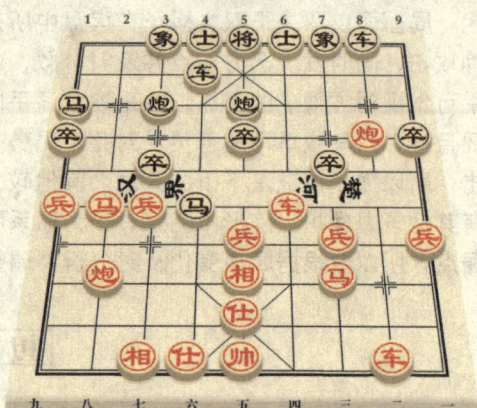

4.车四进三　卒3进1

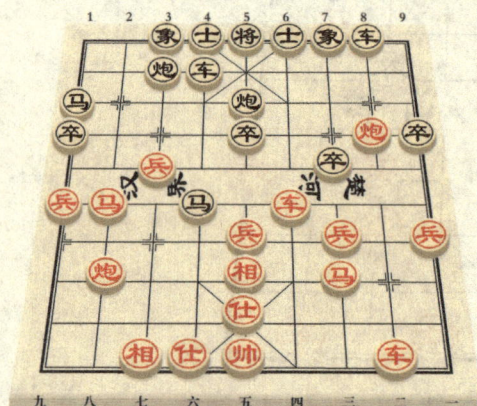

5.兵七进一　炮3退1

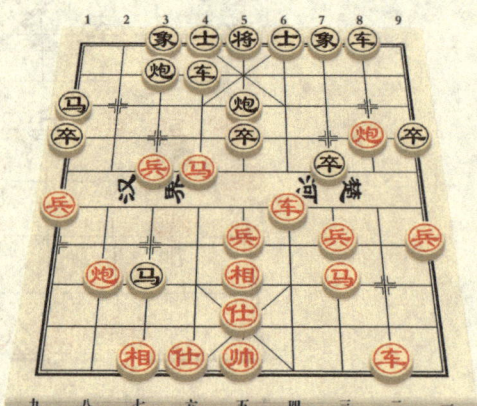

6.马八进六　马4进3

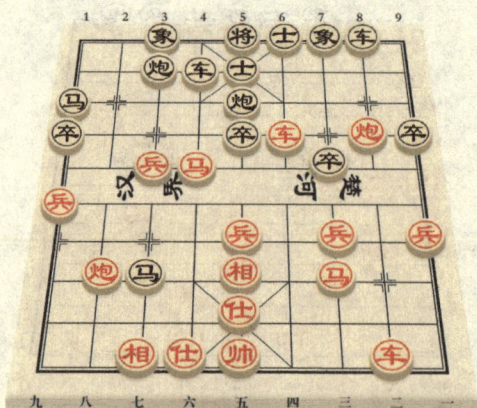

7.车四进二　士4进5

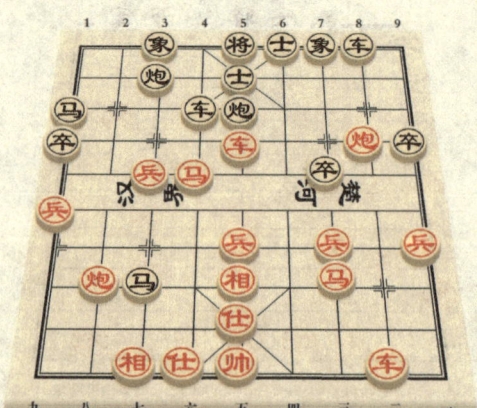

8.车四平五　车4进1

146

步骤9

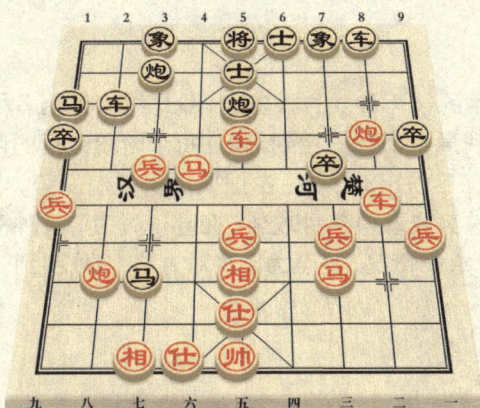

9.车二进四　车4平2

步骤10

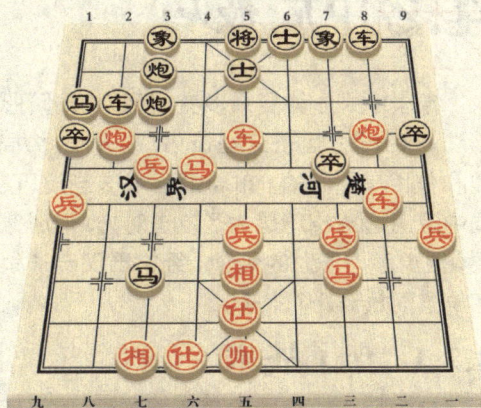

10.炮八进四 炮5平3

步骤11

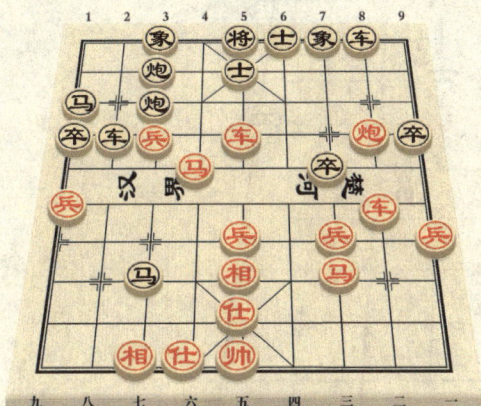

11.兵七进一　车2进1

步骤12

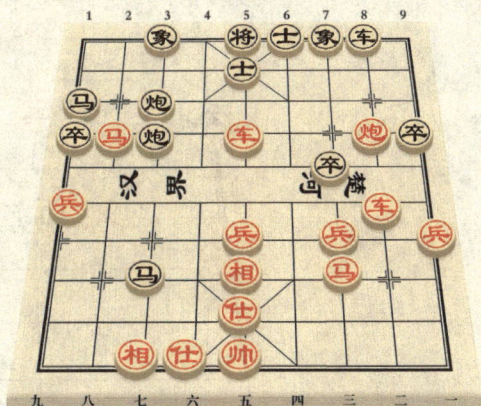

12.马六进八 后炮进2

步骤13

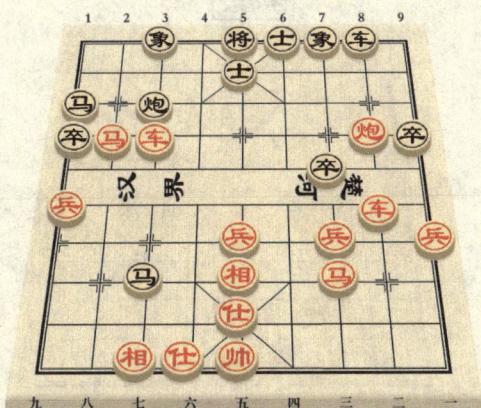

13.车五平七 红方占优

此局形势中，黑方右翼被封锁，黑方的河沿马孤立无援，造成布局中孤子冒进的弱点。红方分析己方各子所处位置，得出用左车攻击的方法。

147

4.2 中局技巧

象棋中局形势复杂多变，所以中局阶段运用的技巧种类也很多，一般是综合运用多种技巧。像弃子、运子这些技巧，在开局、中局及残局中都会被用到，但在每个阶段运用的目的和作用是不同的。布局中运用这些技巧是为了尽快出动子力、占据要道及控制局势。中局中运用这些技巧是为了攻击对方，形成某种杀势或取得某种攻势。在弃子时为了某种需要，很少考虑子力的价值，经常出现弃子杀士、象的情况，甚至为了将对方将（帅）引到一定位置而放弃几个大子。

4.2.1 弃子战术

弃子战术是中局中常用的一种战术，大多是以摧毁对方士、象来达到擒将的目的。

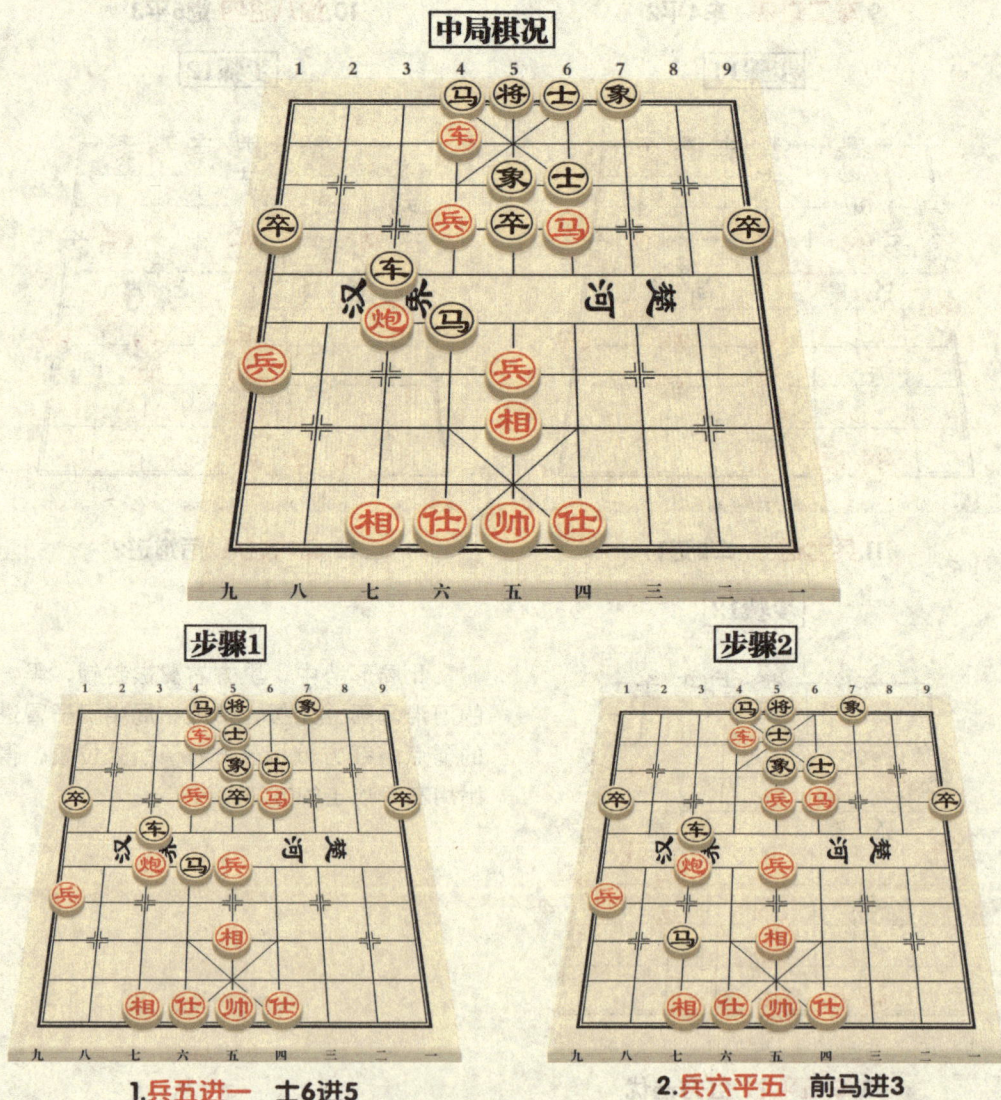

中局棋况

步骤1

1.兵五进一　士6进5

步骤2

2.兵六平五　前马进3

148

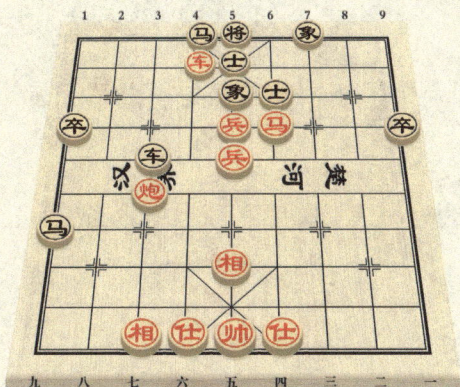

步骤3

3.后兵进一　马3退1

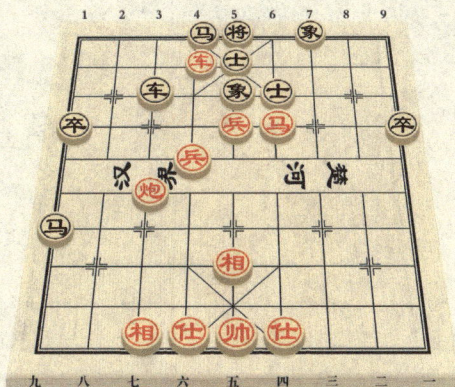

步骤4

4.后兵平六　车3退2

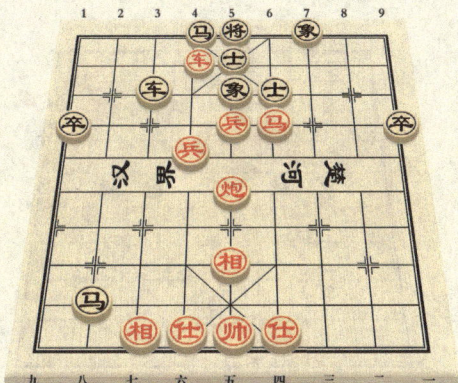

步骤5

5.炮七平五　马1进2

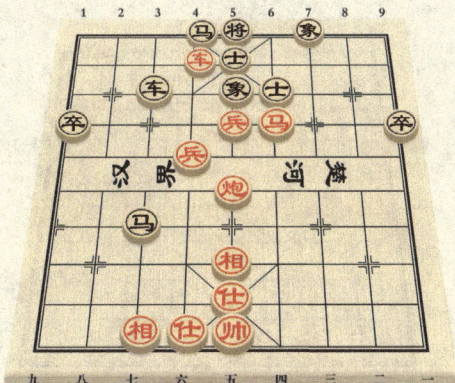

步骤6

6.仕四进五　马2退3

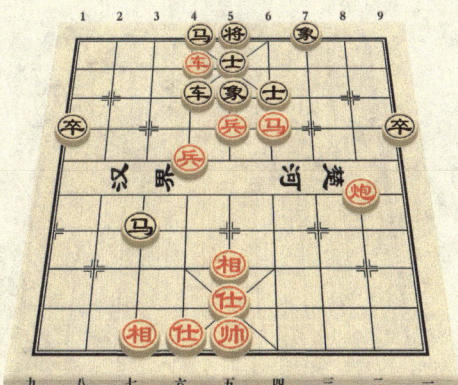

步骤7

7.炮五平二　车3平4

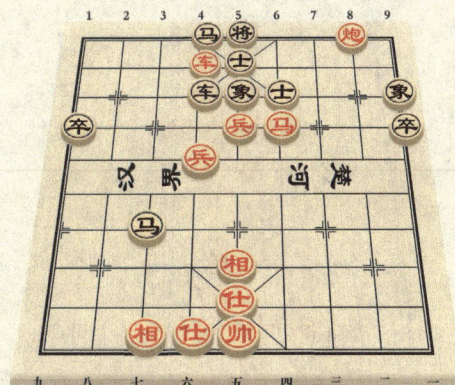

步骤8

8.炮二进五　象7进9

步骤9

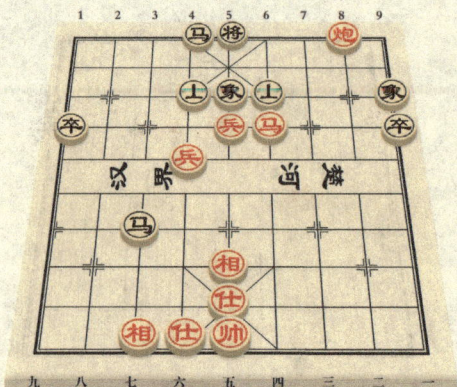

9.车六退一　士5进4

步骤10

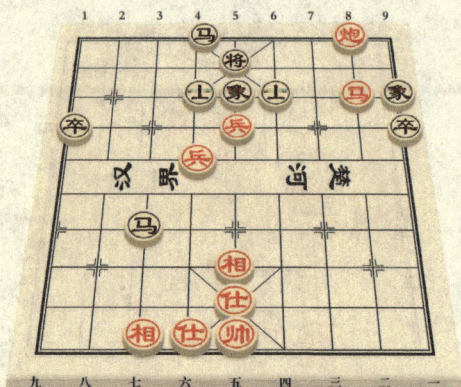

10.马四进二　将5进1

步骤11

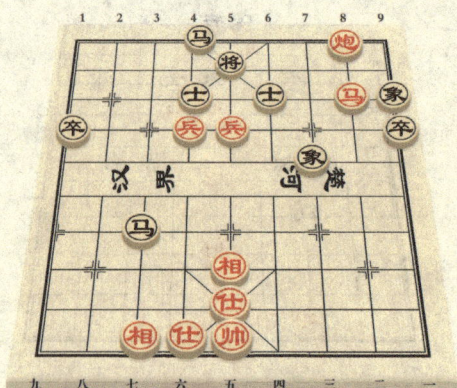

11.兵六进一　象5进7

步骤12

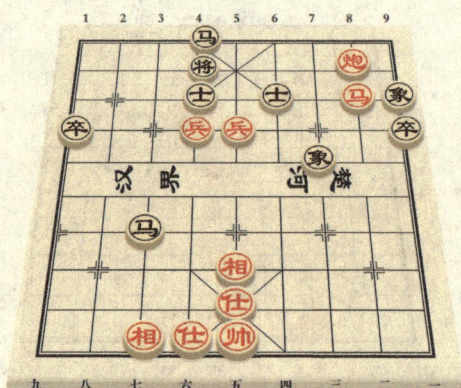

12.炮二退一　将5平4

步骤13

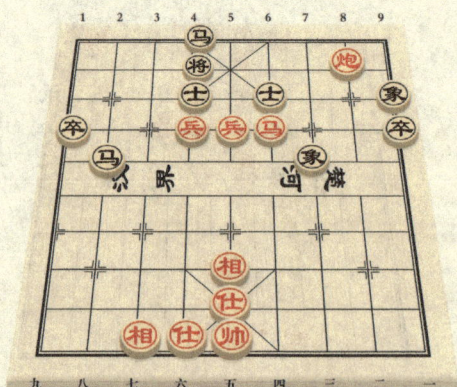

13.马二退四　马3退2

步骤14

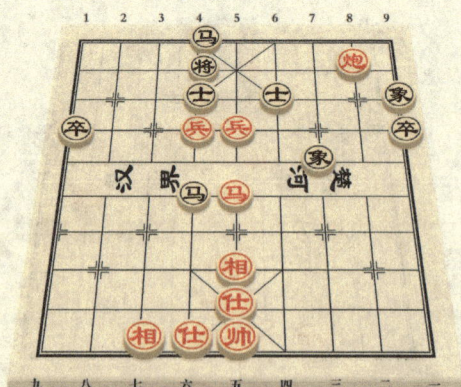

14.马四退五　马2进4

4.2.2 运子战术

中局中，为了实现某种攻击计划或防守计划，需要将某一个子力巧妙移动到某一位置，也就是需要利用一定的技巧来运子，如捉吃、顿挫等手段。

中局棋况

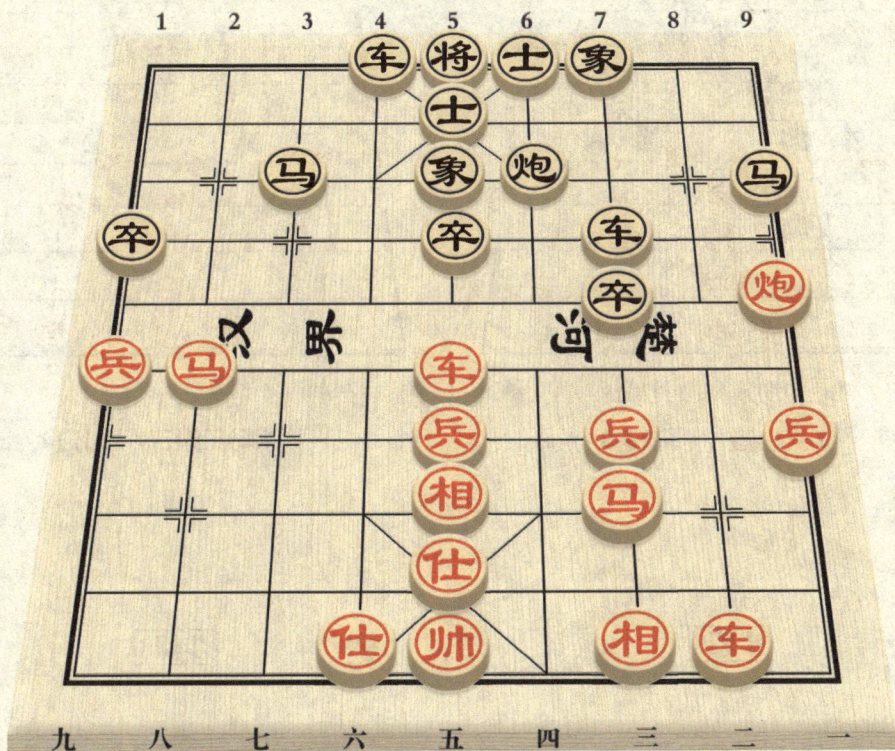

步骤1

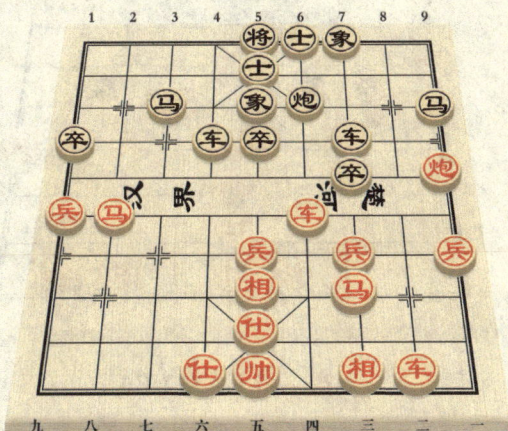

1.**车五平四** 车4进3

步骤2

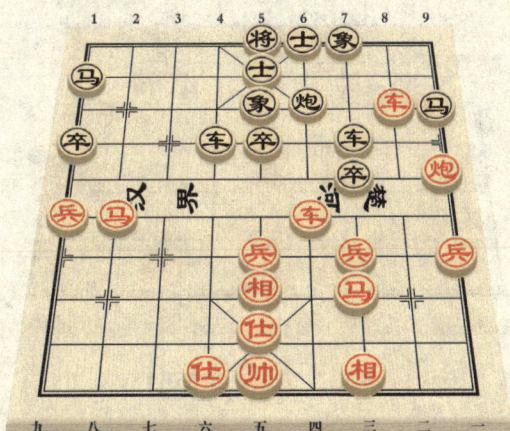

2.**车二进七** 马3退1

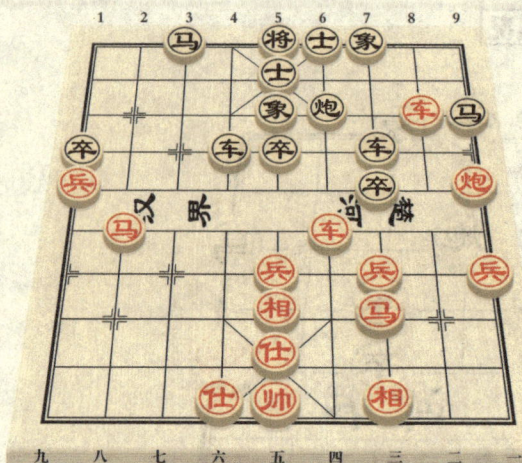

3.兵九进一 马1退3

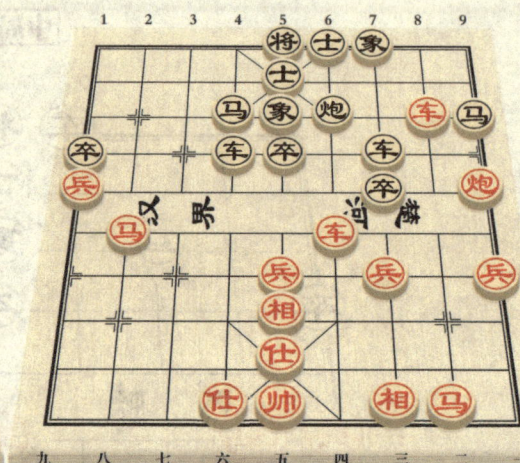

4.马三退二 马3进4

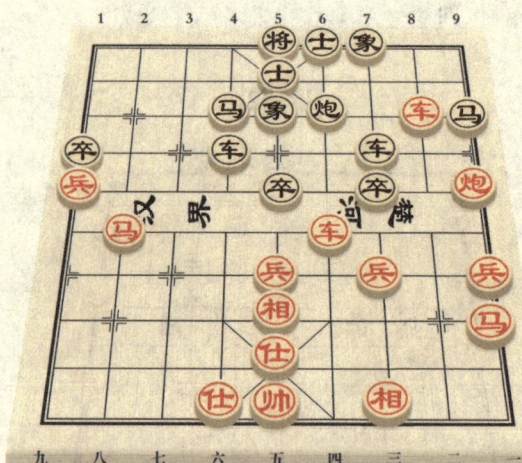

5.马二进一 卒5进1

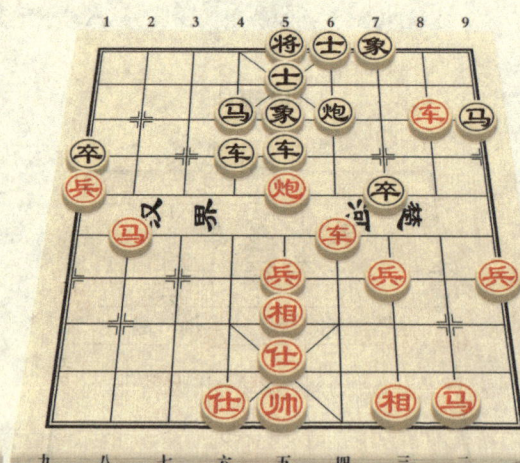

6.炮一平五 车7平5

152

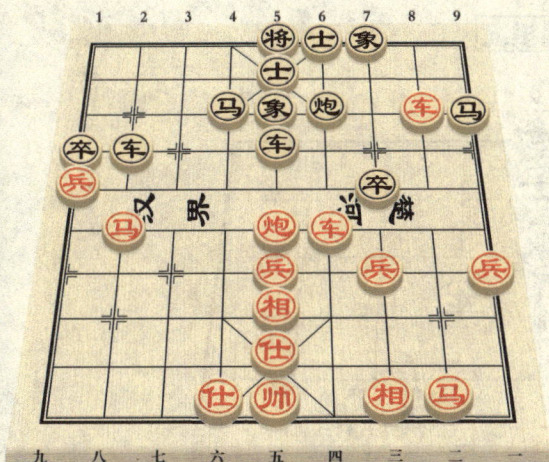

步骤7

7.炮五退一 车4平2

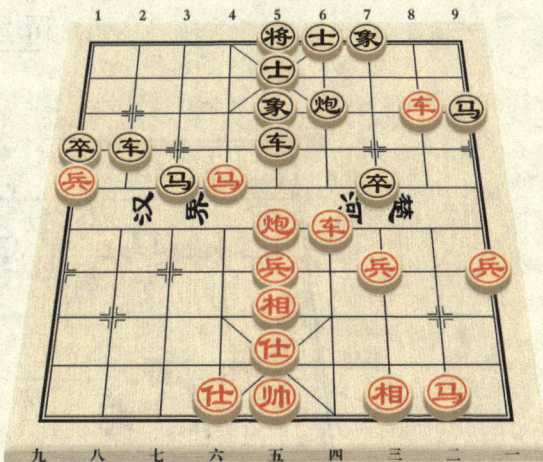

步骤8

8.马八进六 马4进3

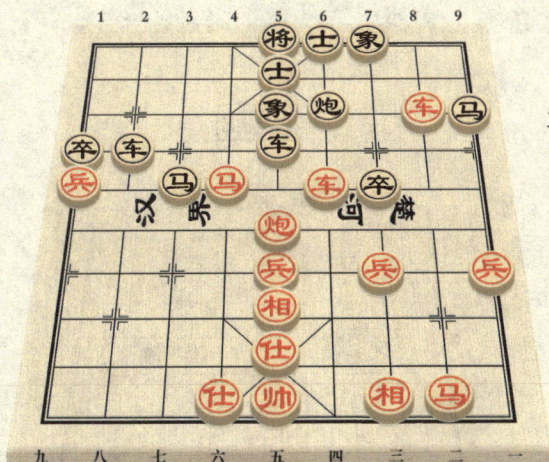

步骤9

9.车四进一

第9回合，红方各子都运到了理想位置，占得优势。

4.2.3 兑子战术

兑子是在弈棋过程中较为常用的一种战术。中局兑子是用自己作用不大的子兑掉对方作用大的子，引起局势的改变。并且在攻击时，兑掉对方防守作用很大的子可打开局面。

中局棋况

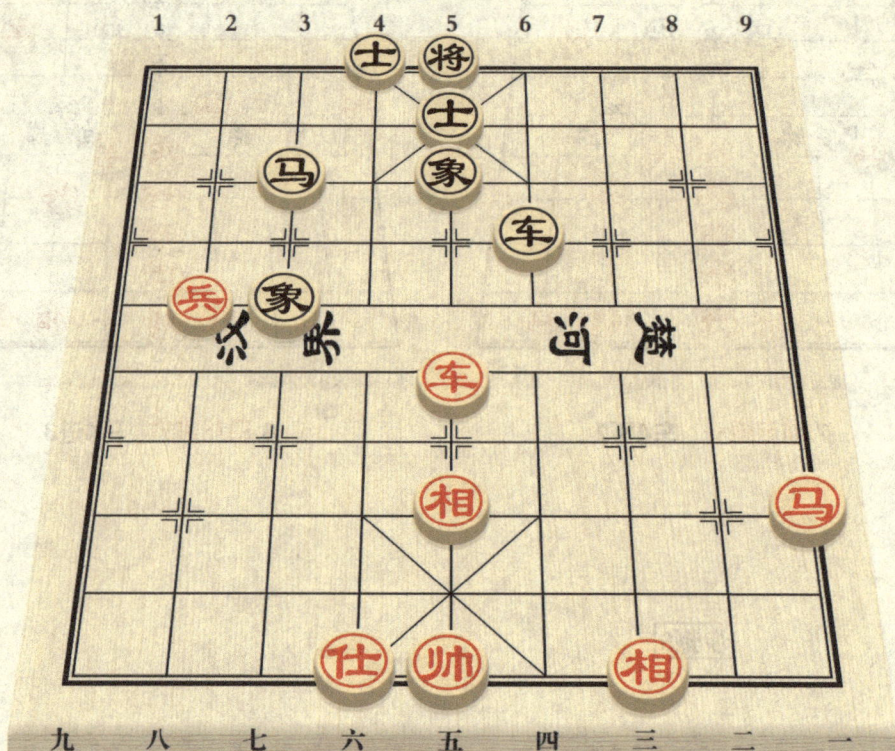

步骤1

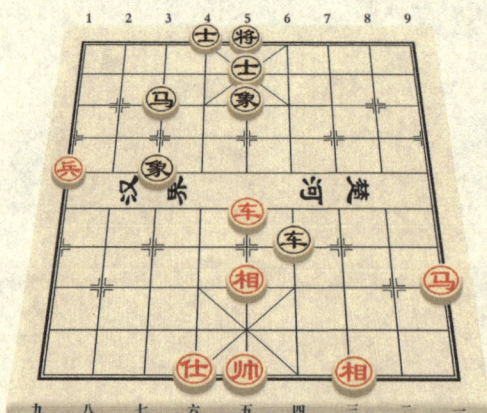

1.兵八平九　车6进3

步骤2

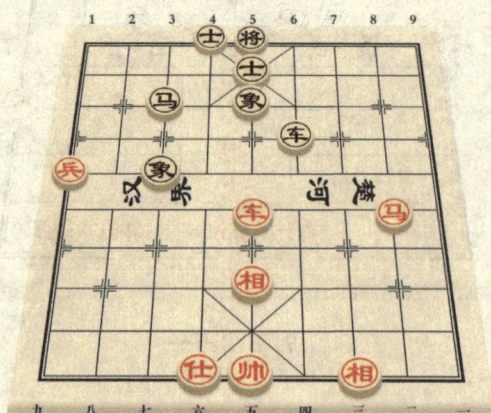

2.马一进二　车6退3

154

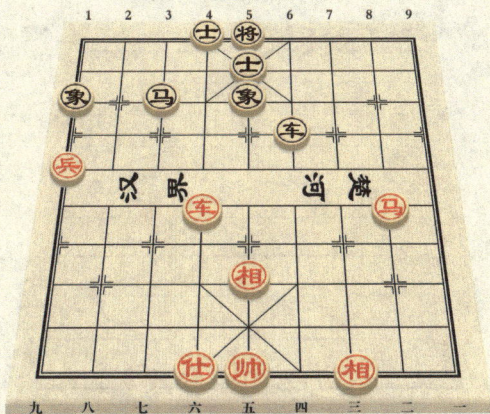

3.车五平六　象3退1

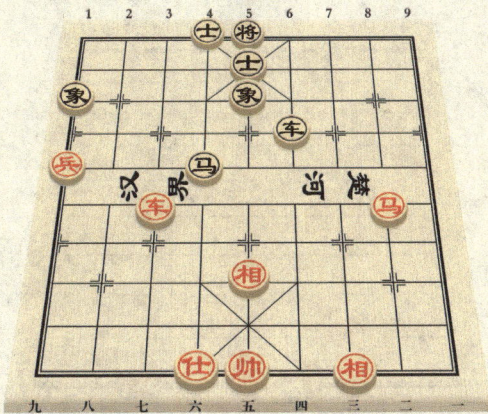

4.车六平七　马3进4

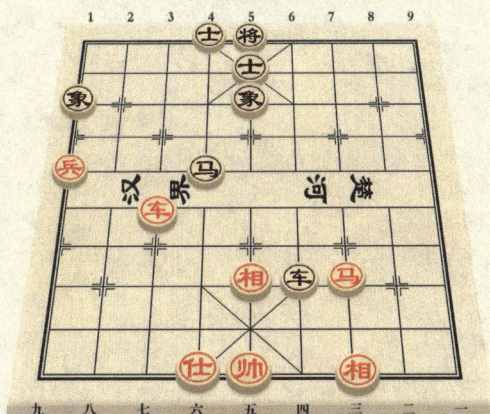

5.马二退三　车6进4

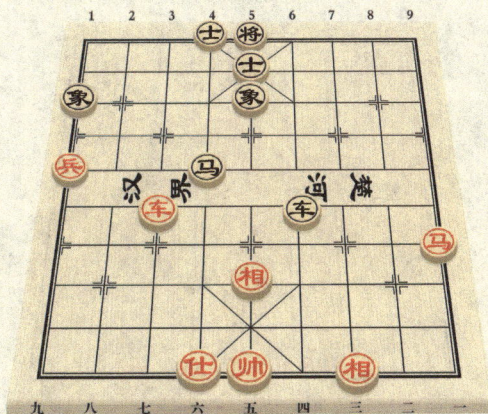

6.马三进一　车6退2

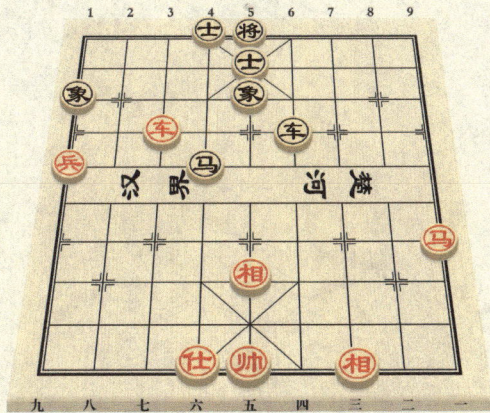

7.车七进二　车6退2

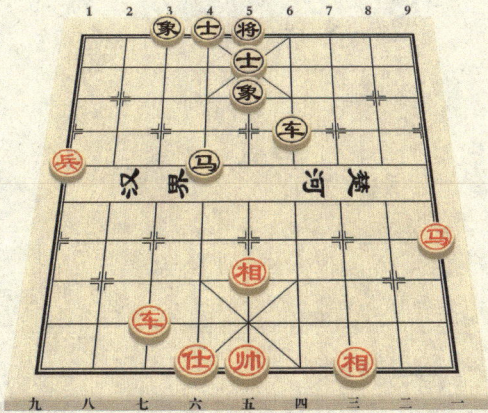

8.车七退五　象1退3

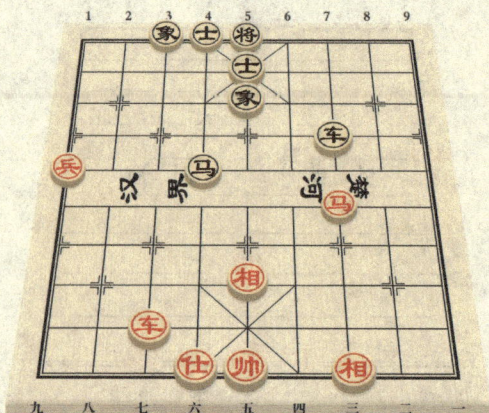

9.马一进三　车6平7

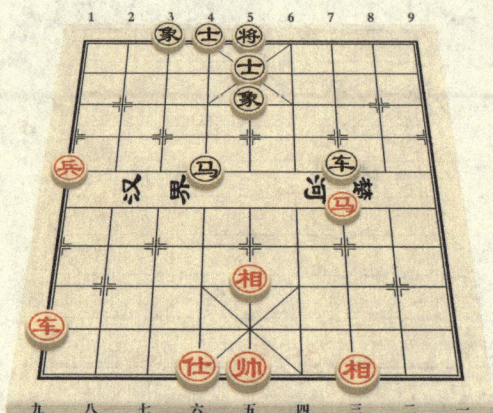

10.车七平九　车7进1

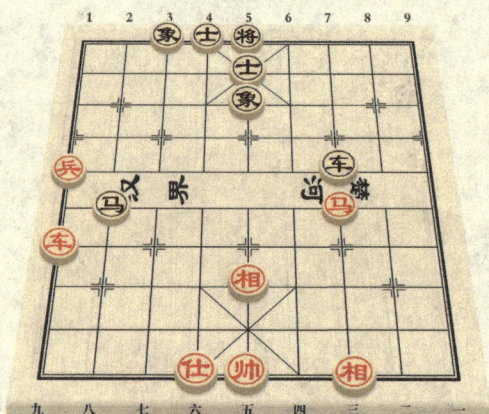

11.车九进二　马4进2

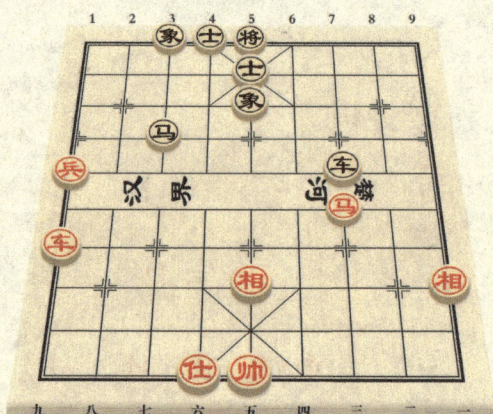

12.相三进一　马2退3

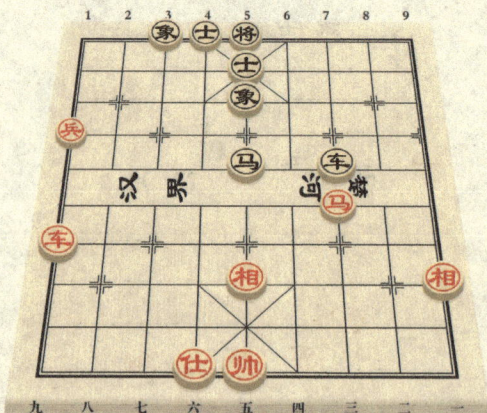

13.兵九进一　马3进5

156

4.2.4 阵形变换

中局交战过程中，布局中所形成的阵形由于交换子力或子力位置发生变化等经常不能适应局势的发展，这就需要及早调整。一种是中炮布局，可能影响双象在中路联结，只要双象有可能被攻击，就要调整中炮阵形。另一种是当一侧子力较为空虚时，则需及时变换士、象的结构形式，进行更好的防守。

中局棋况

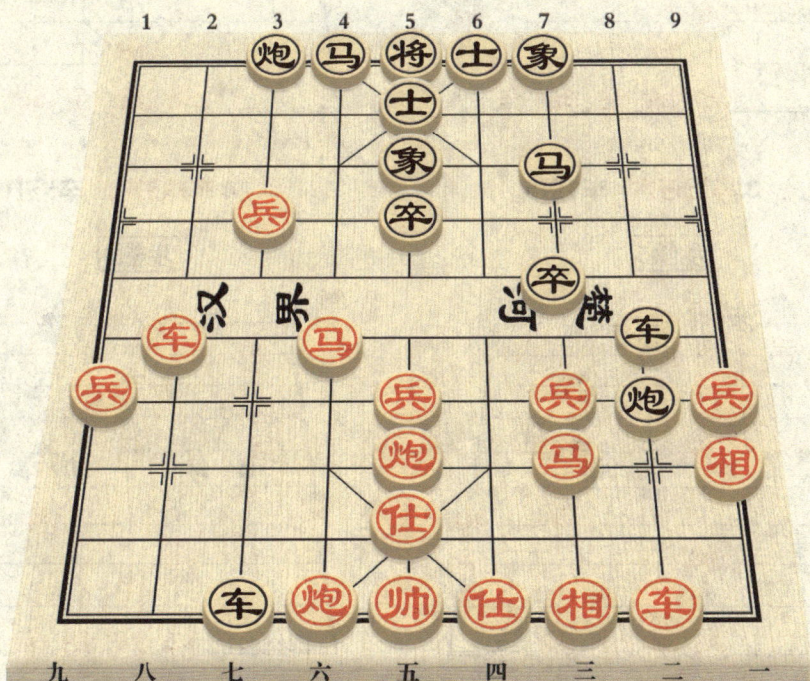

步骤1

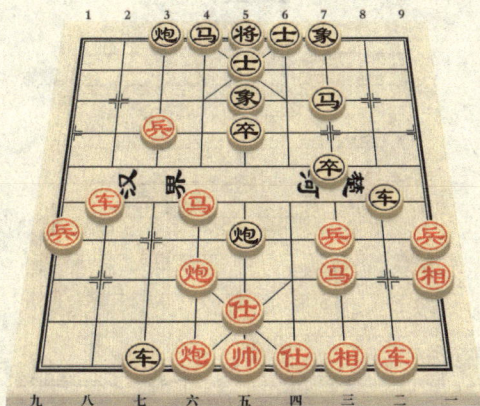

1.炮五平六　炮8平5

步骤2

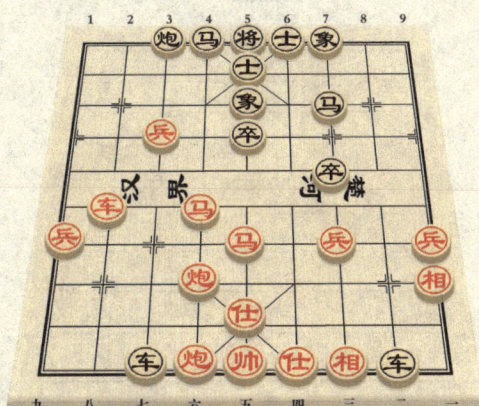

2.马三进五　车8进4

157

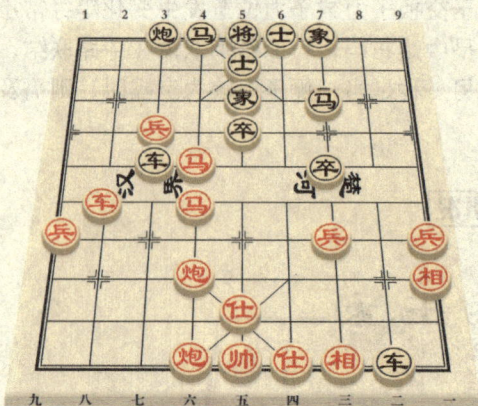

步骤3

3.马五进六　车3退5

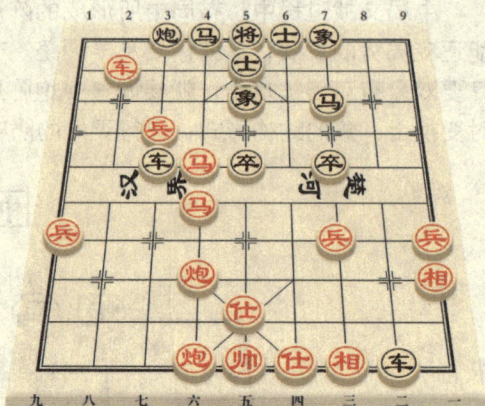

步骤4

4.车八进四　卒5进1

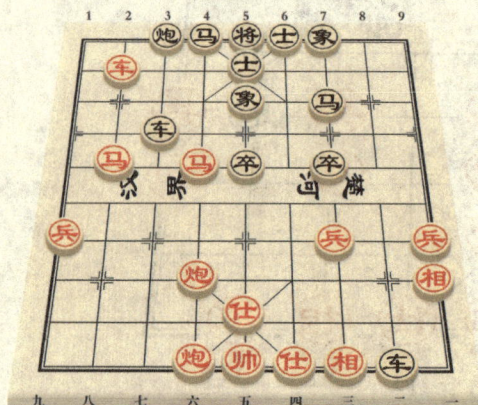

步骤5

5.后马进八　车3退1

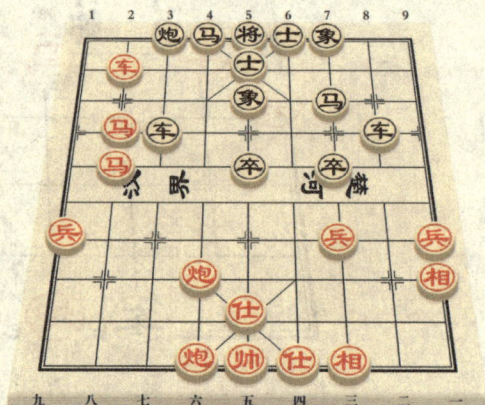

步骤6

6.马六进八　车8退6

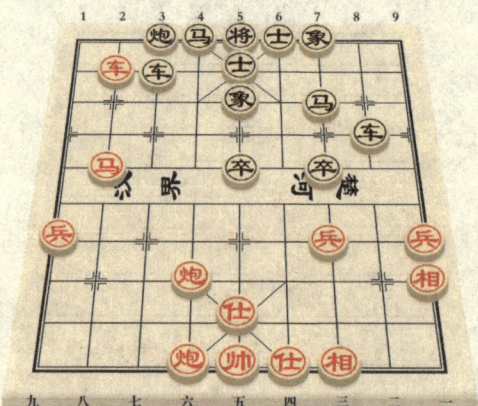

步骤7

7.前马进七　车3退2

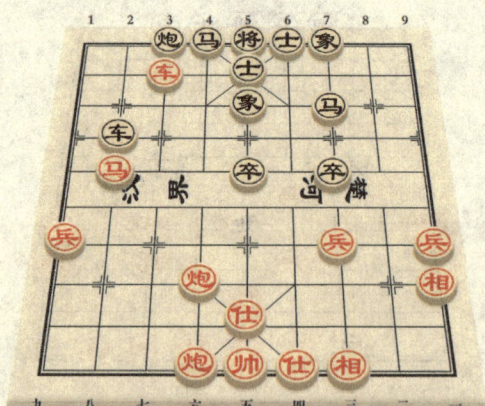

步骤8

8.车八平七　车8平2

158

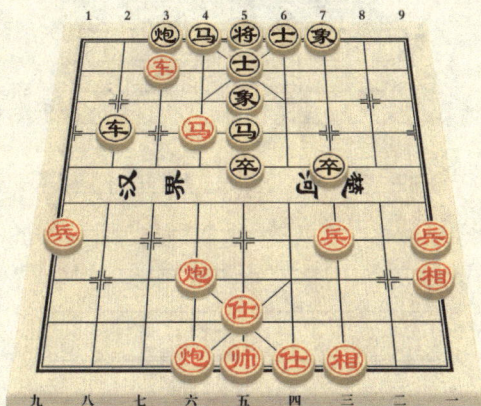

步骤9

9.马八进六　马7进5

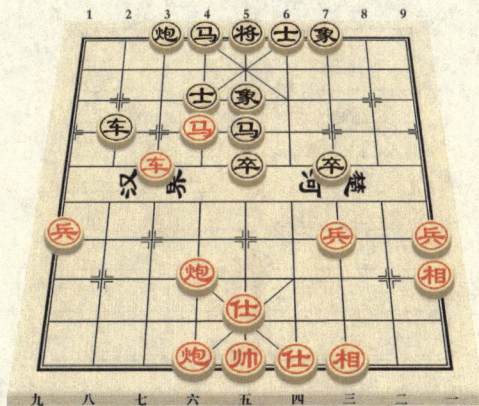

步骤10

10.车七退三　士5进4

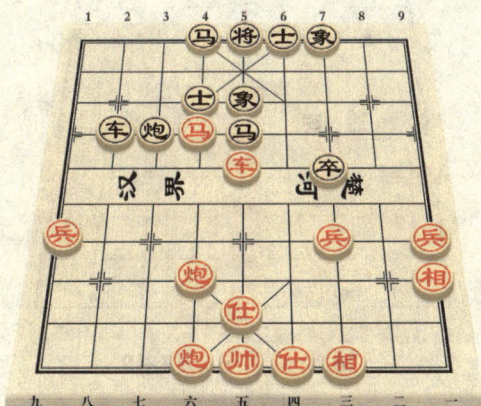

步骤11

11.车七平五　炮3进3

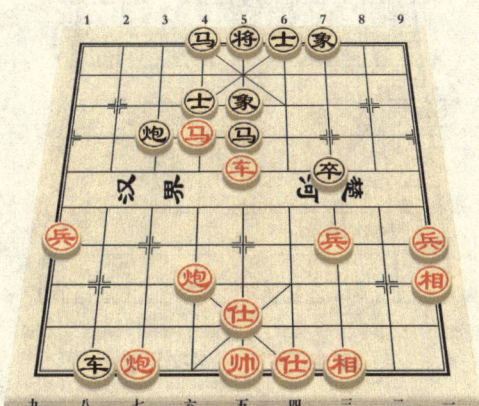

步骤12

12.后炮平七　车2进6

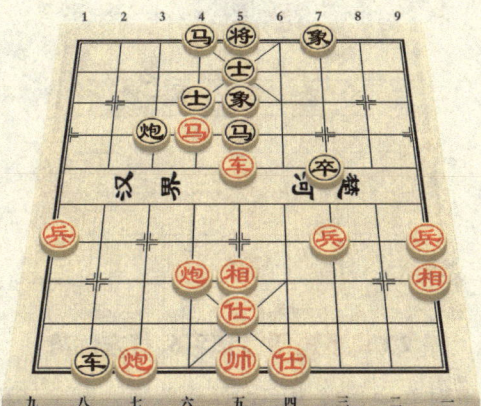

步骤13

13.相三进五　士6进5

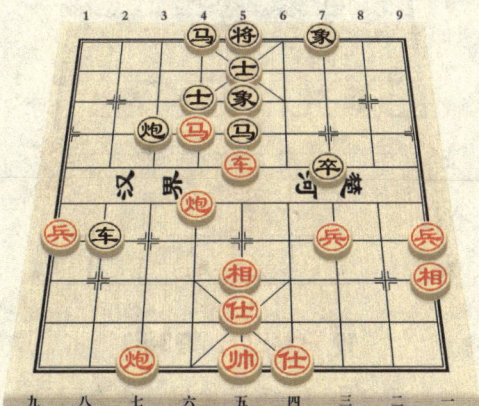

步骤14

14.炮六进二　车2退3

步骤15

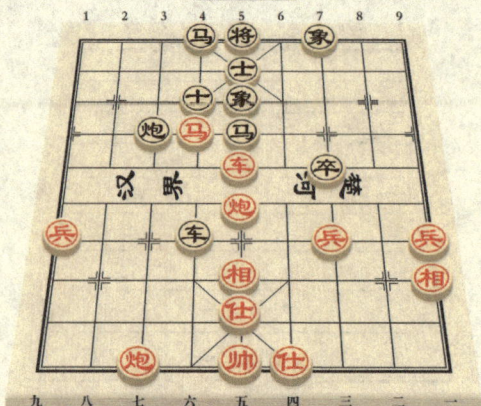

15.炮六平五 车2平4

步骤16

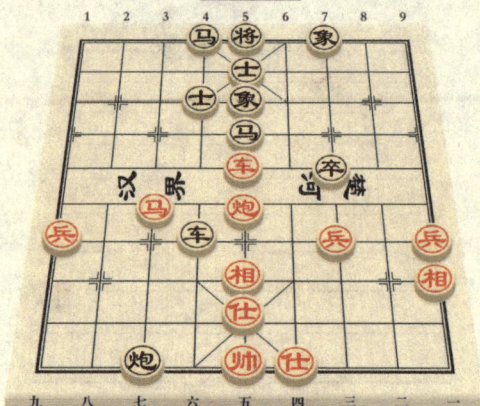

16.马六退七 炮3进6

步骤17

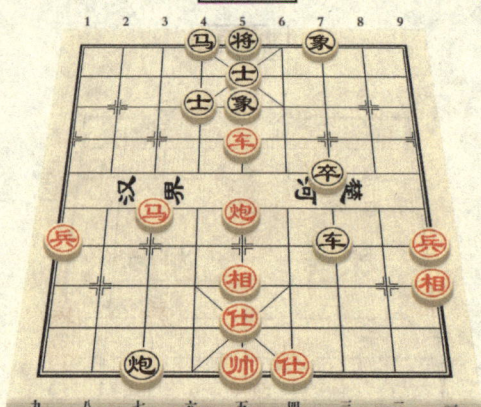

17.车五进一 车4平3

步骤18

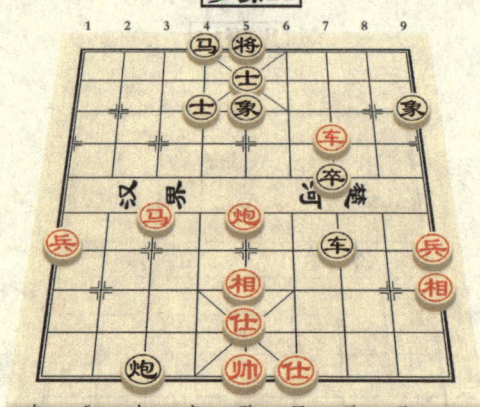

18.车五平三 象7进9

步骤19

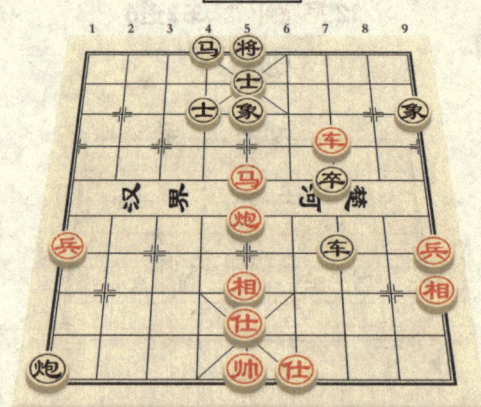

19.马七进五 炮3平1

步骤20

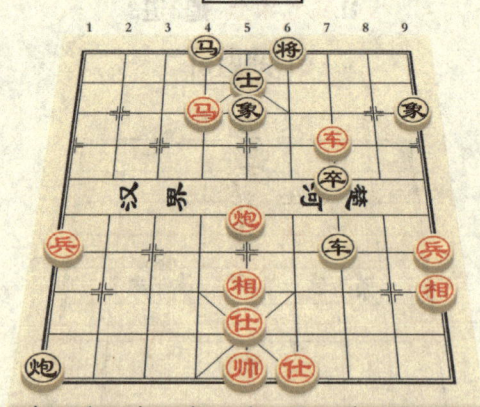

20.马五进四 将5平6 红方优势

　　最初棋局双方互相牵制，各有顾及。在以下对弈中，红方卸炮调整阵形，制定了积极的攻击方案，用后双炮坐镇，双马进攻，杀法非常精彩。

4.2.5 顿挫

顿挫是中残局中常用的一种战术，即为了某种走子需要不直接走到某位置，反而利用捉吃、将军等手段逼对方应将或逃子，然后将子运到预期位置后仍由己方行棋。

中局棋况

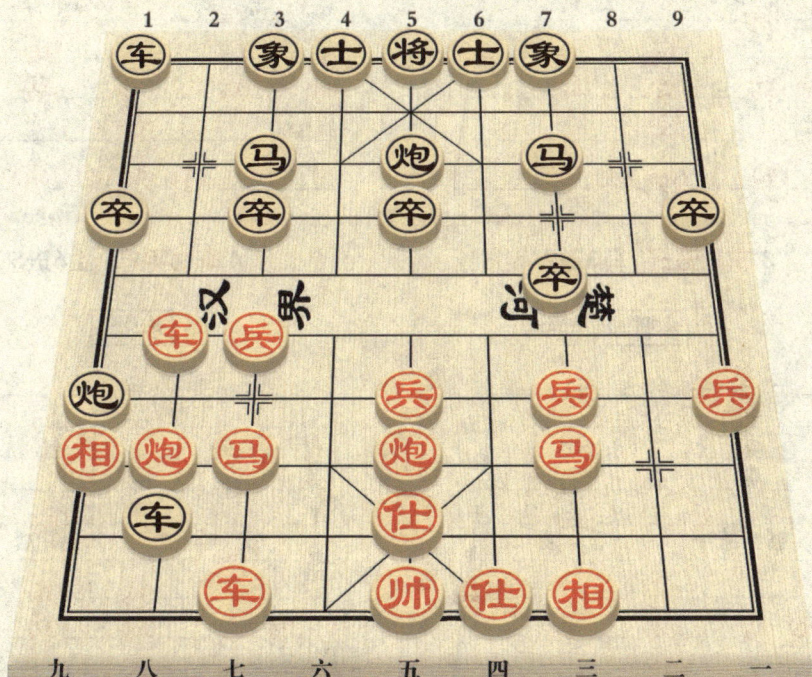

步骤1

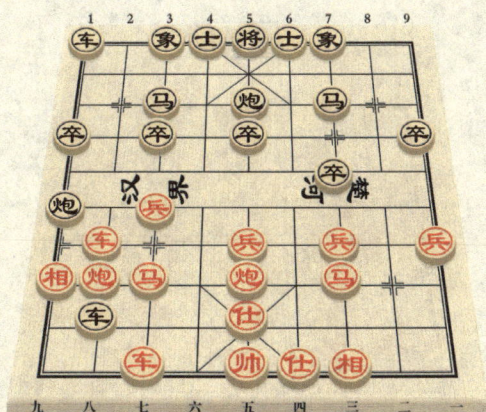

1.车八退一　炮1退1

步骤2

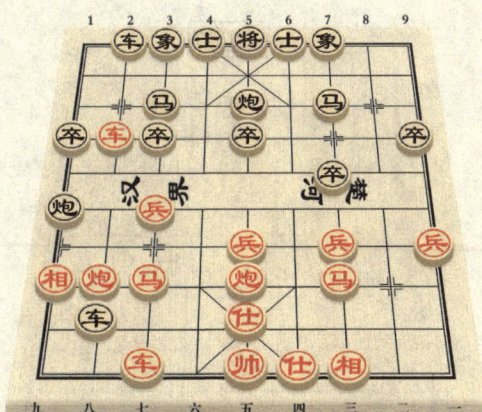

2.车八进三　车1平2

步骤3

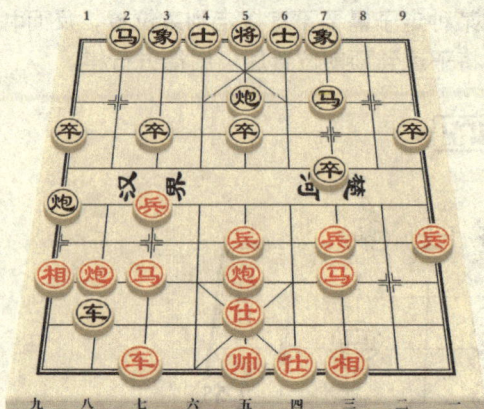

3.车八进三　马3退2

步骤4

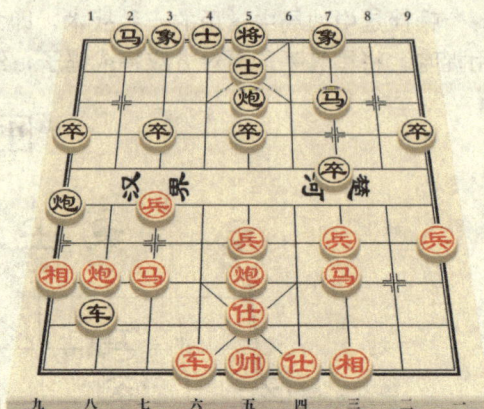

4.车七平六　士6进5

步骤5

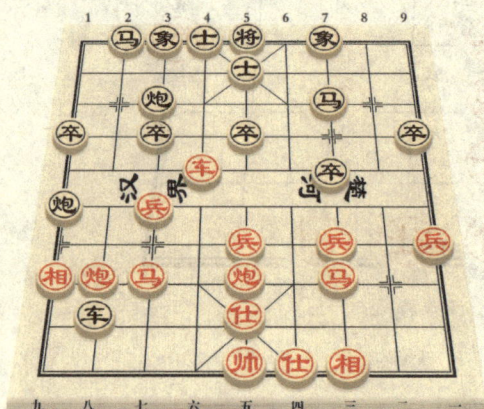

5.车六进五　炮5平3

步骤6

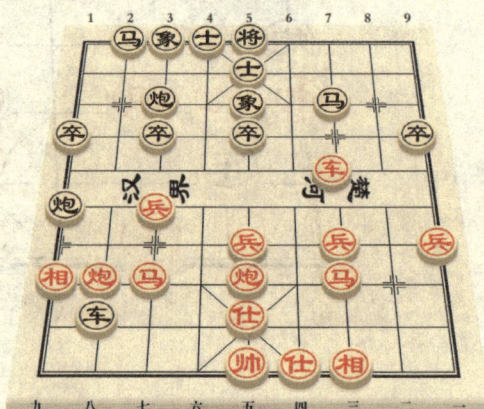

6.车六平三　象7进5

步骤7

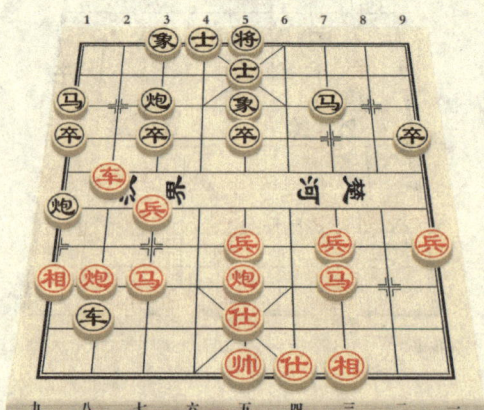

7.车三平八　马2进1

步骤8

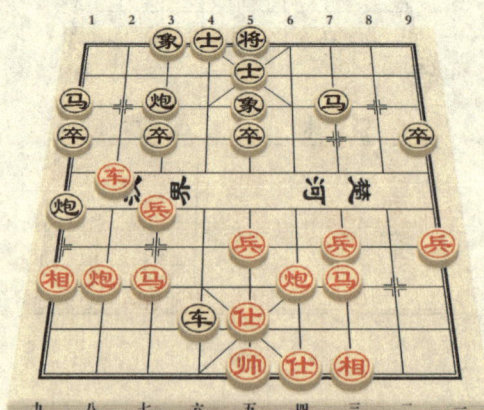

8.炮五平四　车2平4

步骤9

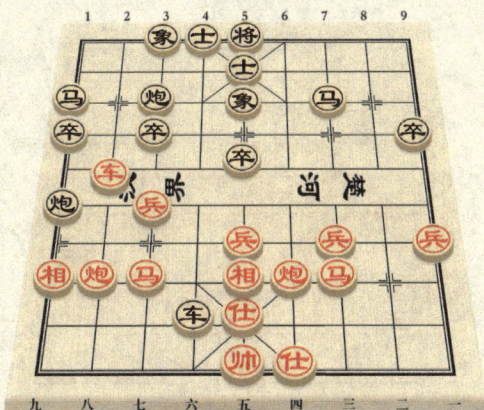

9.相三进五　卒5进1

步骤10

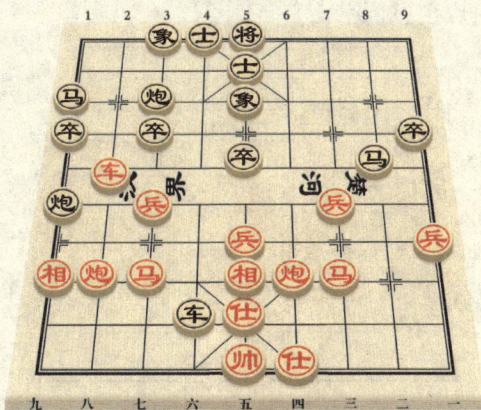

10.兵三进一　马7进8

步骤11

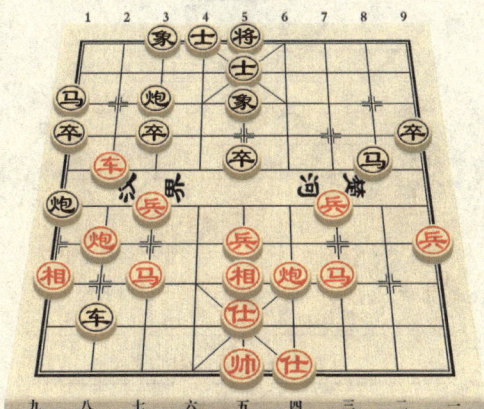

11.炮八进一　车4平2

步骤12

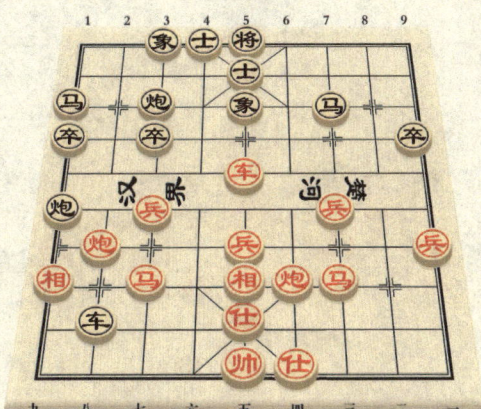

12.车八平五　马8退7

步骤13

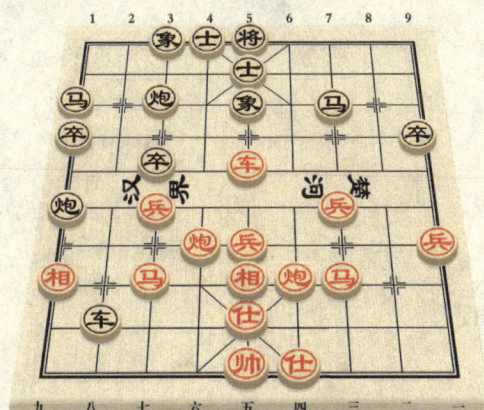

13.炮八平六　卒3进1

步骤14

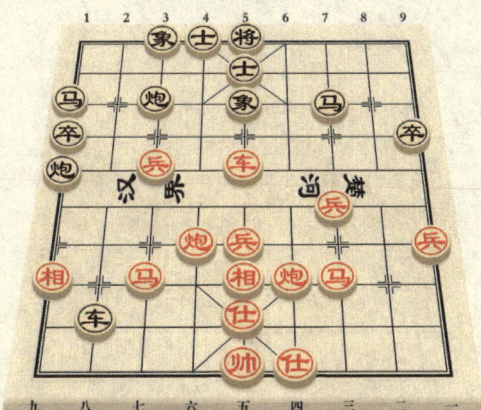

14.兵七进一　炮1退1

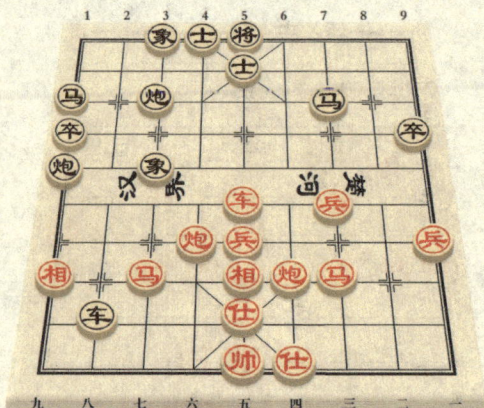

步骤15

15.车五退一 象5进3

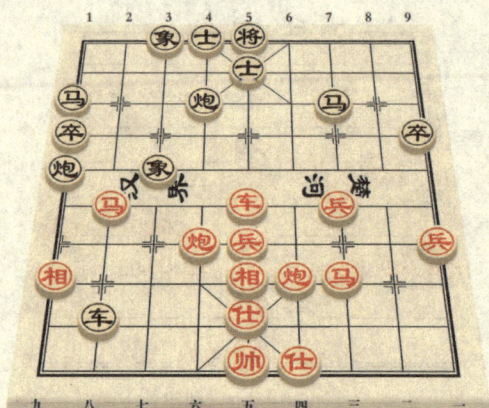

步骤16

16.马七进八 炮3平4

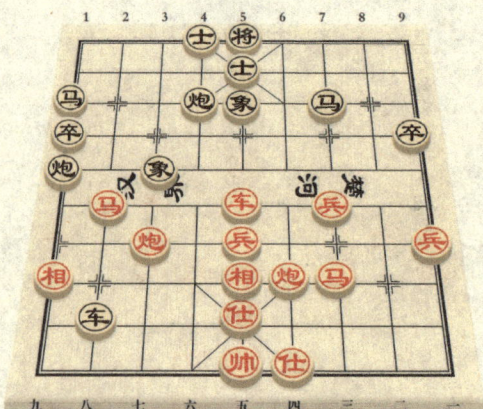

步骤17

17.炮六平七 象3进5

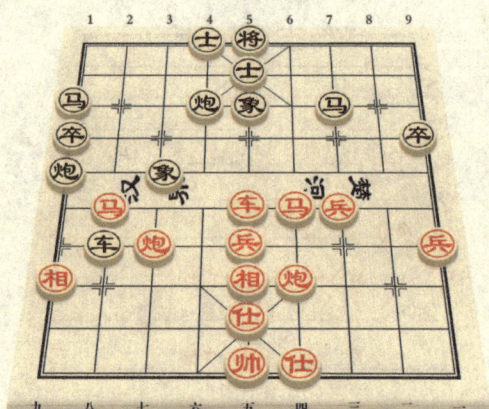

步骤18

18.马三进四 车2退2

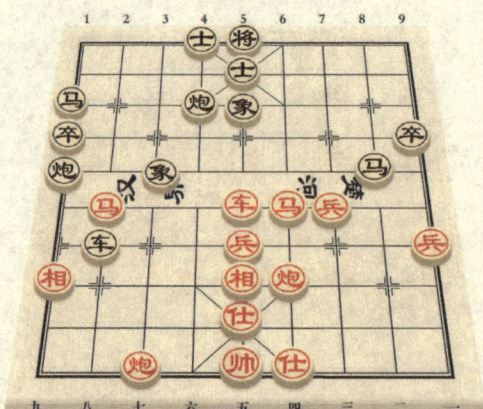

步骤19

19.炮七退三 马7进8

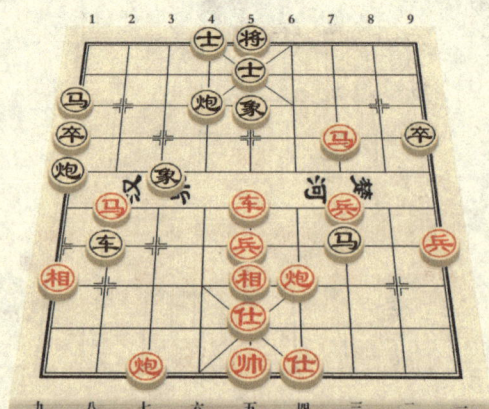

步骤20

20.马四进三 马8进7

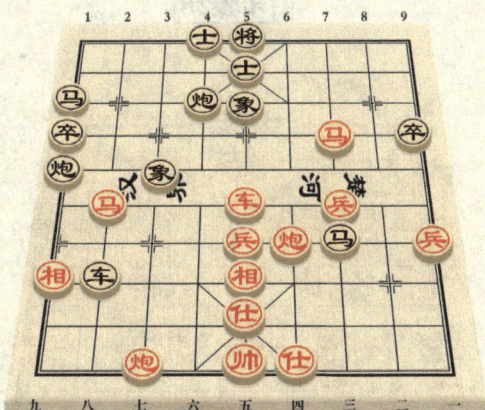

步骤21

21.炮四进一　车2进1

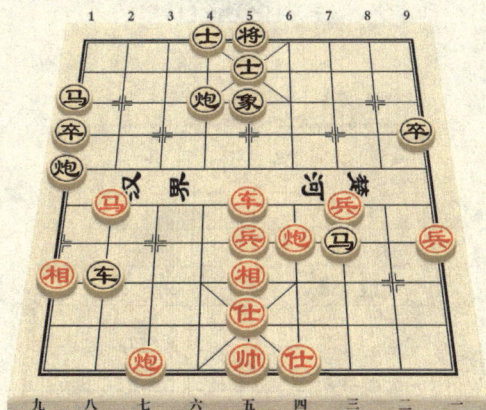

步骤22

22.马三进五　象3退5

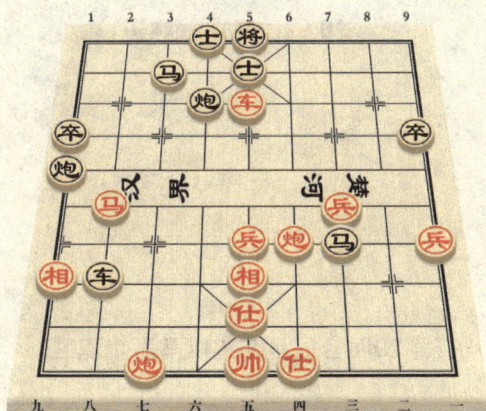

步骤23

23.车五进三　马1退3

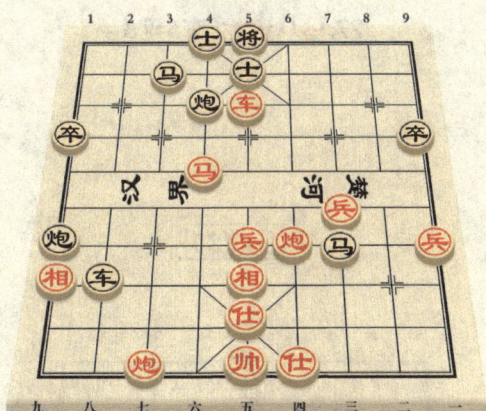

步骤24

24.马八进六　炮1进2

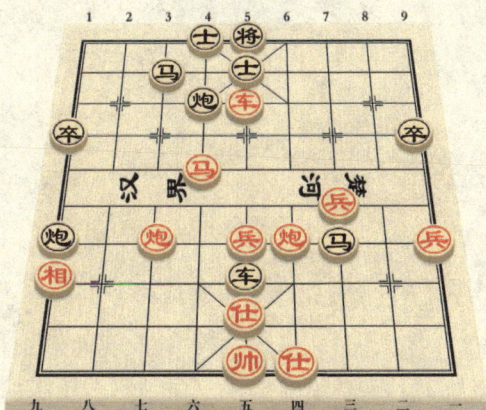

步骤25

25.炮七进三　车2平5

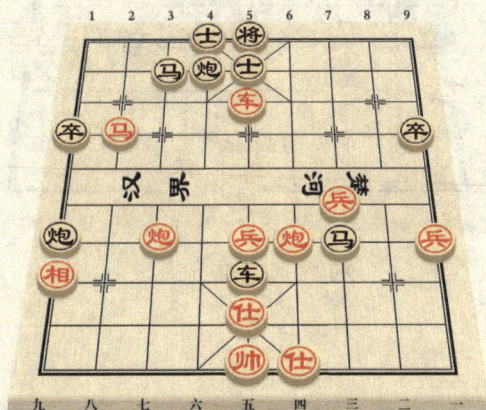

步骤26

26.马六进八　炮4退1

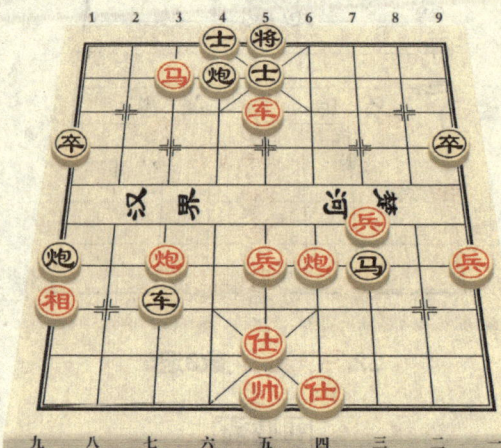

27.马八进七 车5平3

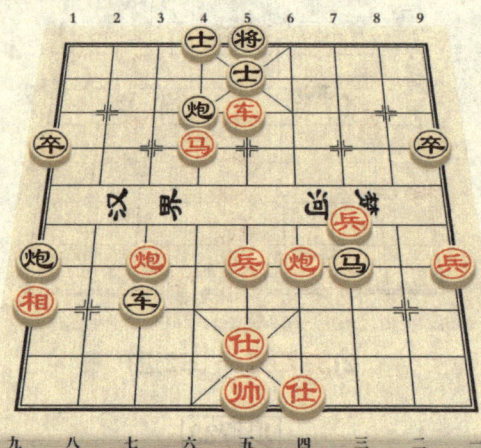

28.马七退六 炮4进1

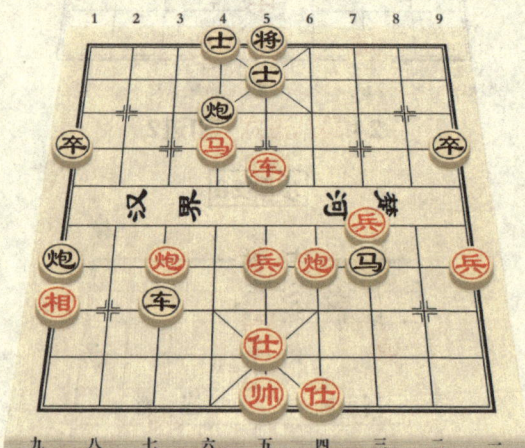

29.车五退二

第29回合后，红方以马后炮取胜。

166

第 5 章
象棋残局

残局是一盘棋最后的决胜阶段，此阶段双方子力所剩不多，具有很强的规律性。而多数残局经过棋手们的研究和实战，其胜负已成定论。本章针对有名的残局进行了介绍。

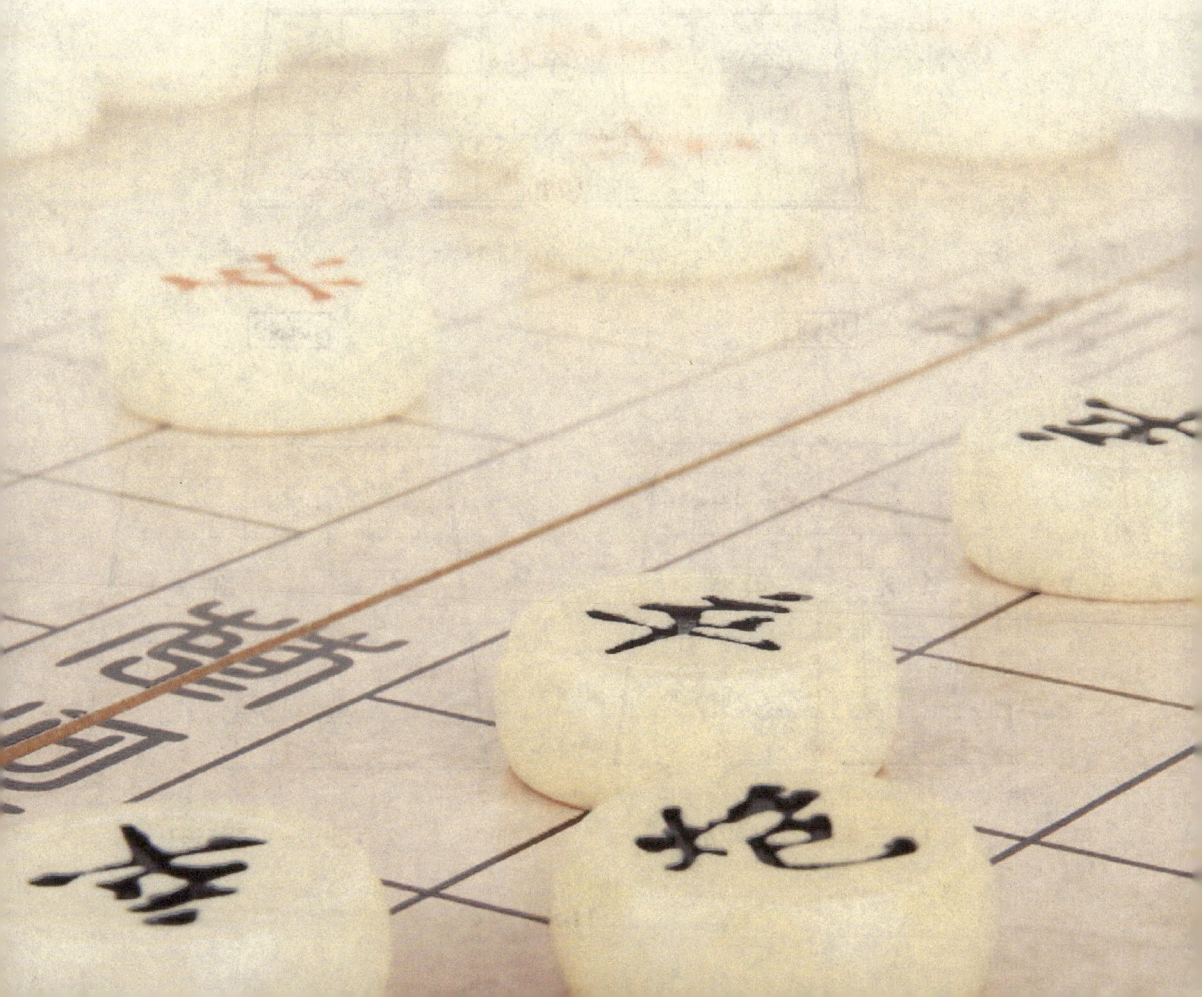

5.1 七星聚会

七星聚会是《百局象棋谱》的第一篇，也称"七星棋"。由于双方都有七子，所以称为"七星聚会"。其棋势是：经过十多回合的"序战"后，形成大斗车兵的实用残局，先走一方形成容易获胜的假象，常让人误以为即将成为杀局而逐渐坠入圈套。

中局棋况

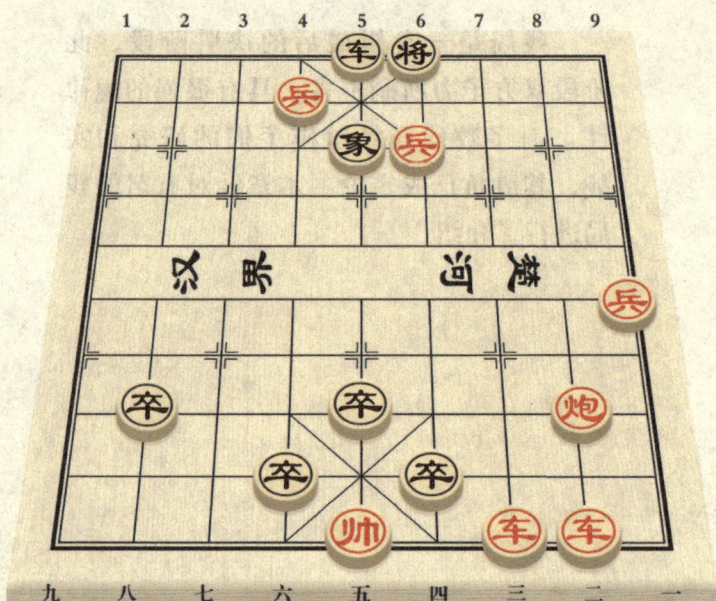

步骤1

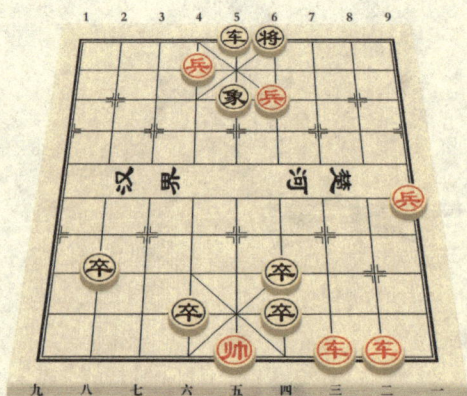

1.炮二平四　卒5平6

步骤2

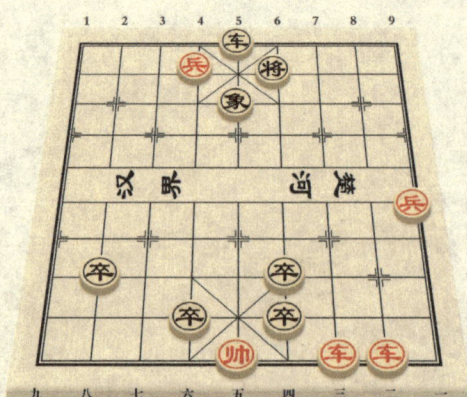

2.兵四进一　将6进1

168

步骤3

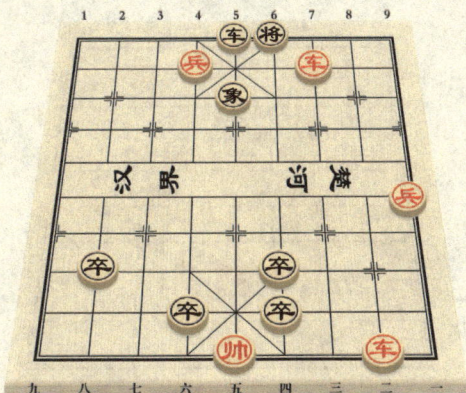

3.车三进八　将6退1

步骤4

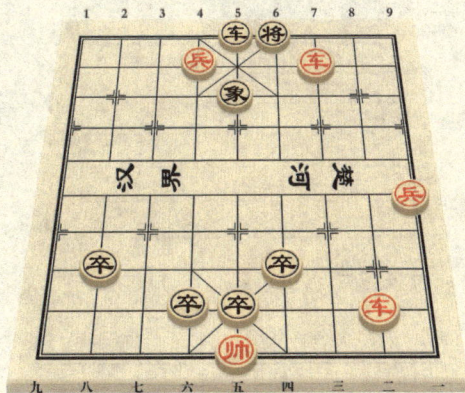

4.车二进一　前卒平5

步骤5

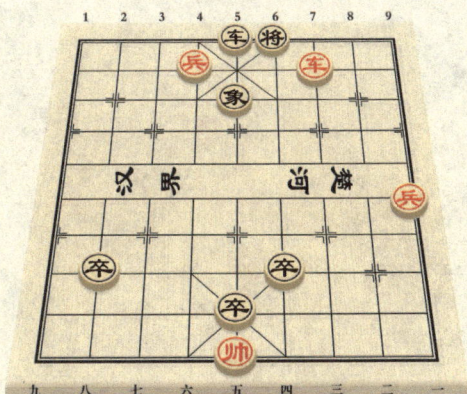

5.车二平五　卒4平5

步骤6

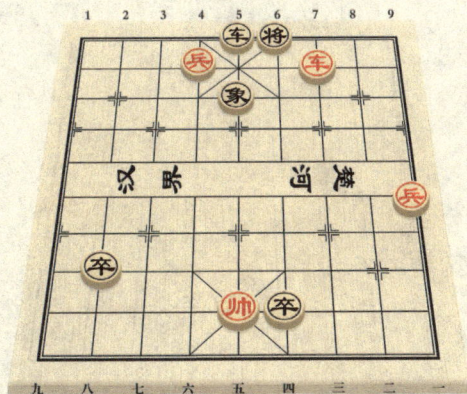

6.帅五进一　卒6进1

步骤7

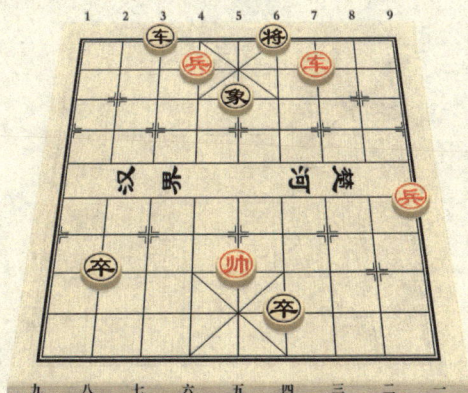

7.帅五进一　车5平3

步骤8

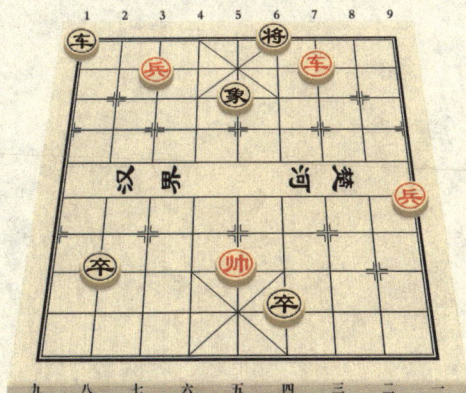

8.兵六平七　车3平1

步骤9

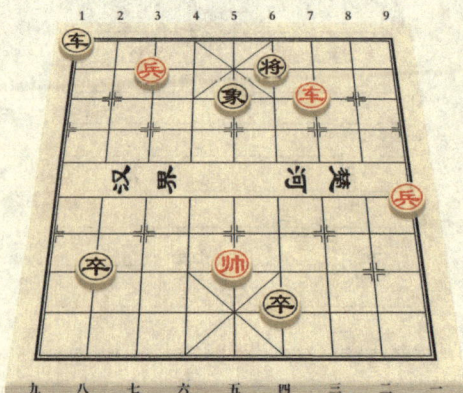

9.车三退一 将6进1

步骤10

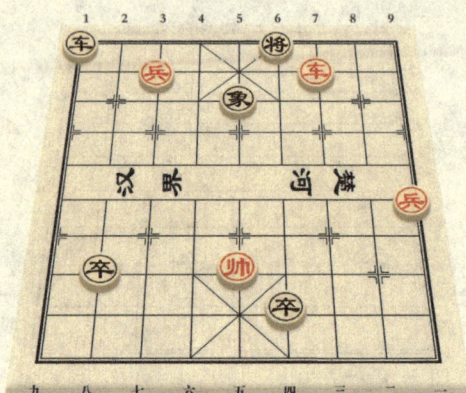

10.车三进一 将6退1

步骤11

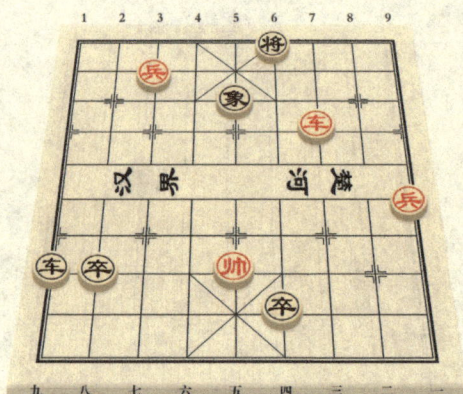

11.车三退二 车1进7

步骤12

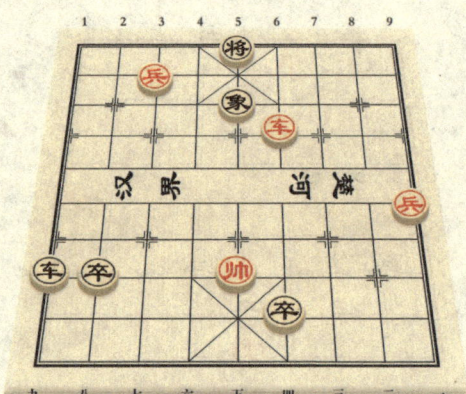

12.车三平四 将6平5

步骤13

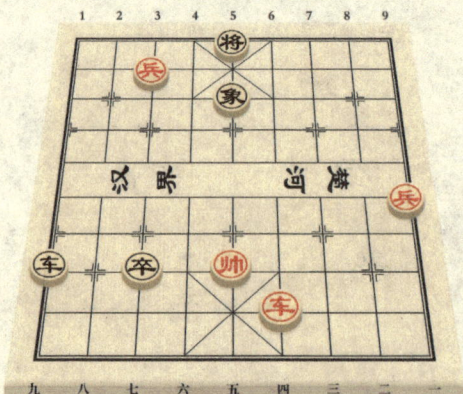

13.车四退五 卒2平3

步骤14

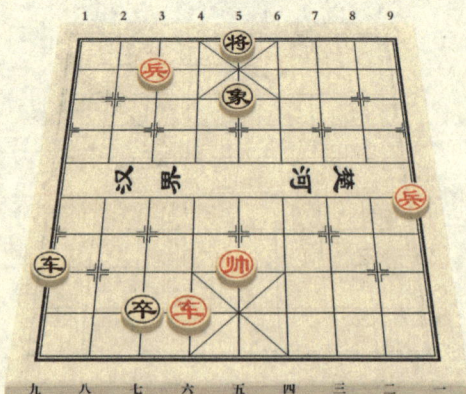

14.车四平六 卒3进1

170

步骤15

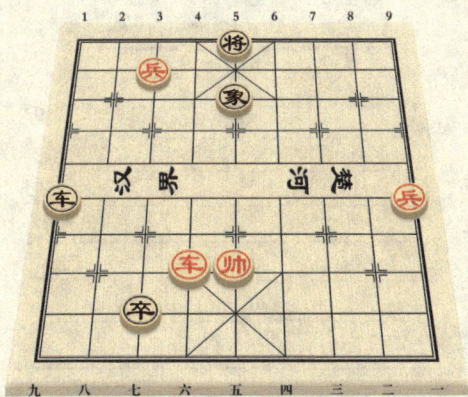

15. 车六进一　车1退2

步骤16

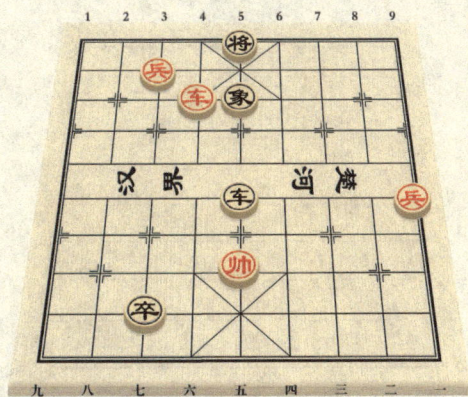

16. 车六进五　车1平5

步骤17

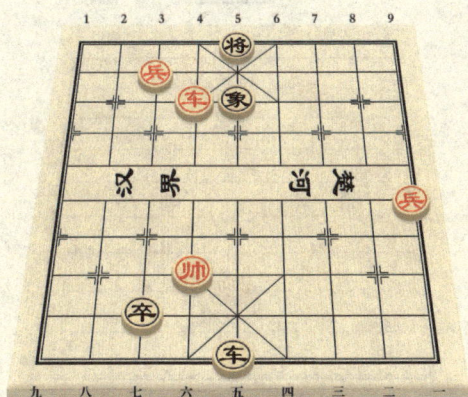

17. 帅五平六　车5进4

步骤18

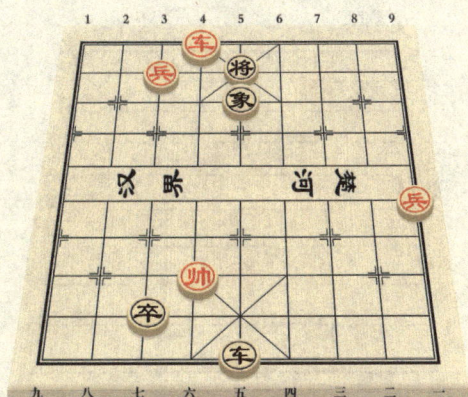

18. 车六进二　将5进1

步骤19

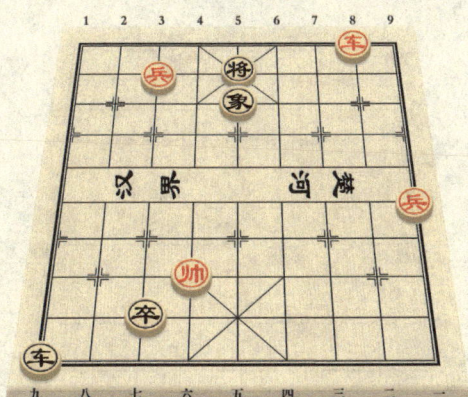

19. 车六平二　车5平1

步骤20

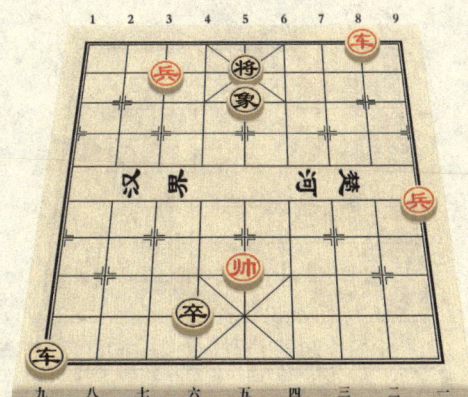

20. 帅六平五　卒3平4

171

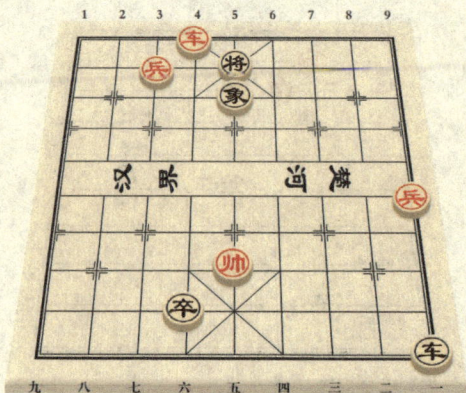

21.车二平六　车1平9

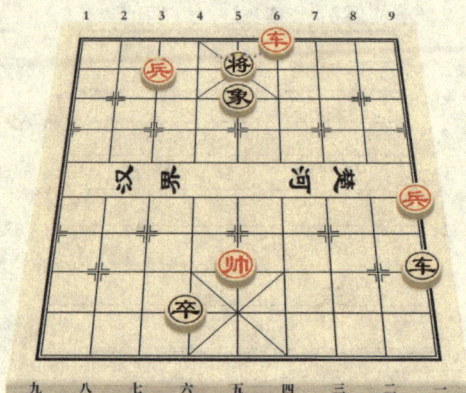

22.车六平四　车9退2

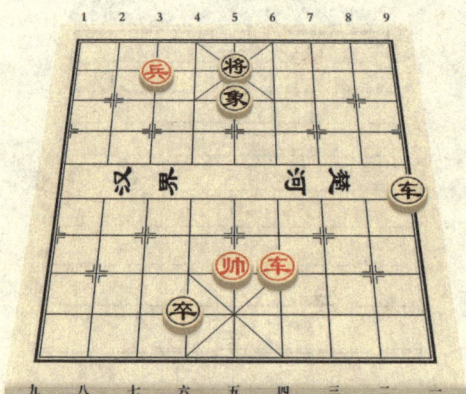

23.车四退七　车9退2

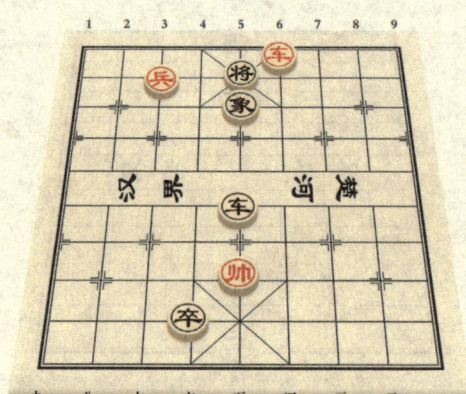

24.车四进七　车9平5

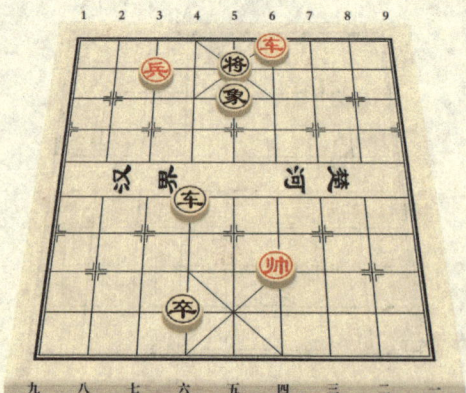

25.帅五平四　车5平4

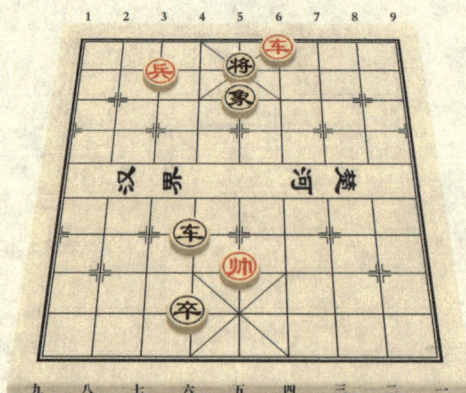

26.帅四平五　车4进1

172

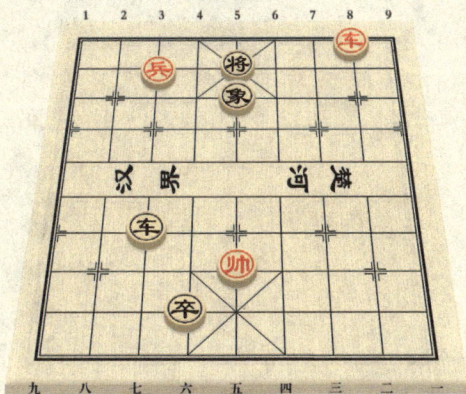

27.车四平二 车4平3

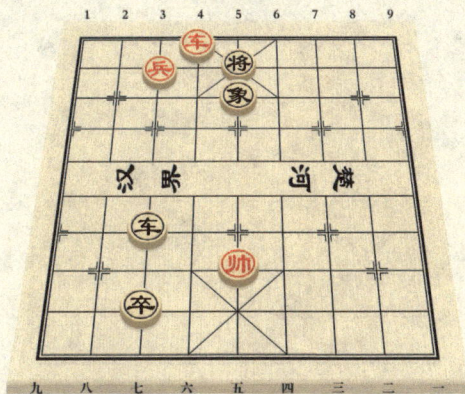

28.车二平六 卒4平3

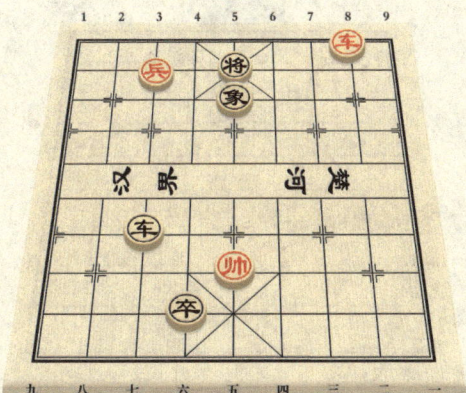

29.车六平二 卒3平4

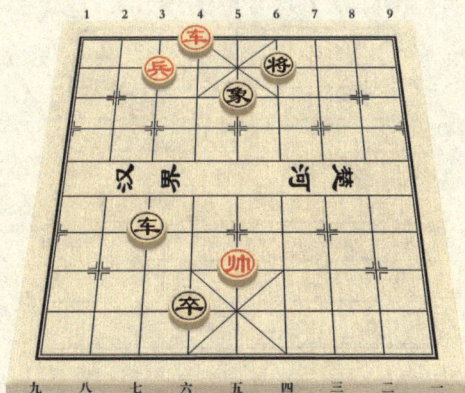

30.车二平六 将5平6

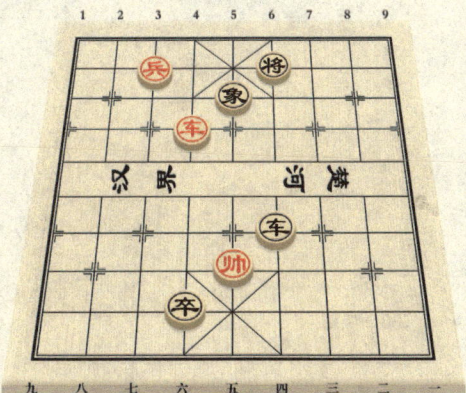

31.车六退三 车3平6

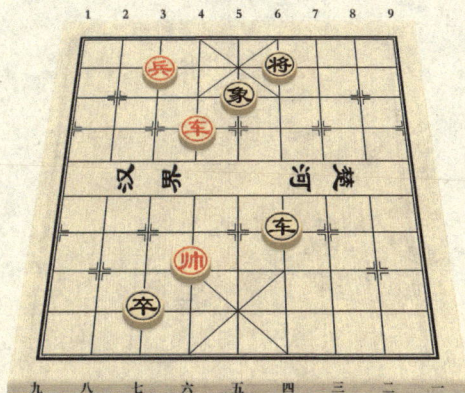

32.帅五平六 卒4平3

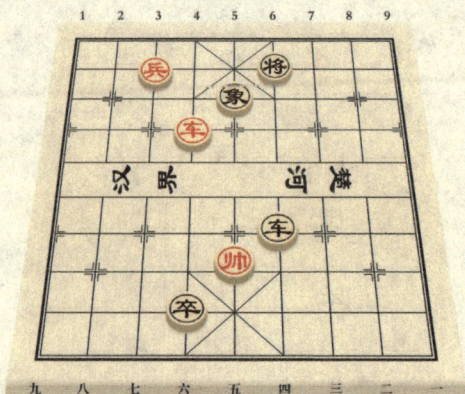

33.帅六平五 卒3平4

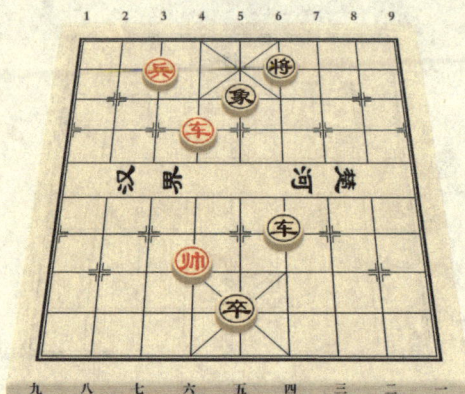

34.帅五平六 卒4平5

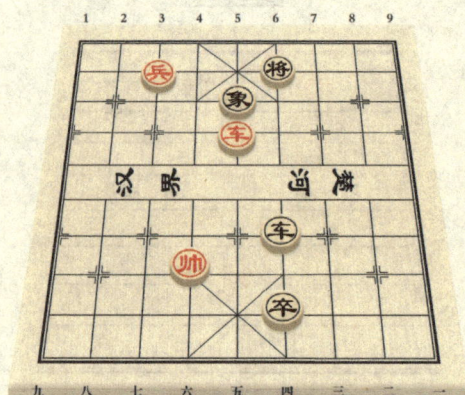

35.车六平五 卒5平6

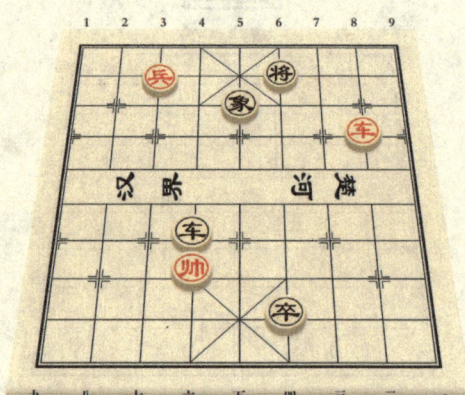

36.车五平二 车6平4

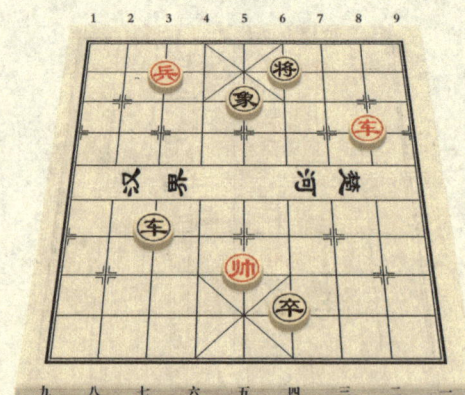

37.帅六平五 车4平3

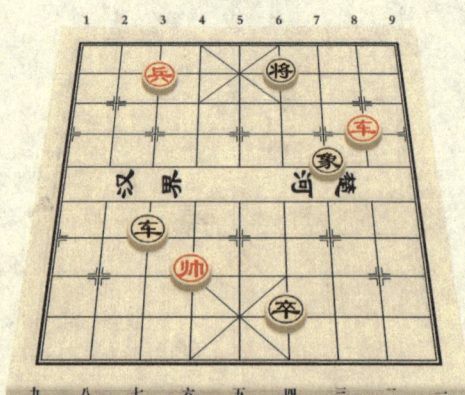

38.帅五平六 象5进7

174

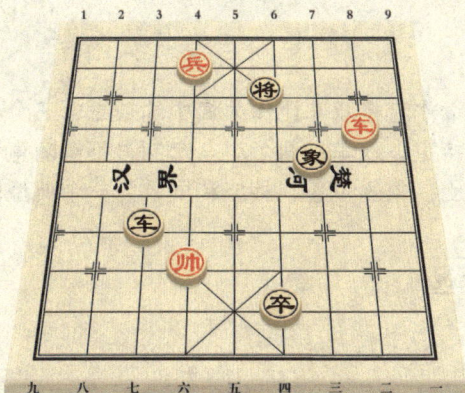

步骤39

39.兵七平六 将6进1

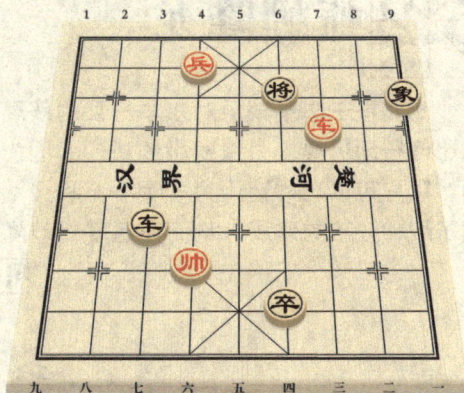

步骤40

40.车二平三 象7退9

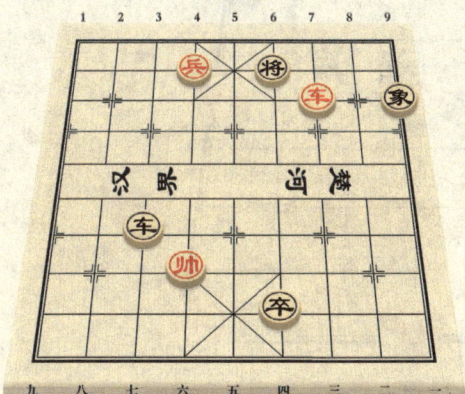

步骤41

41.车三进一 将6退1

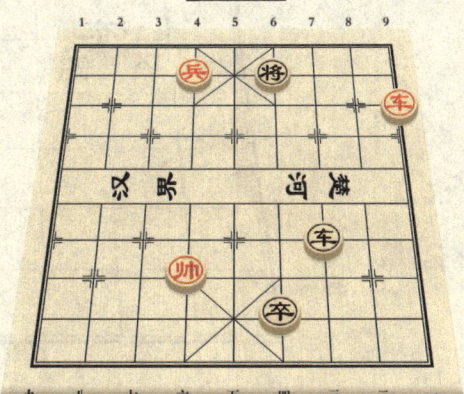

步骤42

42.车三平一 车3平7

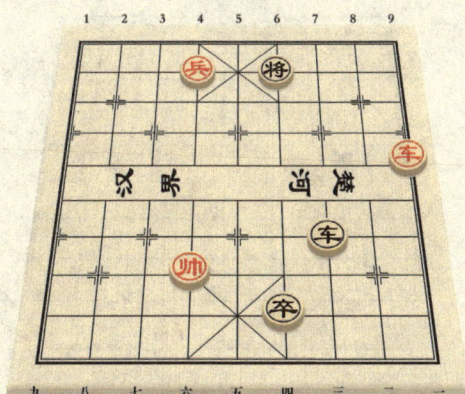

步骤43

43.车一退二 和局

175

5.2 蚯蚓降龙

此局是三卒单缺象对双车一兵的残局，原谱作者将双车比作大海中的蛟龙，三个小卒比作行动迟缓、力量弱小的蚯蚓。因为局势特定，双车被两个小卒牵制，不能随意移动，黑方可以巧妙运用另一个小卒和灵活变换士、象的位置，战成和局，为一个典型的弱子战和强子的残局，从而得名"蚯蚓降龙"。

中局棋况

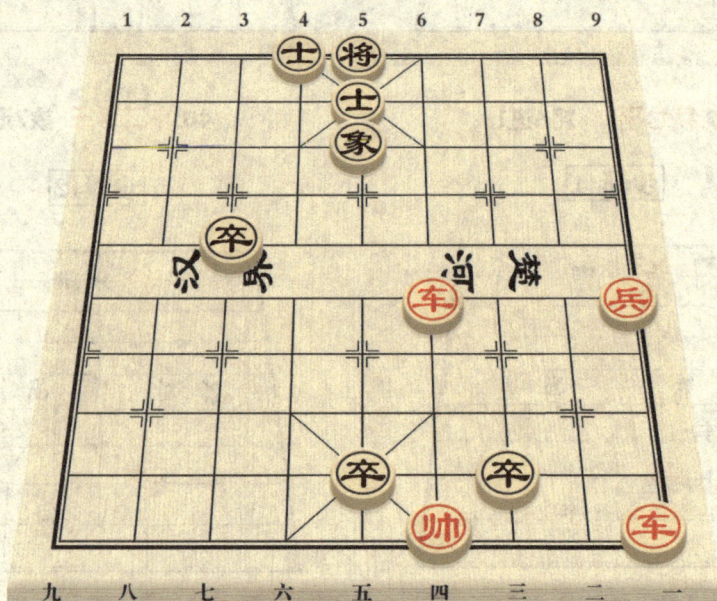

步骤1

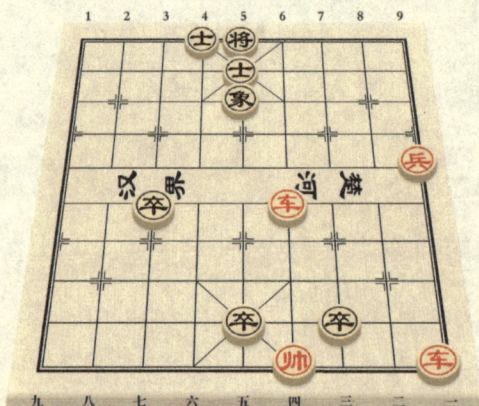

步骤2

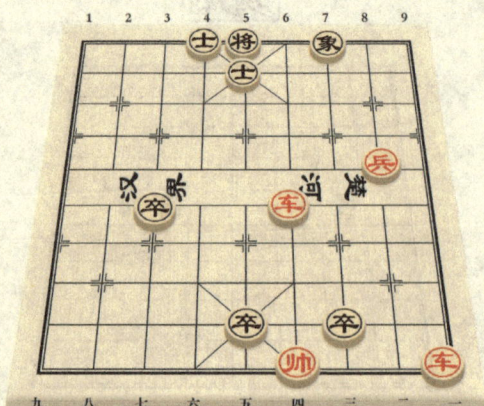

1.兵一进一　卒3进1

2.兵一平二　象5退7

176

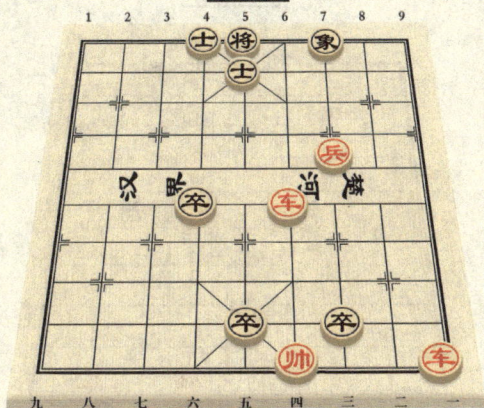

3.兵二平三 卒3平4

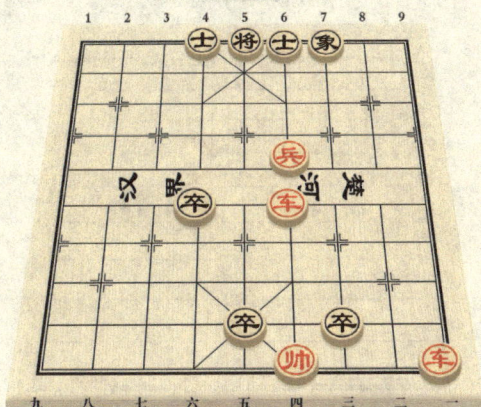

4.兵三平四 士5退6

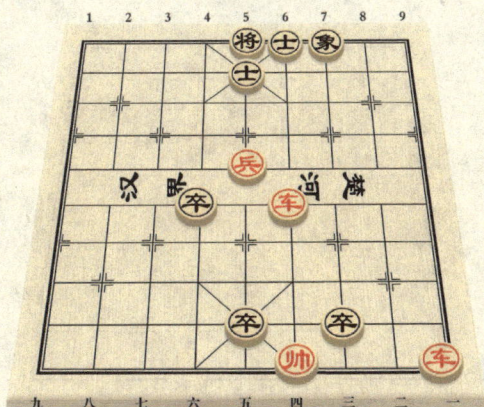

5.兵四平五 士4进5

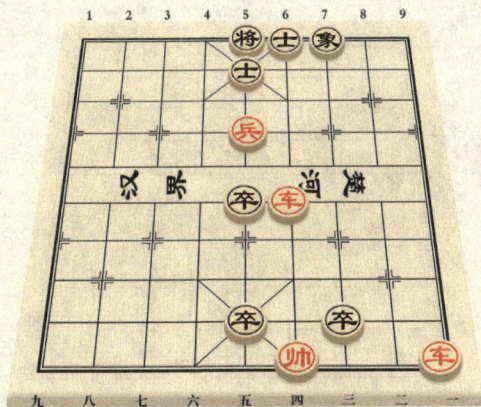

6.兵五进一 卒4平5

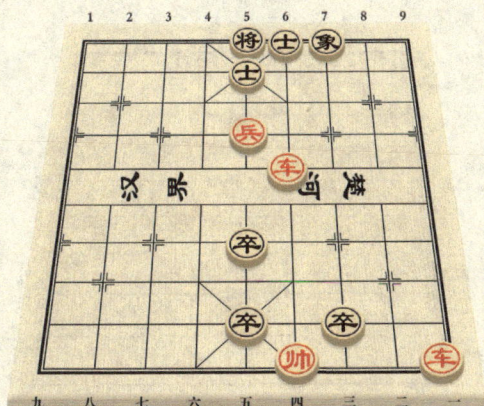

7.车四进一 后卒进1

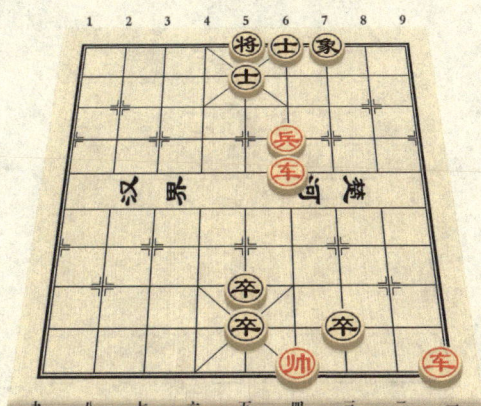

8.兵五平四 后卒进1

步骤9

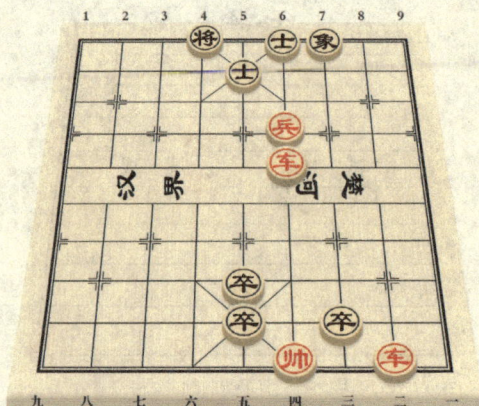

9.车一平二　将5平4

步骤10

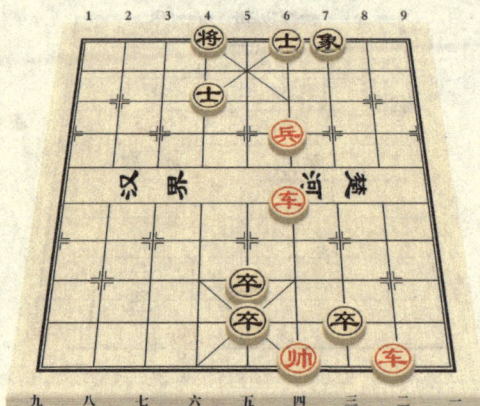

10.车四退一　士5进4

步骤11

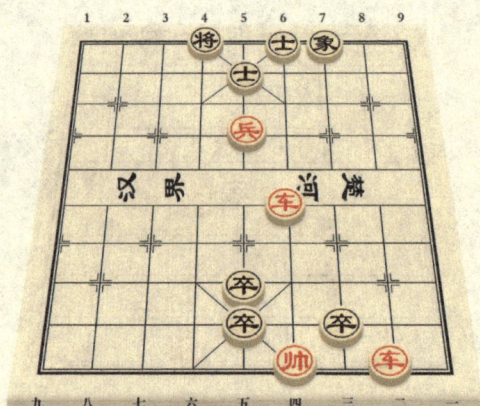

11.兵四平五　士4退5

步骤12

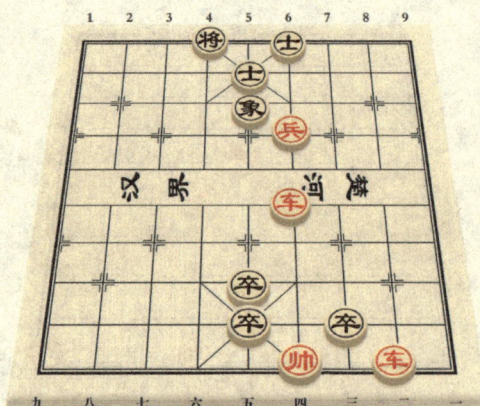

12.兵五平四　象7进5

步骤13

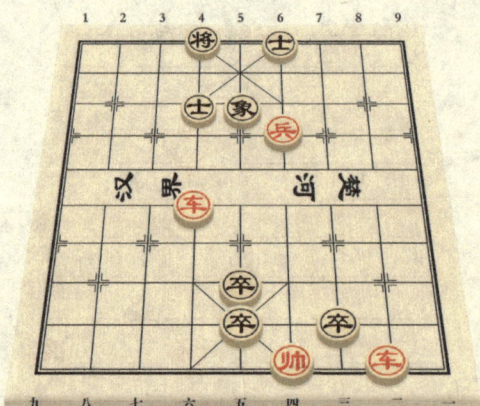

13.车四平六　士5进4

步骤14

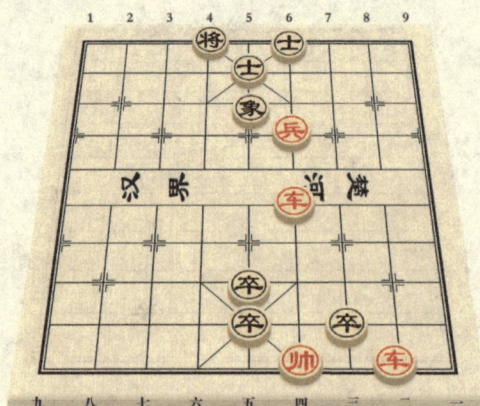

14.车六平四　士4退5

步骤15

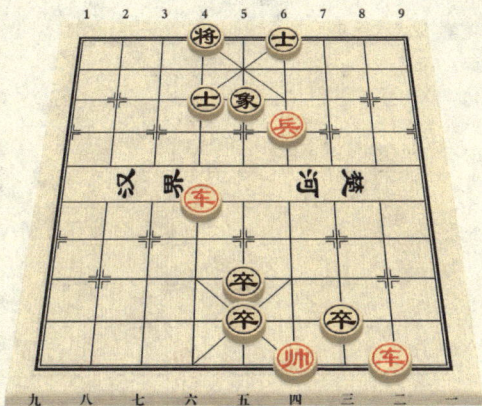

15.车四平六 士5进4

步骤16

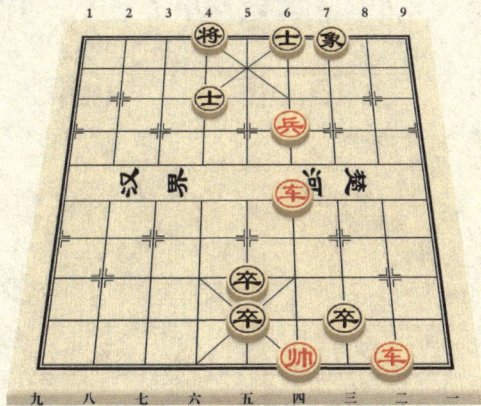

16.车六平四 象5退7

步骤17

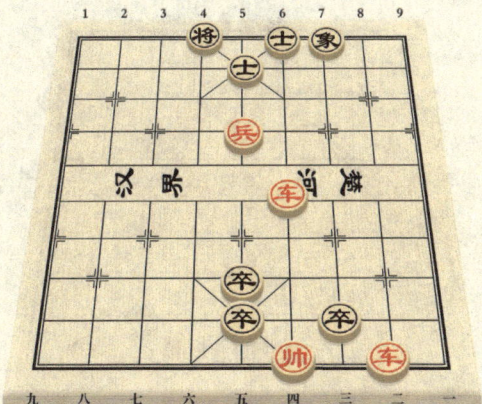

17.兵四平五 士4退5

步骤18

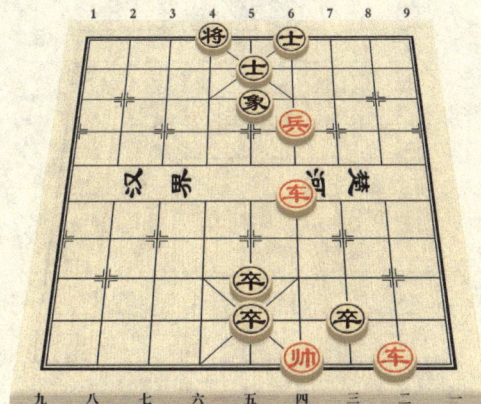

18.兵五平四 象7进5

步骤19

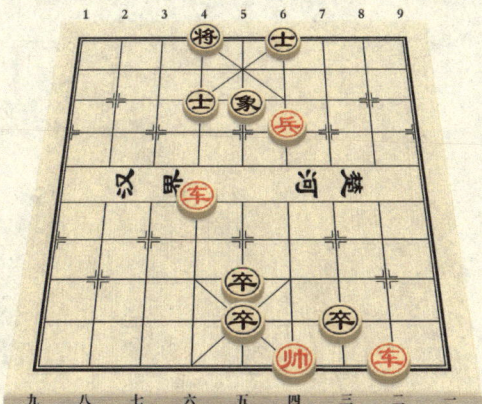

19.车四平六 士5进4

步骤20

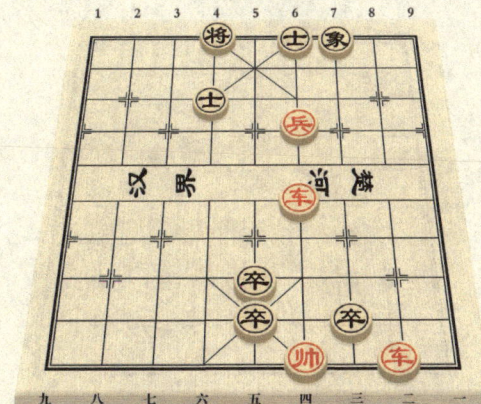

20.车六平四 象5退7

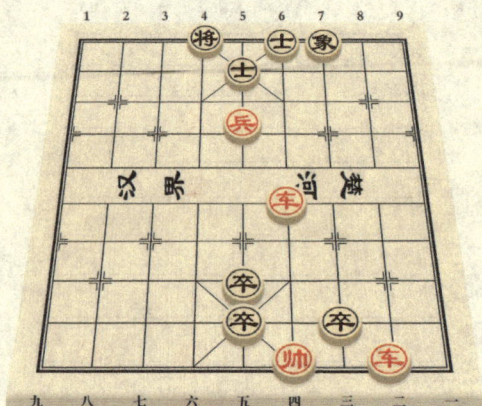

21.兵四平五　士4退5

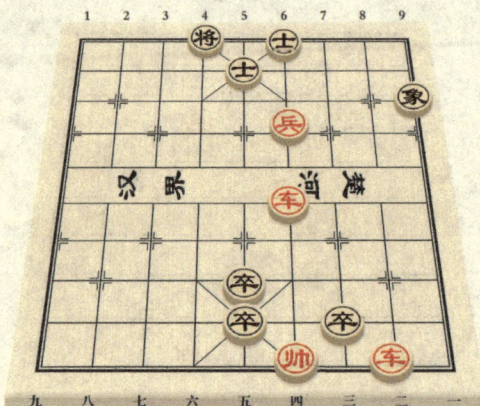

22.兵五平四　象7进9

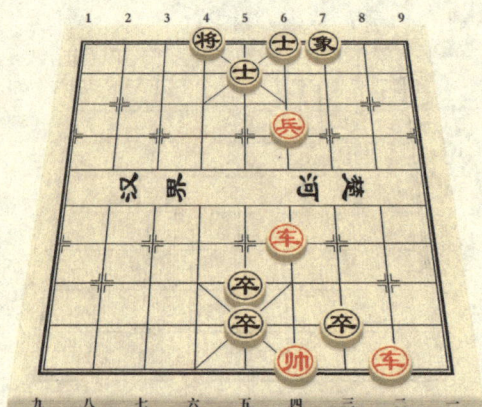

23.车四退一　象9退7

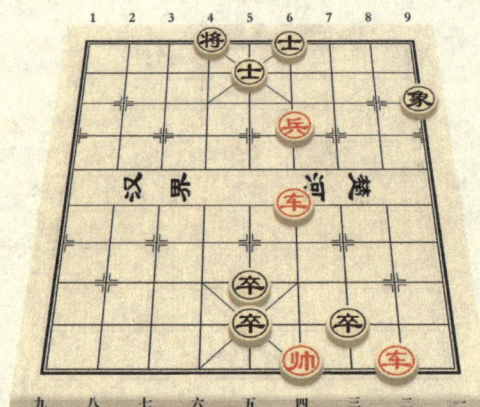

24.车四进一　象7进9

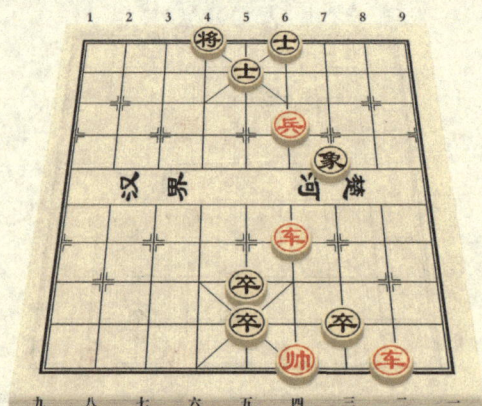

25.车四退一　象9进7

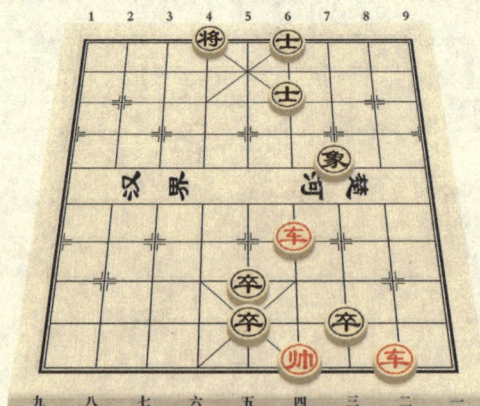

26.兵四进一　士5进6

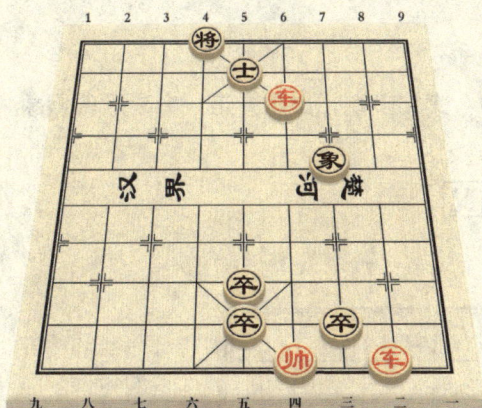

27.车四进四 士6进5

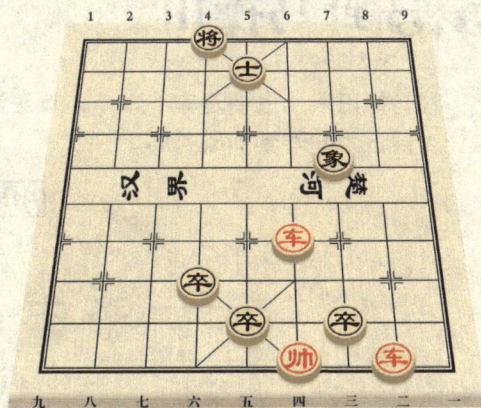

28.车四退四 后卒平4

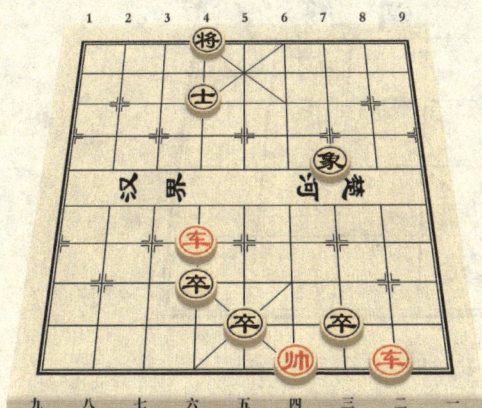

29.车四平六 士5进4

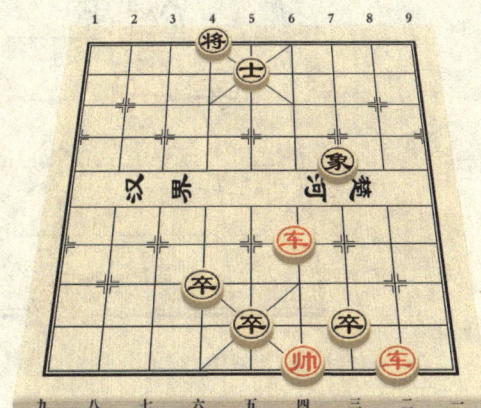

30.车六平四 士4退5

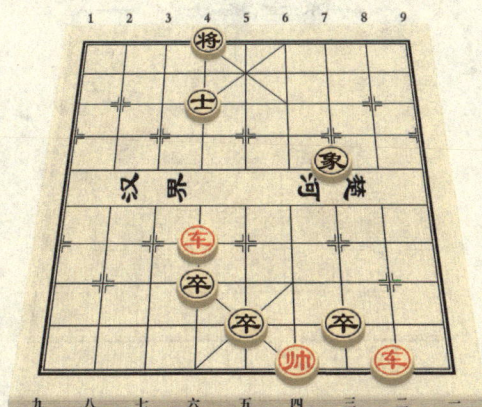

31.车四平六 士5进4

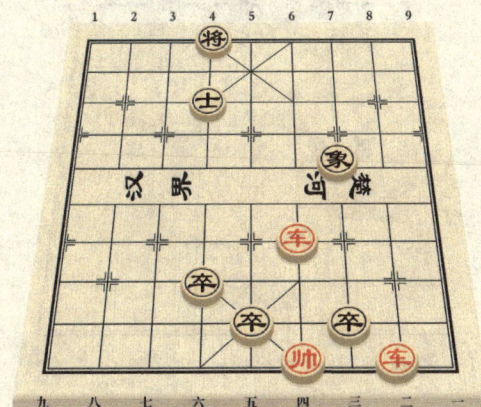

32.车六平四 和局

5.3 野马操田

野马操田残局主要是车斗车卒，着法深奥，变化多端，出现先走一方易胜的假象，常让人误认为起着就能成杀局。

中局棋况

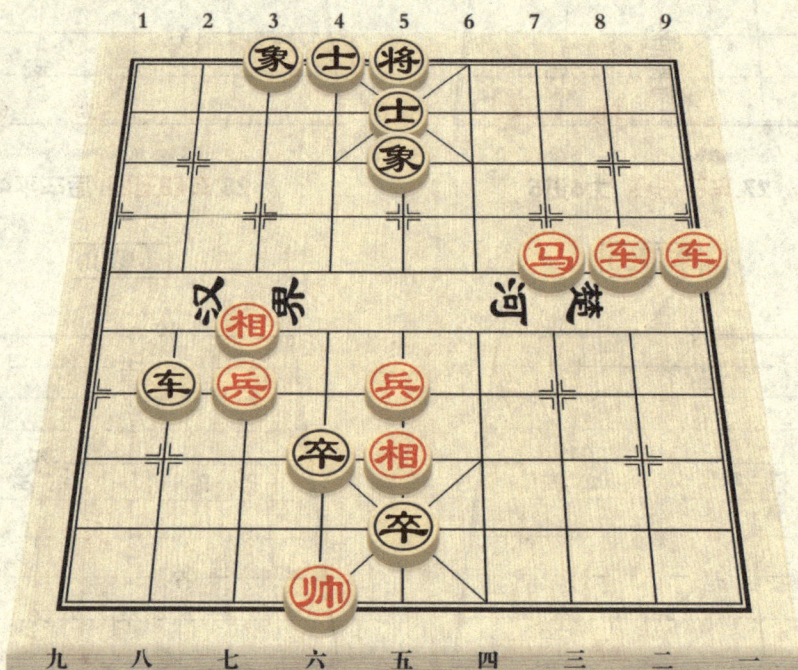

步骤1

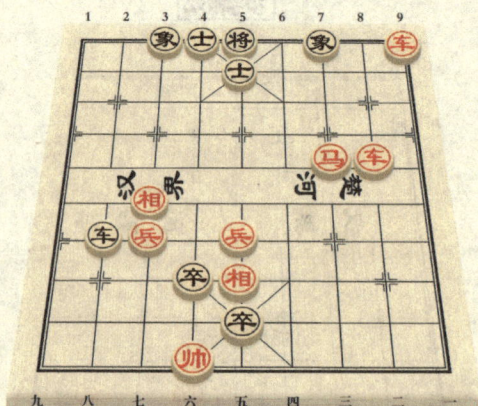

1.车一进四　象5退7

步骤2

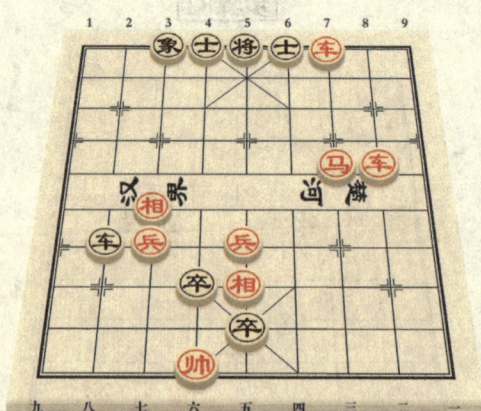

2.车一平三　士5退6

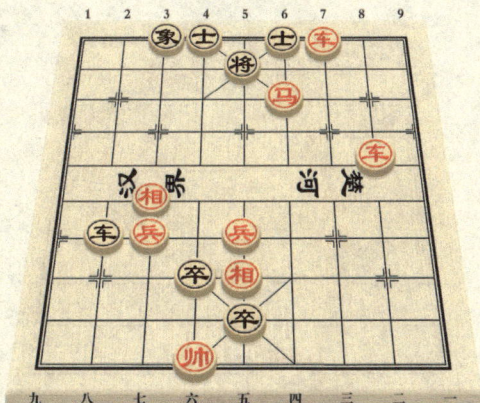

步骤3

3.马三进四　将5进1

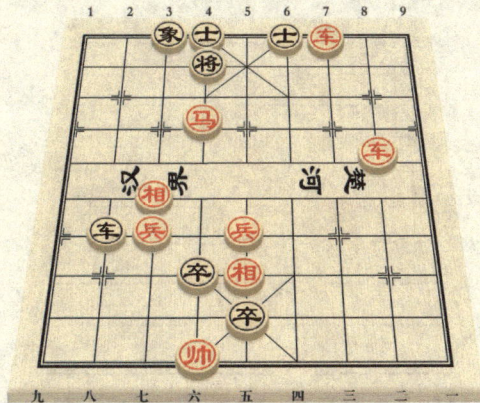

步骤4

4.马四退六　将5平4

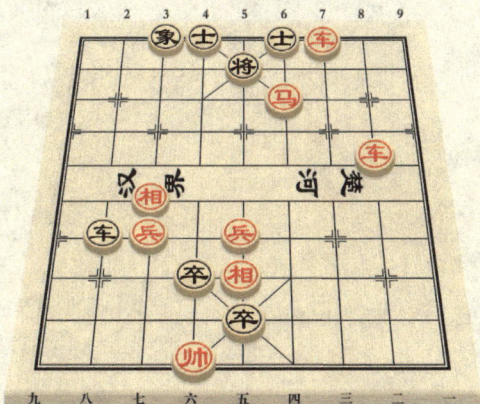

步骤5

5.马六进四　将4平5

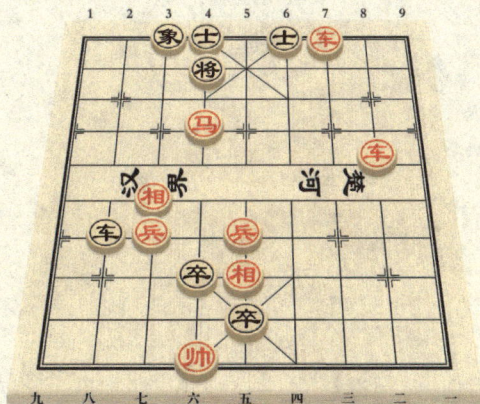

步骤6

6.马四退六　将5平4

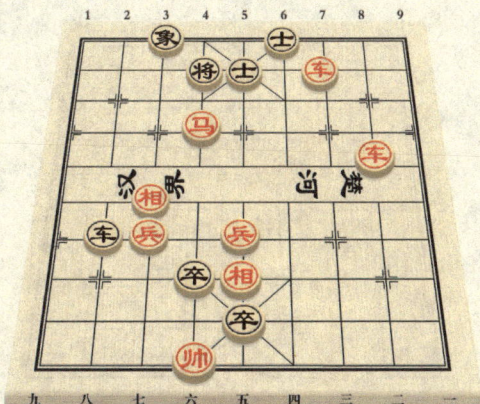

步骤7

7.车三退一　士4进5

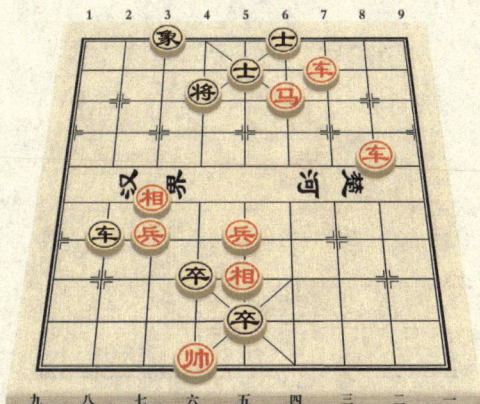

步骤8

8.马六进四　将4进1

步骤9

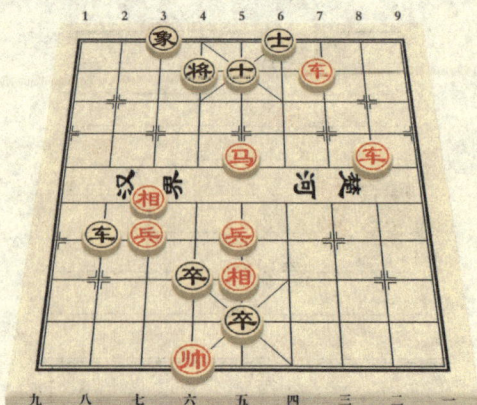

9.马四退五　将4退1

步骤10

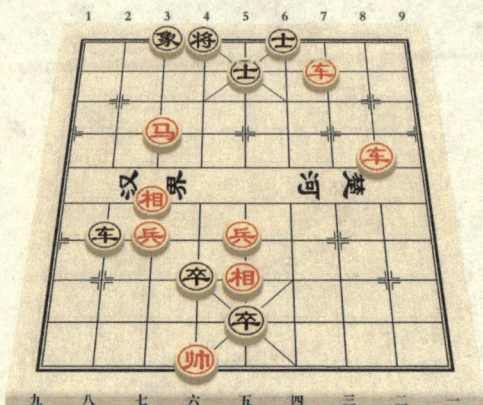

10.马五进七　将4退1

步骤11

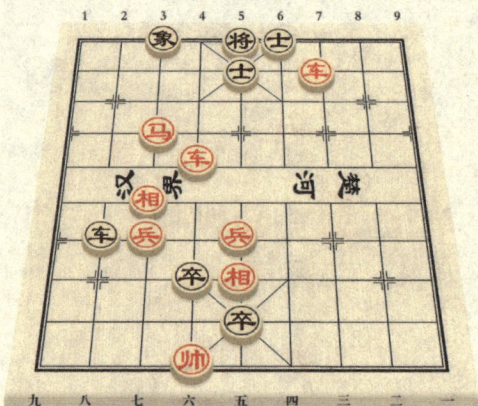

11.车二平六　将4平5

步骤12

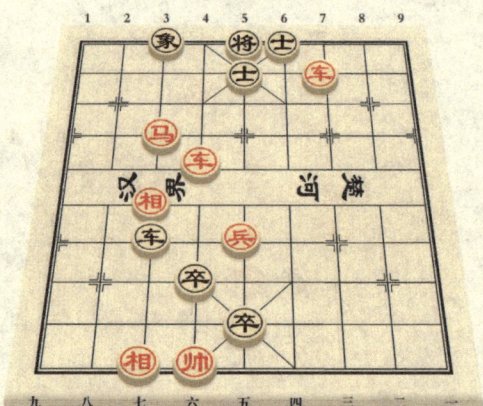

12.相五退七　车2平3

步骤13

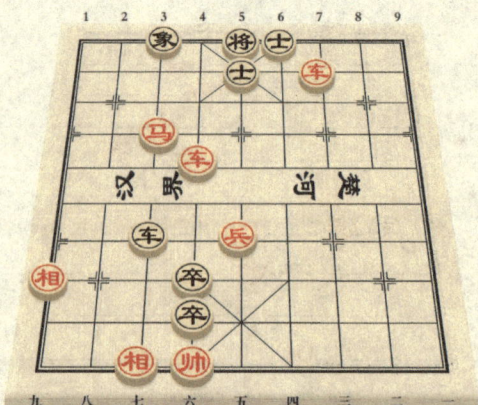

13.相七退九　卒5平4

步骤14

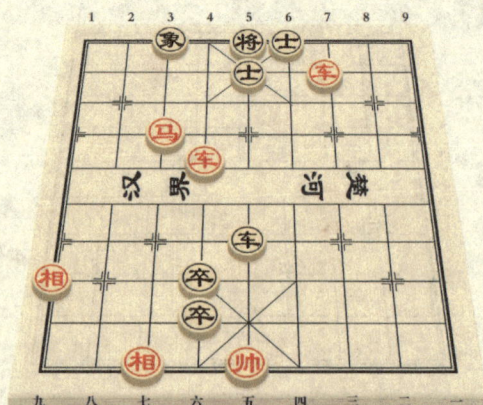

14.帅六平五　车3平5

184

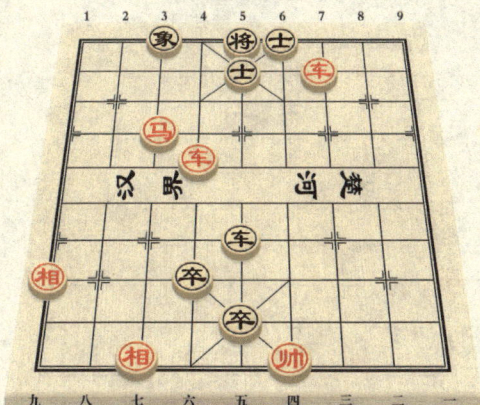

步骤15

15.**帅五平四** 前卒平5

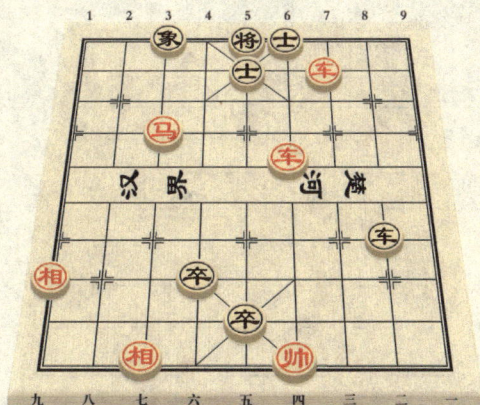

步骤16

16.**车六平四** 车5平8

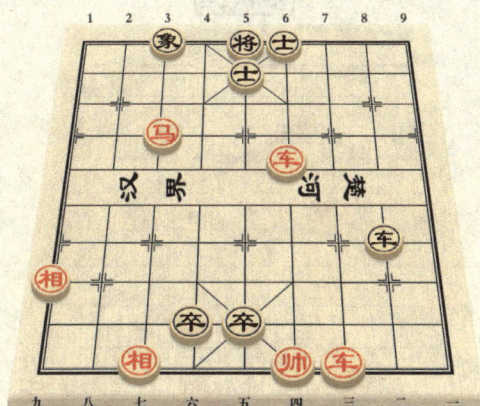

步骤17

17.**车三退八** 卒4进1

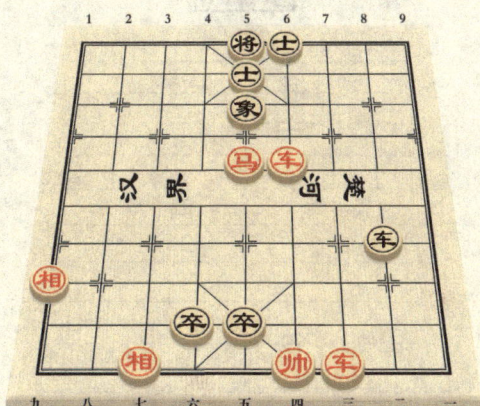

步骤18

18.**马七退五** 象3进5

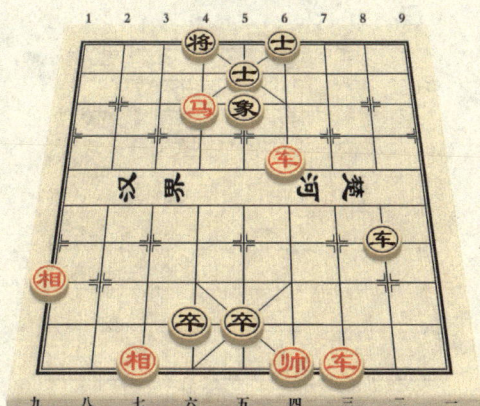

步骤19

19.**马五进六** 将5平4

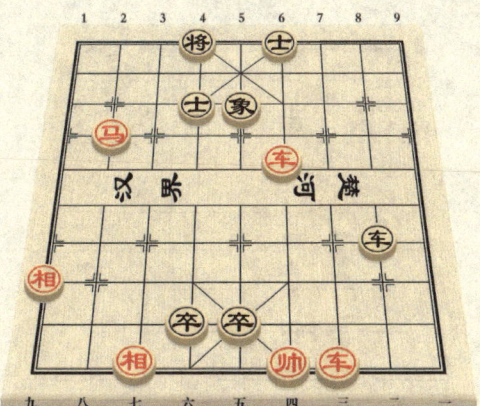

步骤20

20.**马六退八** 士5进4

185

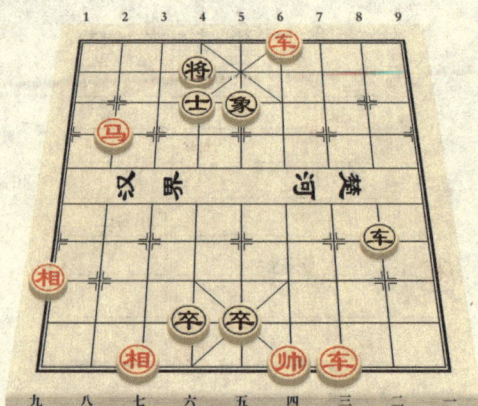

21.车四进四　将4进1

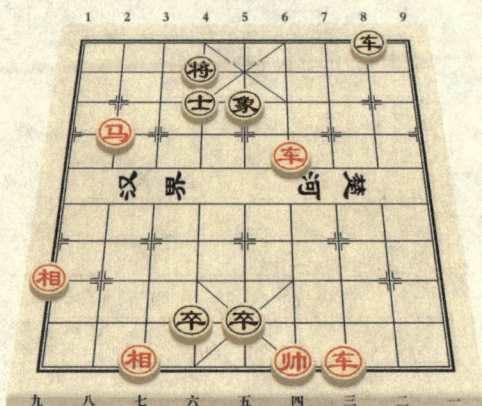

22.车四退四　车8退6

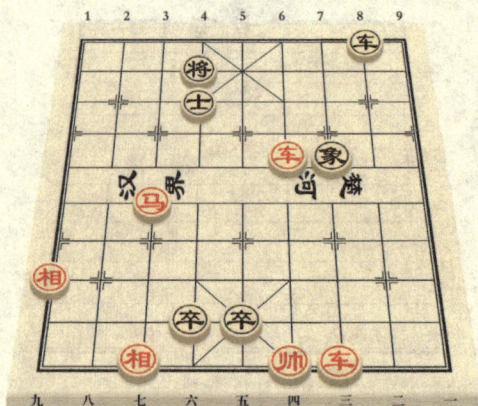

23.马八退七　象5进7

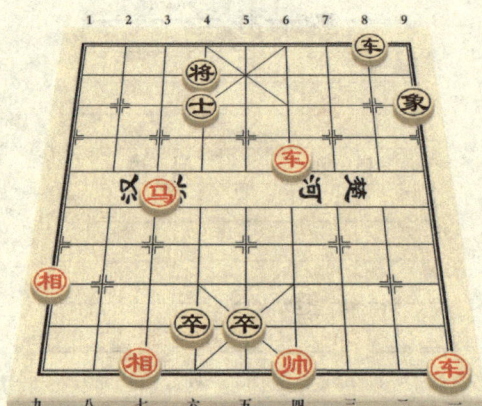

24.车三平一　象7退9

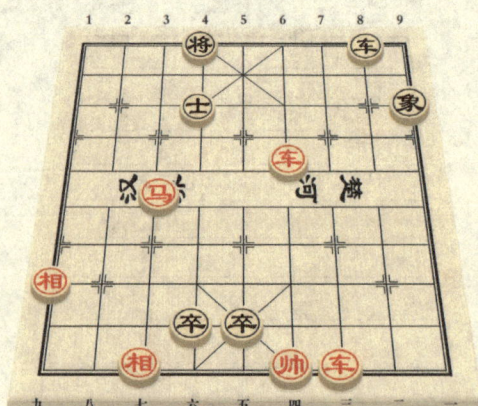

25.车一平三　将4退1

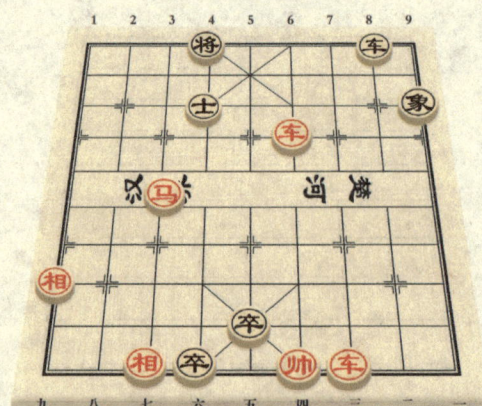

26.车四进一　卒4进1

186

步骤27

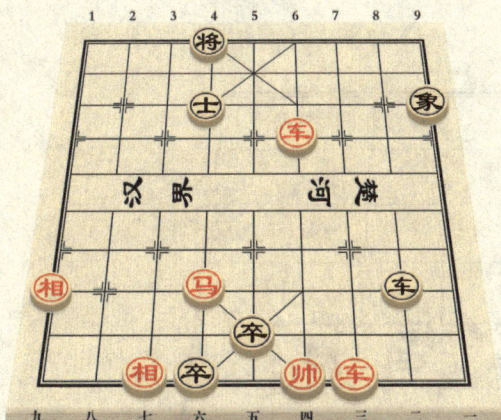

27.马七退六　车8进7

步骤28

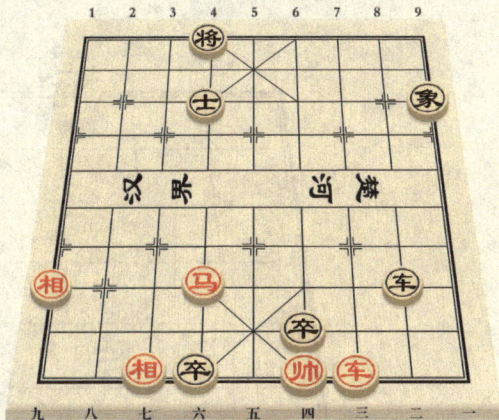

28.车四退五　卒5平6

步骤29

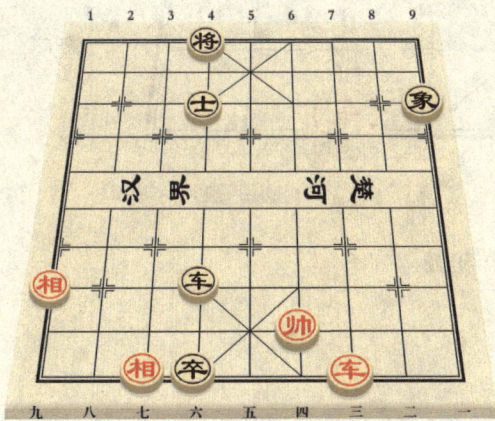

29.帅四进一　车8平4

步骤30

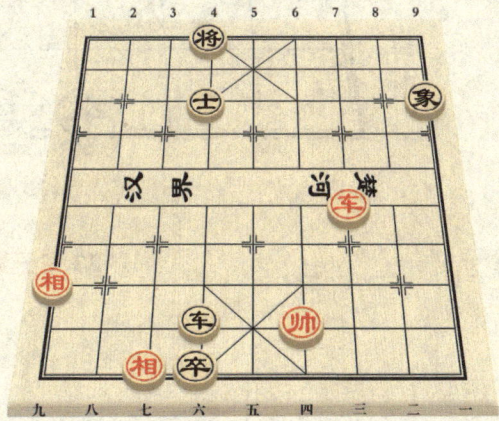

30.车三进四　车4进1

步骤31

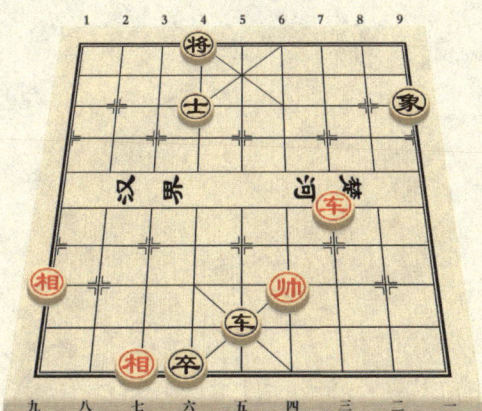

31.帅四进一　车4平5

步骤32

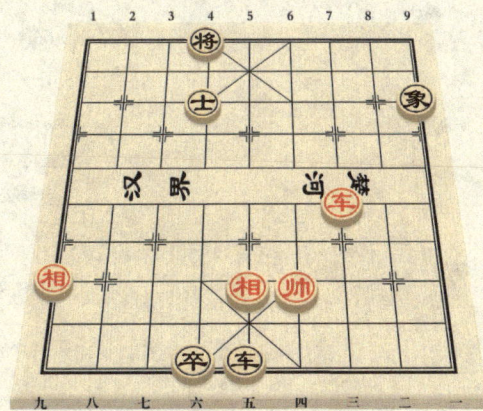

32.相七进五　车5进1

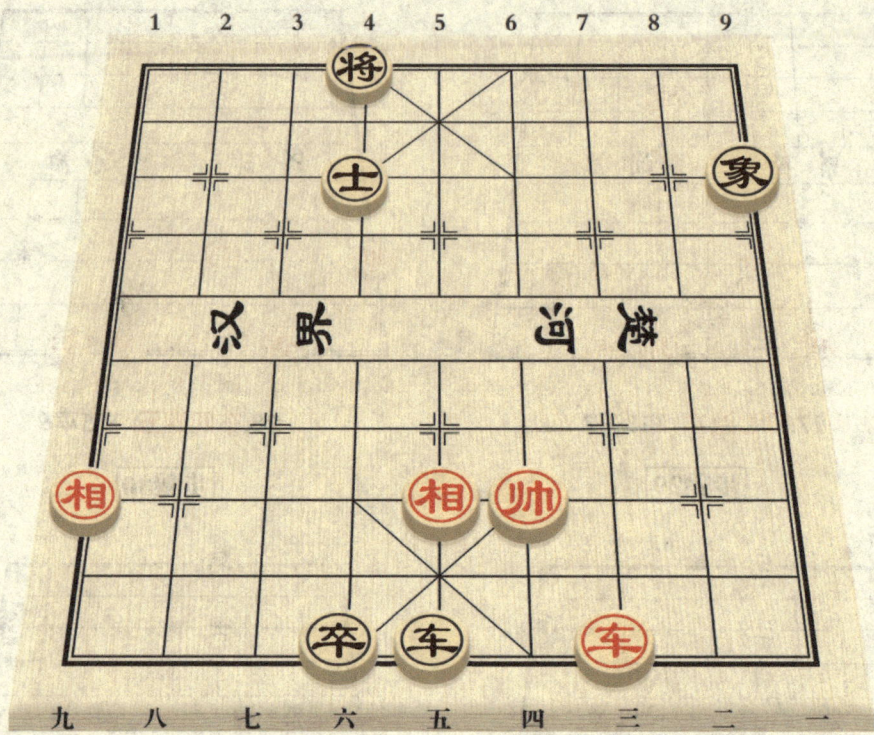

33.车三退四 和局

5.4 千里独行

千里独行残局结尾棋势为一车大战三兵。

中局棋况

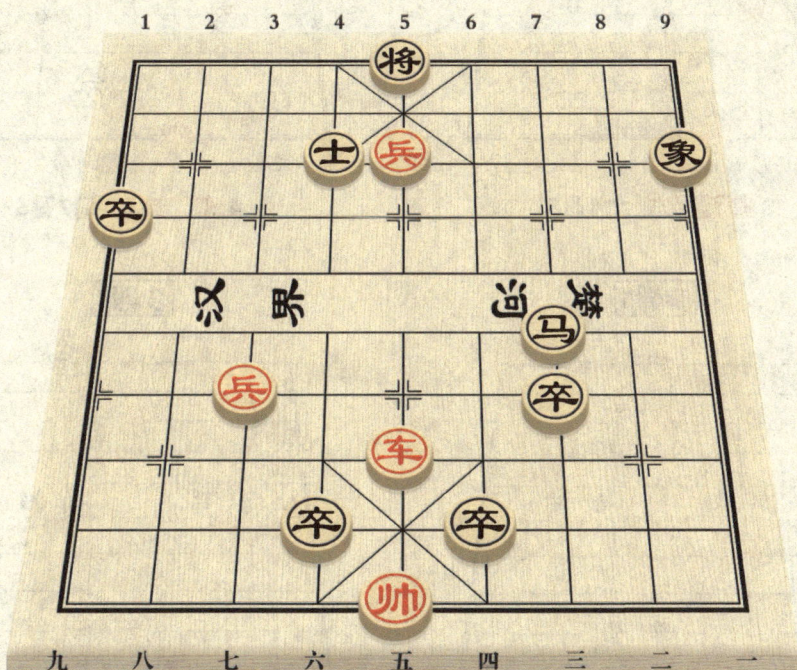

步骤1

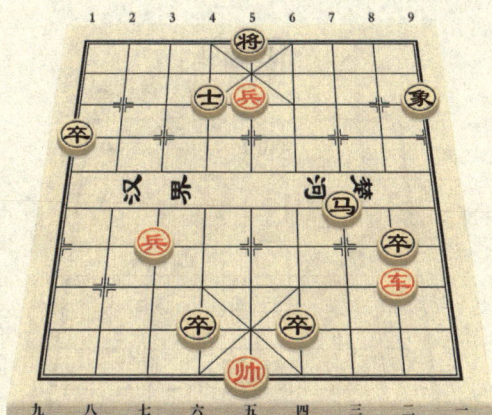

1.车五平二　卒7平8

步骤2

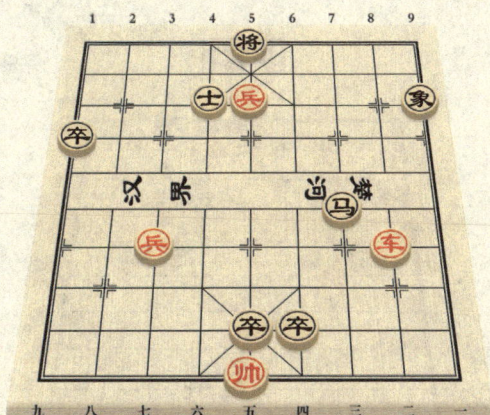

2.车二进一　卒4平5

189

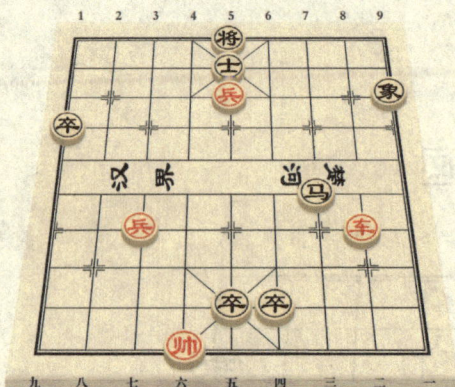

步骤3

3.帅五平六　士4退5

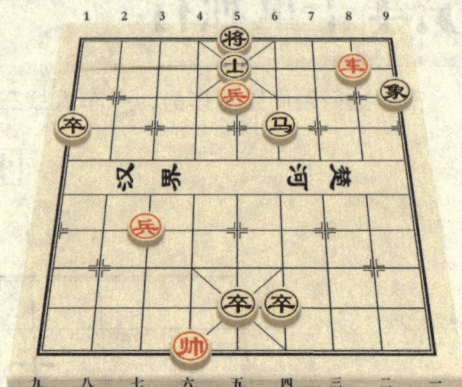

步骤4

4.车二进五　马7退6

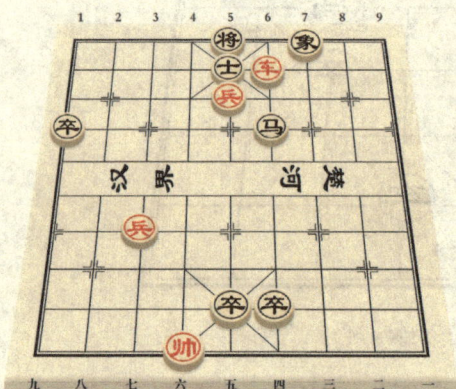

步骤5

5.车二平四　象9退7

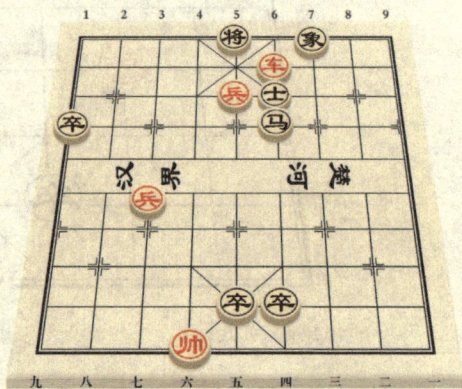

步骤6

6.兵七进一　士5进6

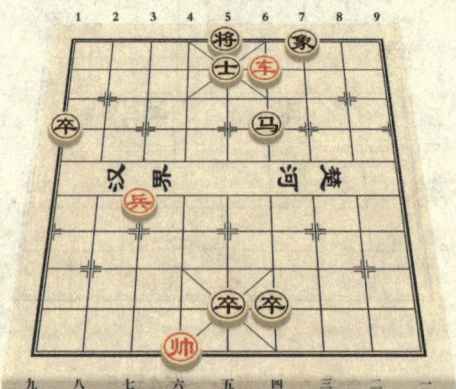

步骤7

7.兵五进一　士6退5

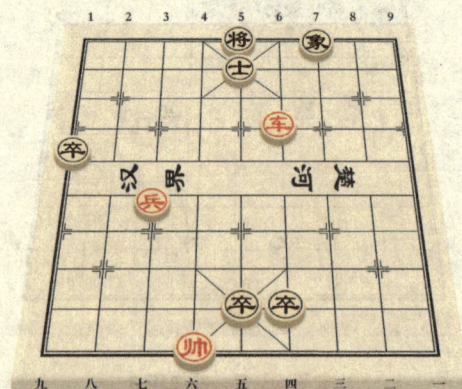

步骤8

8.车四退二　卒1进1

步骤9

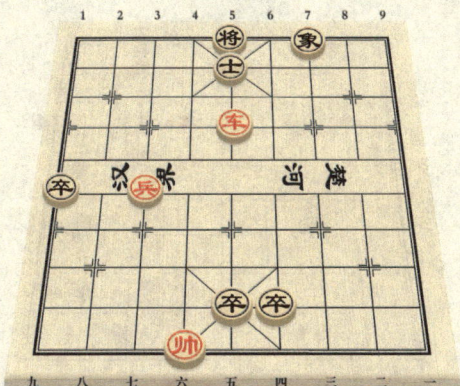

9.车四平五　卒1进1

步骤10

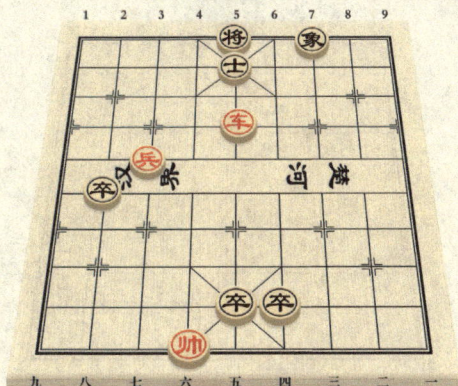

10.兵七进一　卒1平2

步骤11

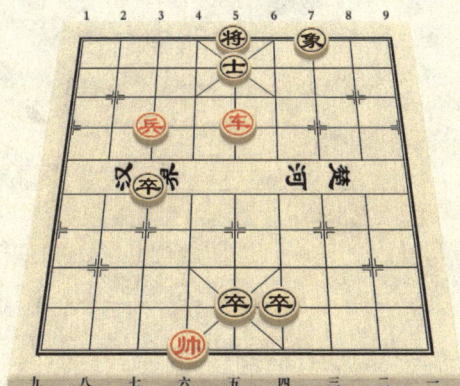

11.兵七进一　卒2平3

步骤12

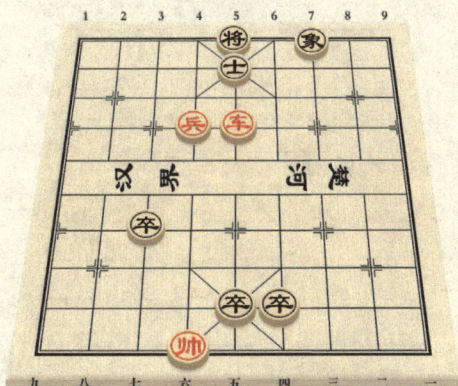

12.兵七平六　卒3进1

步骤13

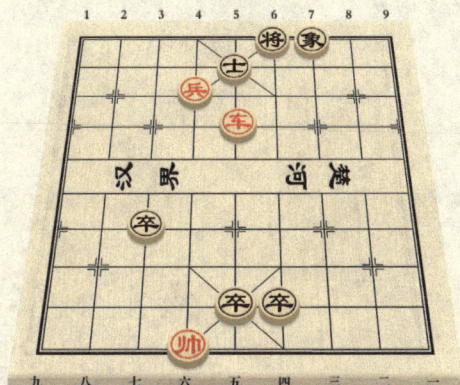

13.兵六进一　将5平6

步骤14

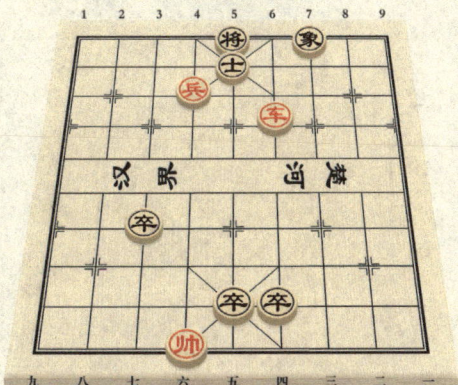

14.车五平四　将6平5

191

步骤15

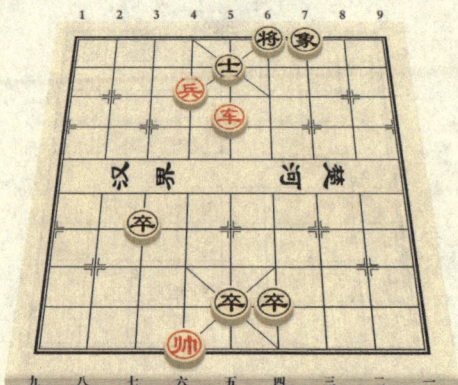

15.车四平五 将5平6

步骤16

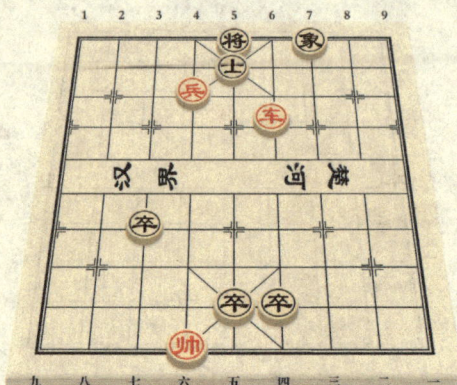

16.车五平四 将6平5

步骤17

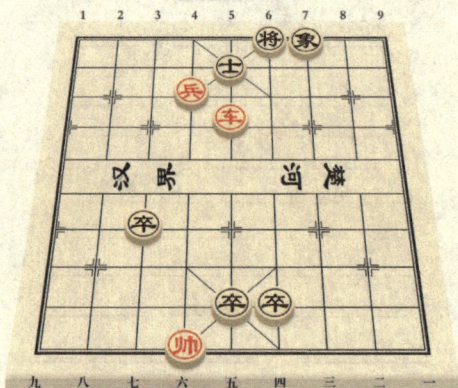

17.车四平五 将5平6

步骤18

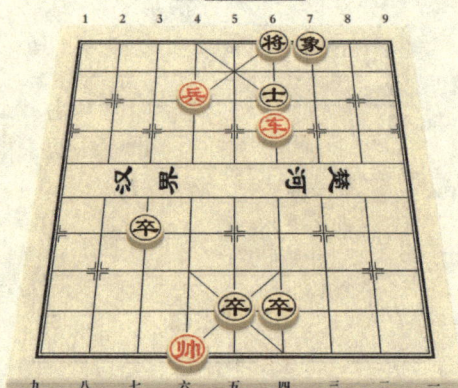

18.车五平四 士5进6

步骤19

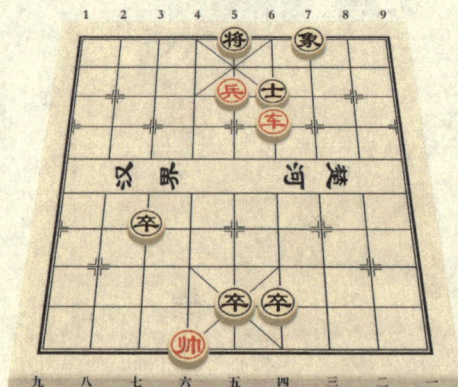

19.兵六平五 将6平5

步骤20

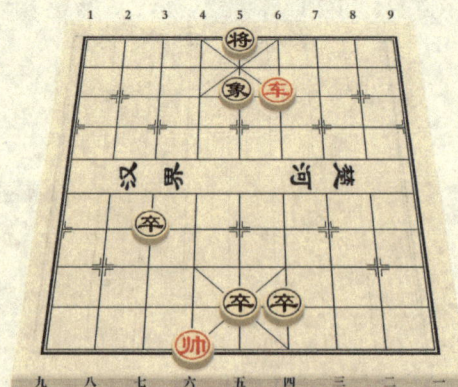

20.车四进一 象7进5

步骤21

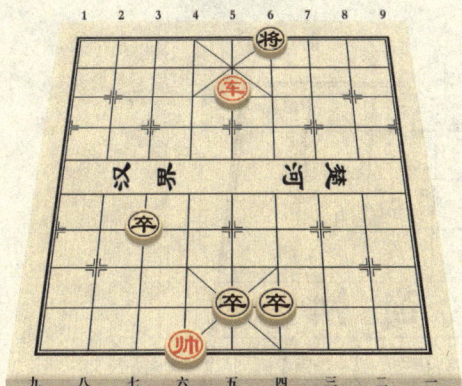

21.车四平五 将5平6

步骤22

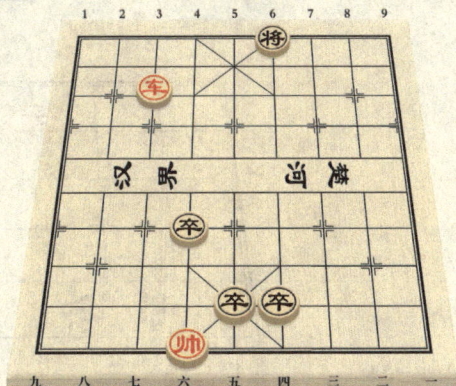

22.车五平七 卒3平4

步骤23

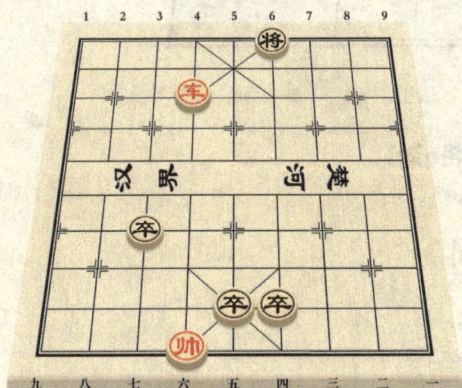

23.车七平六 卒4平3

步骤24

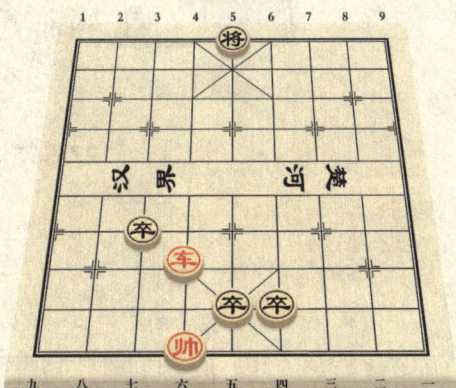

24.车六退五 将6平5

步骤25

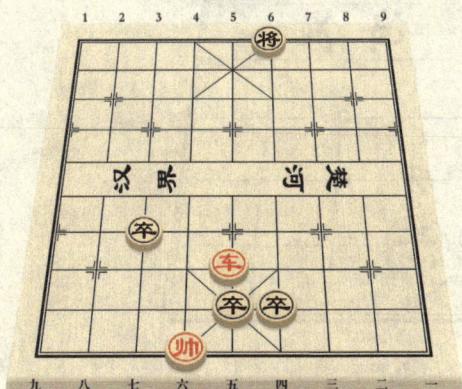

25.车六平五 将5平6

步骤26

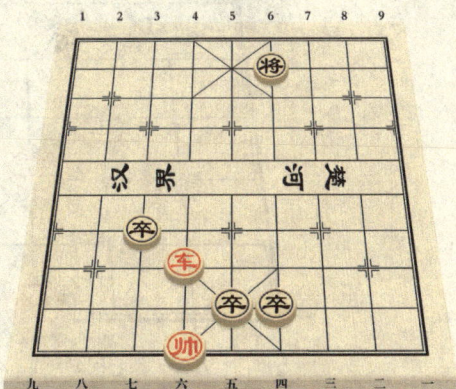

26.车五平六 将6进1

193

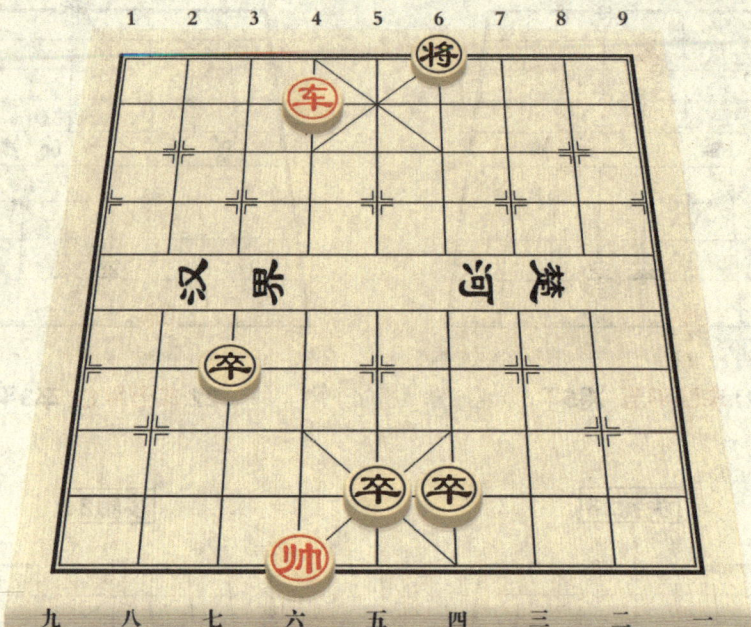

27.车六进六 将6退1

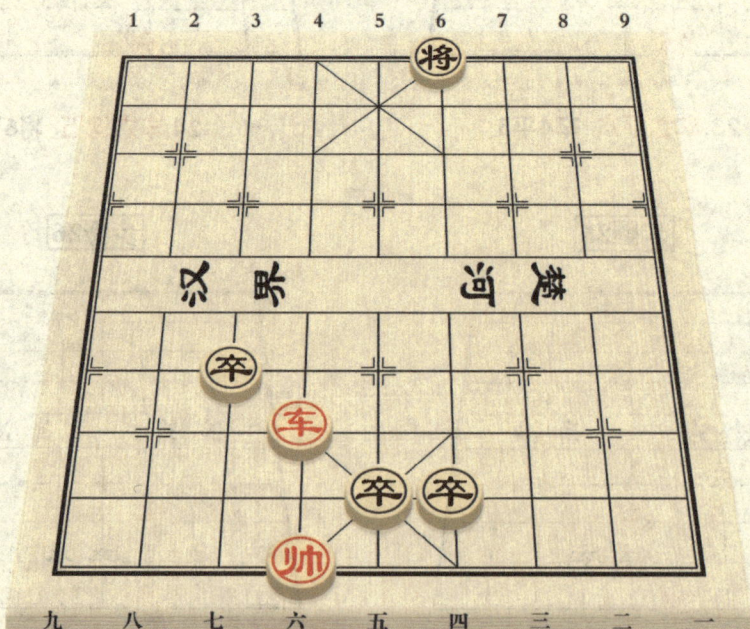

28.车六退六 和局

194

5.5 鸿门夜宴

鸿门夜宴，又名"寒江独钓"，是变化非常复杂的残局。局面既具龙争虎斗之势，着法更有惊险微妙之变。

中局棋况

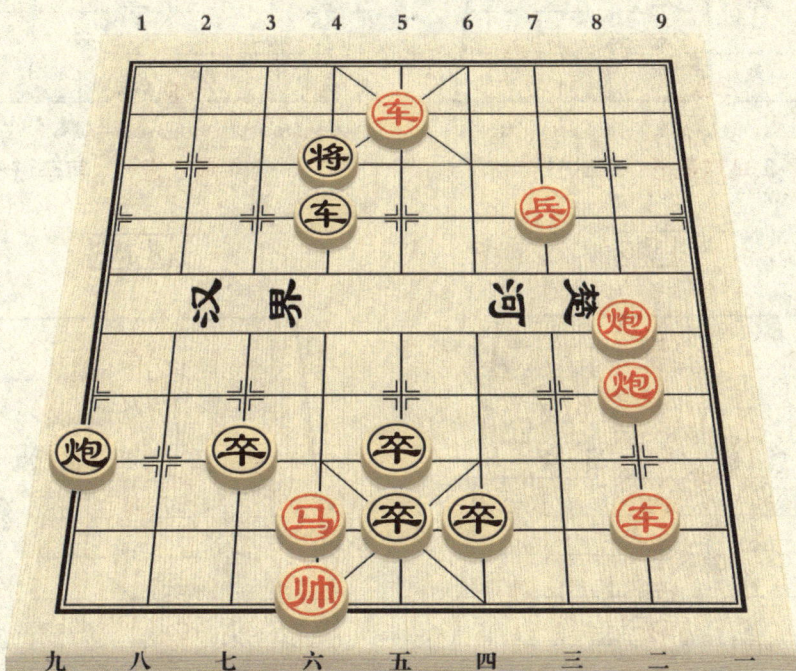

步骤1

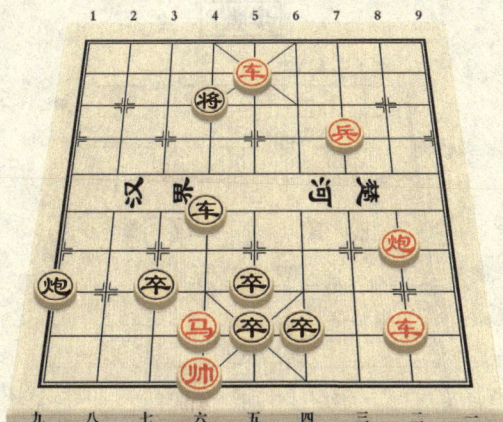

1.前炮平六　车4进2

步骤2

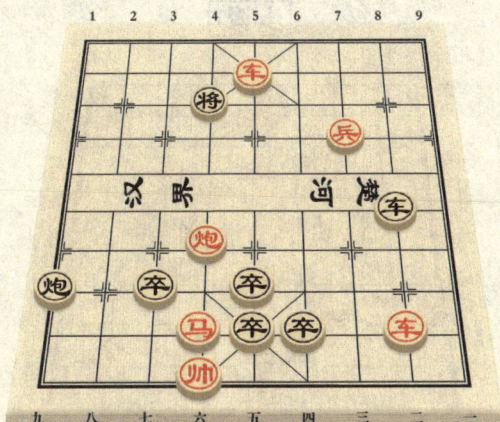

2.炮二平六　车4平8

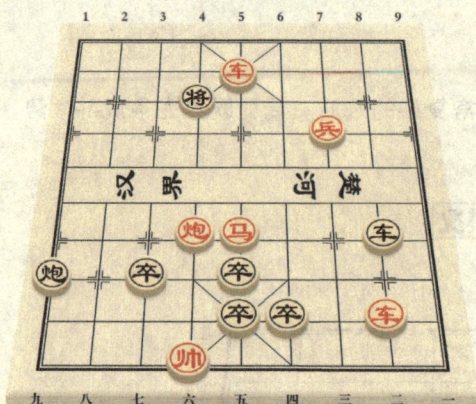

步骤3

3.马六进五　车8进1

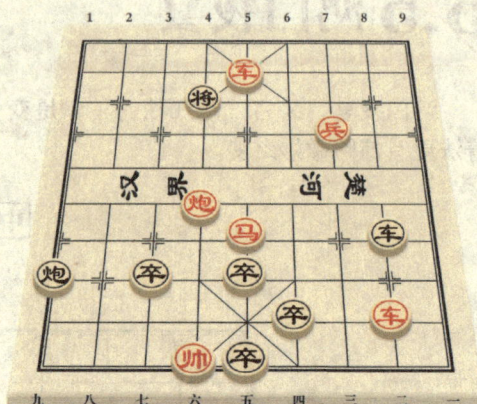

步骤4

4.炮六进一　前卒进一

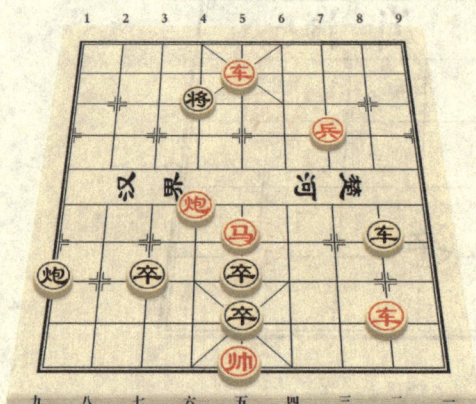

步骤5

5.帅六平五　卒6平5

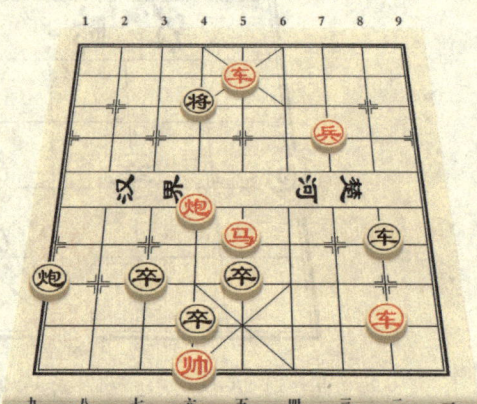

步骤6

6.帅五平六　前卒平4

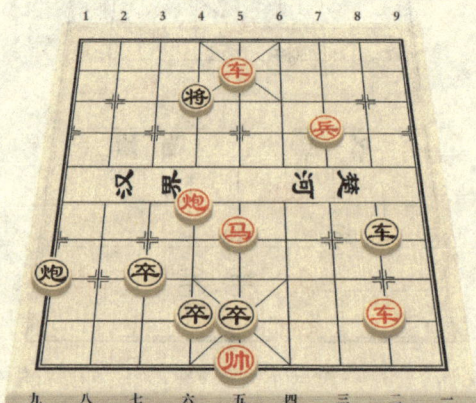

步骤7

7.帅六平五　卒5进1

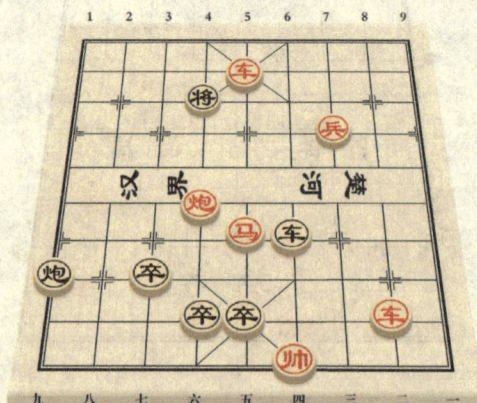

步骤8

8.帅五平四　车8平6

196

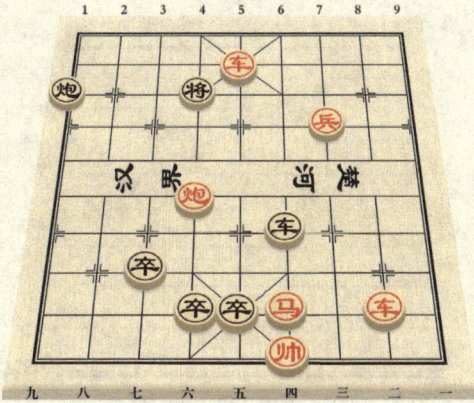

9.马五退四　炮1退5

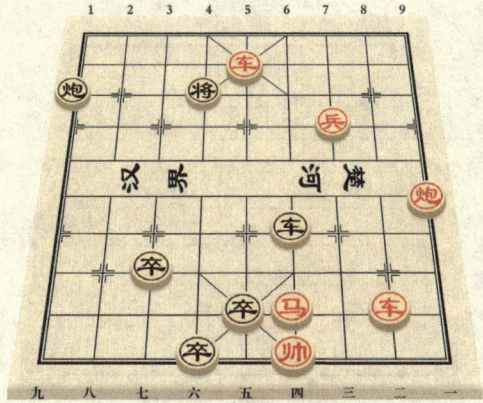

10.炮六平一　卒4进1

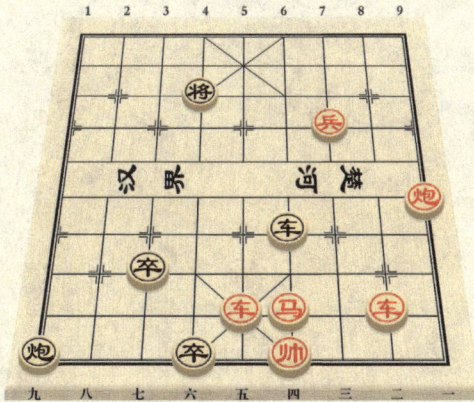

11.车五退七　炮1进7

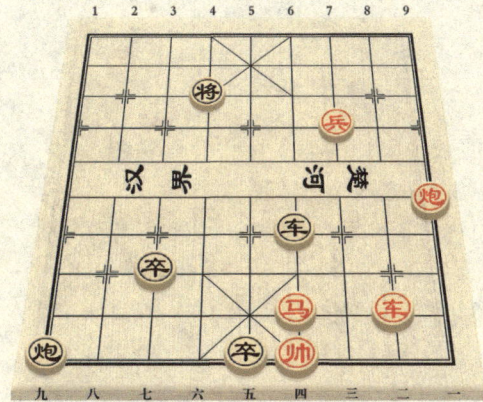

12.车五退一　卒4平5

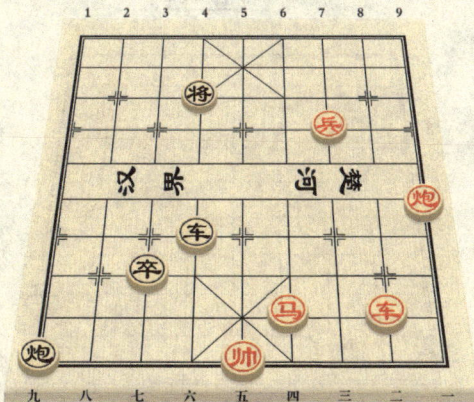

13.帅四平五　车6平4

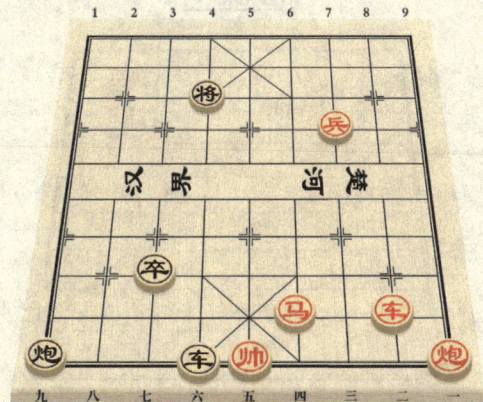

14.炮一退四　车4进3

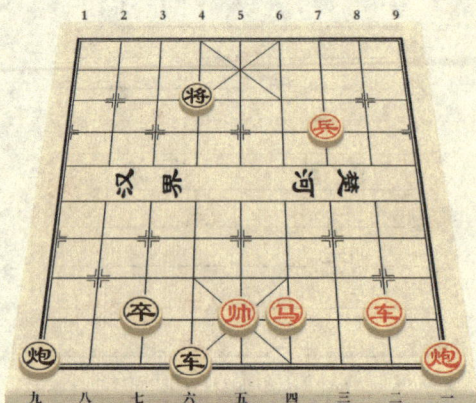

步骤15

15.帅五进一　卒3进1

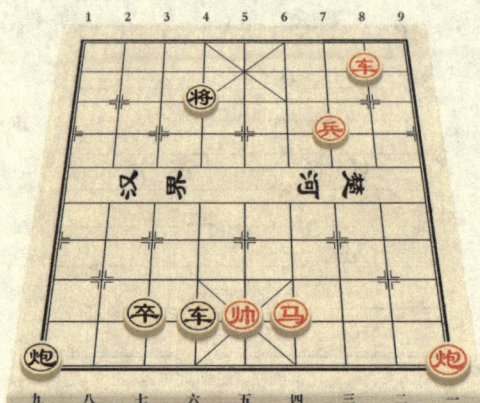

步骤16

16.车二进七　车4退1

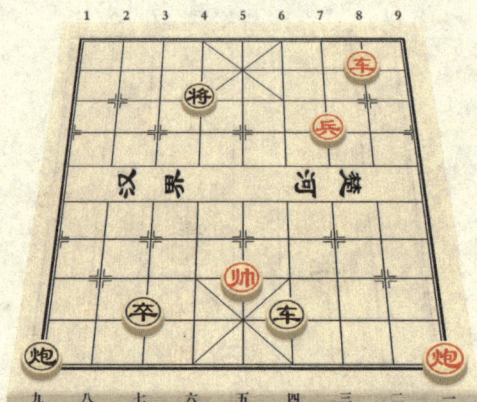

步骤17

17.帅五进一　车4平6

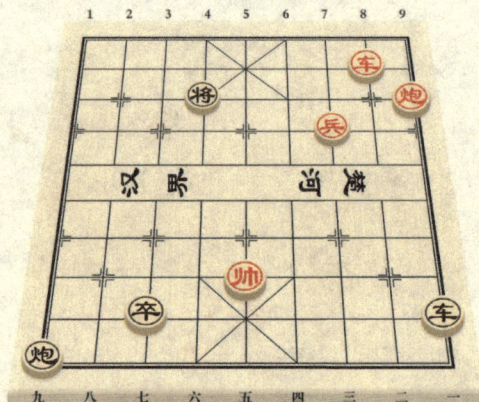

步骤18

18.炮一进七　车6平9

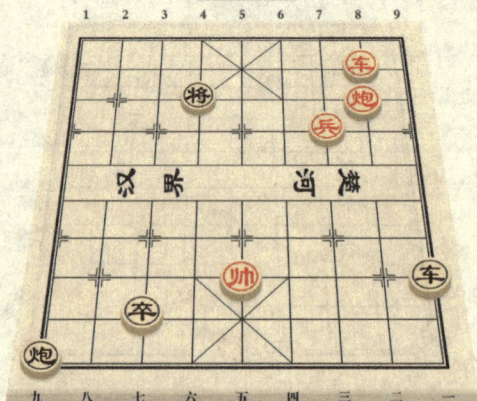

步骤19

19.炮一平二　车9退1

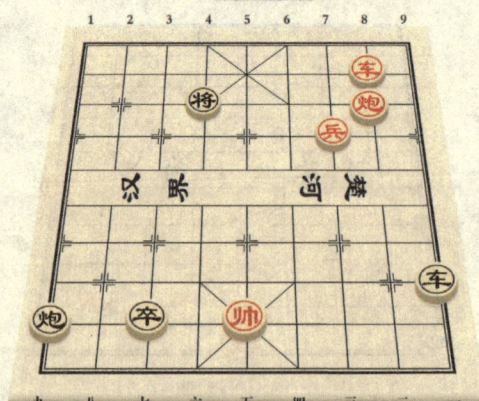

步骤20

20.帅五退一　炮1退1

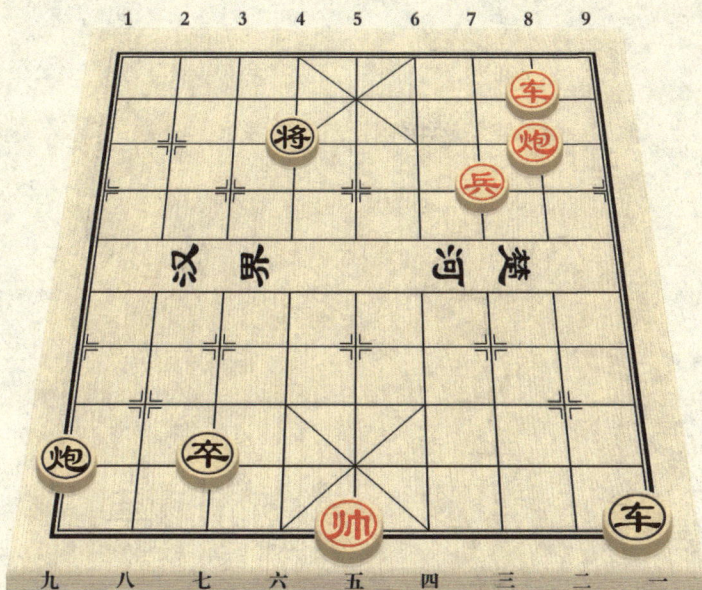

21.帅五退一　车9退2

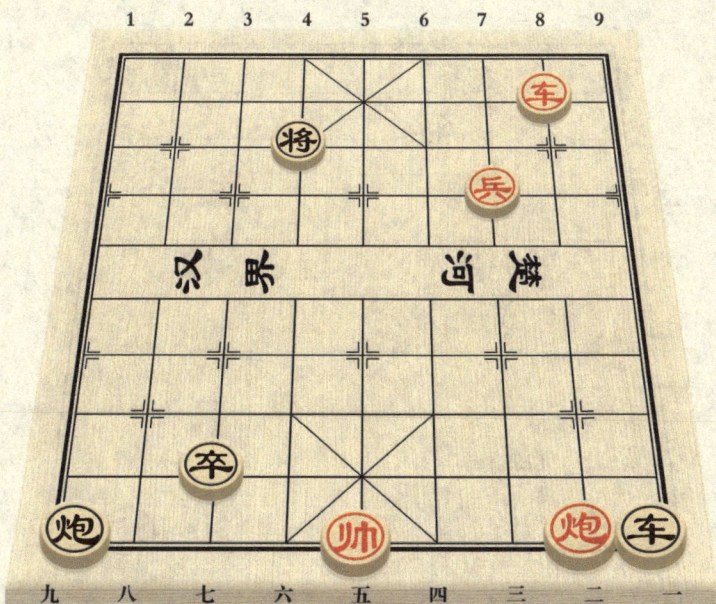

22.炮二退七　炮1进1

199

步骤23

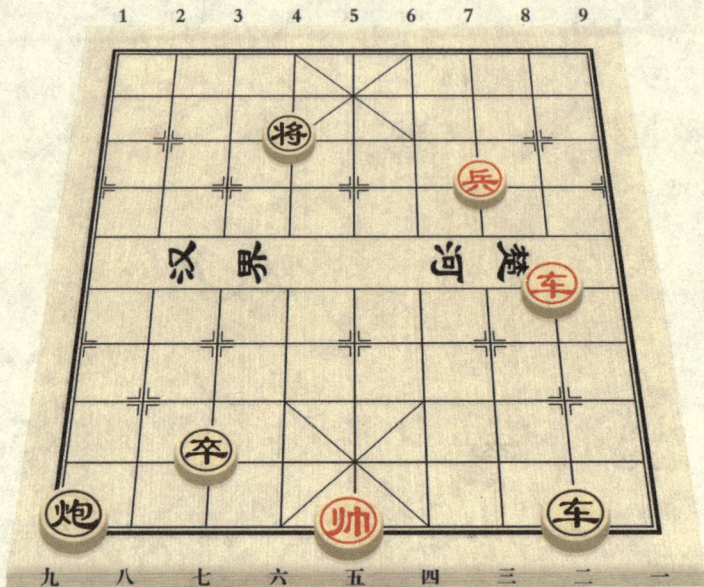

23.车二退四　车9平8

步骤24

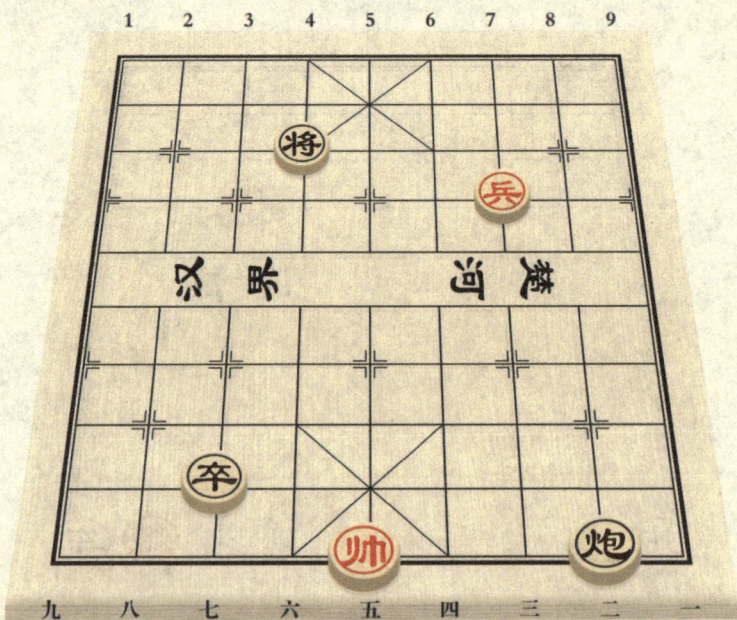

24.车二退四　炮1平8